憲政民主與公民社會

彭堅汶 等/編著

修訂版編輯說明

一、本書之編撰為配合憲政民主與公民社會通識課程之開設,授課對象為
　　非法律專業之大專學生。在課程實際講授過程中,有使用者反應,教
　　材內容較為偏向政治、法律學科之專業知識,其他學科同學研讀略感
　　艱澀。為使課程活潑生動,教材通俗易懂,編輯小組決定將內容加以
　　修訂,以適合讀者之需要。

二、本書之修訂,在章節安排上刪除第三章:憲法的沿革與進展,其餘不
　　予更動。修訂的重點放在篇幅的縮減與內容適度的調整。

三、本次修訂工作仍由崑山科技大學通識教育中心彭堅汶教授召集,林幼
　　雀主任、吳漢副教授、葉定國副教授、陳玉美老師與國立成功大學政
　　經研究所博士生李蒲共同參與完成。

四、本書自民國九十七年出版至今,已歷兩年餘,承蒙各校教師與同學選
　　用,並給予批評指教,本編輯小組深表感謝之意。

編輯說明

一、憲法作為國內大專院校通識教育的核心課程由來已久，其目的是為了傳授憲法基本知識，使學生瞭解民主與法治的基本精神。然鑑於國內民主政治與社會發展之需要，特別編撰「憲政民主與公民社會」教材，期望同學更能培養現代公民實踐之能力及掌握國家發展之脈動。

二、本書的編撰主體有三，其一是「法治國與憲政民主」，主要在探討憲法與民主政治的一般概念，以及中華民國憲政發展的歷程；其二是「人民權利與公民社會」，主要在探討公民社會、人民權利觀念的內涵及其發展關係；其三則是「權力分立與政府」，主要探討權力分立的概念，以及主要民主國家政府體制及其權力運作的概況。

三、本書的編撰係由崑山科技大學通識教育中心主任彭堅汶教授召集，法政組老師通力合作完成。彭堅汶主任負責撰寫第一編法治國與憲政民主各單元及第二編第八、十二章；林幼雀副教授撰寫第二編人民權利與公民社會中第七、十一、十三章；陳玉美老師撰寫第九、十兩章；吳漢副教授撰寫第三編權力分立與政府中之第十四、十五、十八、十九章；葉定國副教授與李蒲老師負責撰寫該篇第十六、十七章；鄭景文、蔡佩芳老師則協助整理資料及校稿的工作。

四、本書配合「憲政民主與公民社會」新課程撰寫，時間緊迫，疏漏之處在所難免，敬請研閱者不吝指教，並以做為日後補充修正之參考。

目錄

PART 3　權力分立與政府

緒論

在「全球化」（Globalization）的影響下，「憲政民主」（Constitutional Democracy）雖然已經是普世的價值，尤其在人權（Human Rights）的覺醒中，沒有任何國家與社會是可以完全迴避這種政治發展的大趨勢。可是依據國際著名的「非政府組織」（NGO）Freedom House 的調查發現，到了二十一世紀 2008 年的今天，世界真正能享受完全民主自由的人口，總數仍然未超過半數的 47%。（Map of Freedom 2007）。另一具體的數據，如劍橋大學（Cambridge University）教授 Donald S. Lutz 所做的統計分析所指出，憲政民主真正已經成熟的國家，主要的有如英、美、法、日、瑞典……等三十二個國家；相對穩定且大致合乎憲政指標的新興民主國家，有如南韓、台灣、菲律賓、墨西哥……等二十一個國家；其他則有人口少於一百五十萬的小型民主國家如馬爾他（Malta）、巴哈馬（Bahamas）、模里西斯（Mauritius）、馬紹爾群島（Marshall Islands）……等三十個國家（Donald S. Lutz, 2006）。由此顯示，憲政民主並非是一便宜的制度系統，它仍有待相當的條件齊備，才有確實體現民主的可能。

依據學者的研究指出，「憲政民主」並不是任何「單一變項」（Single Variable）所能獨立建構完成。最明顯的核心指標有如人民主權（Sovereignty of the People）、政府必須立足於被治者的同意（Government Based upon Consent of the Governed）、多數決（Majority Rule）、尊重少數權利

（Minority rights）、捍衛基本人權（Guarantee of Basic Human Rights）、
自由而公平的選舉（Free and Fair Elections）、法律之前人人平等（Equality
before the Law）、法治程序（Due Process of Law）、憲法對政府權力的限
制（Constitutional Limits on Government）、對理性寬容與妥協價值的信守
（Commitment to the Values of Rational Tolerance and Compromise）。

　　不過，必須給與高度關切者，即對上述價值指標的體現，乃是現代公
民社會（Civic Society）建構的基礎。換言之，公民社會與憲政民主是有其
彼此的依存關係（Interdependency），社會與國家機關（State）之間是可在
相對自主中維持適當的平衡（Optional Balance），進而成為「建設性的伙
伴關係」。不論「弱社會 vs.強國家」（Weak Society vs. Strong State）或
是「強社會 vs.弱國家」（Strong Society vs. Weak State），均不是憲政民
主的基本期待。再者，憲政民主的公民價值與指標，乃是多元變項且彼此
間有關係的邏輯系統（Logical System），並無所謂的政治弔詭（Political
Paradox）可言。譬如學者 Michael Rosenfeld 與 Barnabas D. Johnson 在研
究中就明確指出：有人權才有事實多元的社會（Pluralistic-in-fact Societi-
es），缺乏對人權的尊重，憲政民主即無基礎；對人權無理性（Reason）
的思考，法治（Rule of Law）亦是枉然（Michael Rosenfeld & Barnabas D.
Johnson）。

　　總而言之，憲政民主並非是一便宜的制度系統（Institutional Sys-
tem），公民社會的建構也是一艱鉅的「社會工程」，人類若無法在自覺的
理性中完成學習的過程，卻要速食的分享民主自由的成果，那也只不過是
一種「緣木求魚」的妄想罷了。

參考資料

FH, Map of Freedom 2007

http://www.freedomhouse.org/template.cfm? page=363&year=2007

Donald S. Lutz, Constitutionalism：An Initial Overview and Introduction

http://assets.cambridge.org/97805218/61687/excerpt/9780521861687_ex-
cerpt.htm

M. Rosenfeld, The Rule of Law and The Legitimacy of Constitutional
Democracy

http://www-rcf.usc.edu/~usclrev/pdf/074503.pdf

Barnabas D. Johnson, The Rule of Law Based on The Reason of Law

http://www.jurlandia.org/coreva4.htm

PART 1

法治國與憲政民主

任何憲法政府組織的建構、人民權利義務的規範，總有其理念的追求與原則的堅持。以現代民主國家而言，其立憲或制憲（Constitution-Making）的過程中，事實上亦有人民共同想實現的目標，即使建構出來的憲法並不相同，但彼此依據的原理原則（Principles or Fundamentals），卻有「異曲同工」之妙。譬如美國的聯邦憲法與英國的憲法，雖有成文與不成文憲法之別，但吾人卻很難否認它們不是屬於民主的憲法。

換言之，政府體制雖有總統制與內閣制之別，憲法民主的屬性，終因有共通的原則而被肯定。而此共通的原則有如人民主權原則（Popular Sovereignty）、有限政府原則（Limited Government）、民權保障原則（Protection of Civil Rights）、代議民主原則（Representative Democracy）、自治原則（Self-government）及憲法保障原則（Protection of Constitution）等。

第一章

憲法的概念與分類

關鍵字（Keywords）

憲法（Constitution）	成文憲法（Written Constitution）
不成文憲法（Unwritten Constitution）	柔性憲法（Flexible Constitution）
剛性憲法（Rigid Constitution）	制憲（Constitution-making）
原生性憲法（Original Constitution）	修憲（Constitution-amending）
衍生性憲法（Derivative Constitution）	規範性憲法（Normative Constitution）
名義性憲法（Nominal Constitution）	語意性憲法（Semantic Constitution）

壹、憲法的概念說明

　　「憲法」一詞，中國古代典籍早有記載，如管子：「有一體之治，故能出號令，明憲法矣。」；國語：「賞善罰姦，國之憲法也。」顯見當時所稱之「憲法」，至多乃是指國家一般的典章與刑律，與今日所稱之「憲法」，意義不盡相符。換言之，我們現在所理解的憲法，乃是 1873 年曾任日本司法大臣的箕作麟祥所譯。

　　「憲法」主要源自拉丁文 Constitutio，本身含有「建立」、「構造」、「組織」、「體制」或「勒令」的意思，即是指一個民族共同建構其政治組織之謂（G. Maddox, 1982: 805-806）。當然，現代憲法的意義，並非一開始就很明確，而是經過一個長時間演變的過程。然現代學者仍有不同的詮釋，例如：

1.英國學者蒲萊士（James Bryce）認為

　　憲法就是組織政治社會結構的法律，包括政體、人民與政府間相互的權利與義務關係。

2.美國的學者蘭尼（Austin Ranney）認為

　　憲法是政府運作成文或不成文最根本的法規（Fundamental Rules）。

3.國父孫中山先生更言簡意賅的指出

憲法者,國家之構成法,亦即人民權利之保障書也。

由以上各方的說明,吾人當可肯定,無論實質或形式的意義,憲法是一個國家「所有規範的規範」,不論是理念的源始抑或制度的建立,均有其「母法」(Mother Law)的「莊嚴性」,政府與人民均必須同時受到它的規範,國際社會亦當給予同等的尊重。換言之,憲法不但是代表著人民共同的意志,同時也凸顯了主權(Sovereignty)的尊嚴性(Martin H. Redish, 1995: 163-165)。惟重點就在於憲法是國家決策與規範建構的程序,而且必須是「內容中立的」(Content-Neutral)(G. Sartori,雷飛龍譯,1998:206)。

其中若以三權憲法的政府結構與功能而言,則如圖 1-1 所示,行政機關的運作功能是國內政策的形成(Formulation of Policies)與管理之行為(Conduct of Administration);立法機關的運作功能是制定法律或將政策轉變成法律;司法機關的運作功能是在執行國家的法律,並在有爭議發生時進行,具有正當法律程序的裁決(張万洪,2004:2-3)。

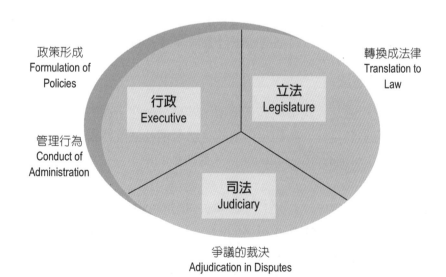

圖 1-1　憲法中政府的組織結構與功能

貳、憲法傳統與現代的分類

　　有關憲法之分類，有傳統與現代不同的分類；亦有因不同的區分指標，而有其不同的優缺點。然憲法畢竟是國家的根本大法，基本的特性固然有之，不同性質的憲法，亦有其較受關注的特性。

一、以其形式及實質意義來區分

（一）成文憲法

　　凡國家根本之組織及人民之權利義務事項，是以法典文書之形式制定者，是爲所謂的成文憲法（Written Constitution）或稱之爲「文書憲法」（Documentary Constitution）。其中有以單一法典構成者，如美國的聯邦憲法、中華民國憲法皆是。另外有以數種文書構成者，如法國第三共和之憲法（1875 年），是由「參議院組織法」、「公權組織法」（關於總統、部長之職權）、「公權關係法」（關於國會與總統職權關係）三種法典所構成。成文憲法之優點在於規定明確，政府權限與人民之權利、義務，條文中皆有所規範，不易遭致扭曲，當有其一定程度的穩定性。缺點則是更改不易、缺乏彈性，故較難適應國家社會快速變遷的需要。

（二）不成文憲法

　　國家根本組織及人民權利義務事項，若是分散在不同時間頒布的法令規章之中，或是散見於一些約定俗成的憲法習慣及法院判例內，則稱之爲不成文憲法（Unwritten Constitution）。最典型的例子就是英國，大體上是由五大部分所構成：

1.**重要憲章**（Charters）：如「大憲章」（Magna Carta）（1215 年）、「權利請願書」（Petition of Right）（1628 年）、「人身保護法」（1676 年）、「權利法案」（Bill of Rights）（1689 年）。

2.**國會通過的法律**（Legislation）：如「人身保護法」（Habeas Corpus Act）（1676 年）、「王位繼承法」（Act of Settlement）（1701 年）、「國會

法」、「歐洲共同體法」（EU & Community Law）。

3. **法院判例**（Precedents, Case Law）：如認定審判官有獨立的地位、法官有豁免權，亦分別在 1670 年（Bushell Case）及 1678 年（Howell's Case）的判例中被承認。

4. **政慣例**（Constitutional Conventions, Usage）：可謂是一政治傳統，不但已約定俗成，違反者亦會受到政治的譴責，故為其國人所遵行，具體慣例如虛位元首、國會解散、內閣總辭等。（E. C. S. Wade & A. W. Bradley 著，王曾才譯，1971：33-41）。

5. **憲法權威性之著作**（Authoritative Textbooks），即著作只要公允正確，常為法官判決有關憲法案件之準則，故憲法著作雖非憲法本身，卻為憲法理論與實用之泉源，進而成為不成文憲法構成因素之一，如 James Bryce 的憲法精義（Introduction to the Study of the Law of the Constitution）大著。

　　顯見，不成文憲法之優點為較富彈性，易於修改，故在適應社會國家變遷的需求上，顯得靈活些。但也由於這種特性，不成文憲法之缺點則是內容散見於各項文書中，規範自然易因條文之不同引用而有不同的解讀，人民之權益反難確保。同時，對於具有特殊憲法意義的立法，並無特別莊重的程序，如英國議會於 1972 年通過的「歐洲共同體法」與其他國內法如「道路交通法」，是採取同樣的程序。因此除非使用者有相當的智慧與訓練，否則要想如英國對不成文憲法能運作自如，恐有其一定程度的困難，故亦非一般開發中國家所能輕易採行者。

　　不過有學者認為，成文憲法國家或不成文憲法國家非絕對者，蓋如成文憲法之美國，仍有許多不成文的憲政慣例左右憲政之運作，明顯的如閣員不能列席國會的院會、政黨提名總統候選人與總統選舉人的普選慣例，事實上已改變了立憲者的許多初衷（Herbert W. Horwill, 1969）。

　　至於不成文的英國憲法，事實上亦有文書式的成文法典如大憲章、權利法案、國會法等，尤其是像「人民代表法」（1832 年至 1948 年），其重要性，事實上也並不亞於規範內閣之任何憲政例規。（K. C. Wheare

著，張沛揚譯，1971：59）故兩者之差異，乃在於成文憲法中，憲政慣例較少，且不是核心架構；而不成文憲法中，憲政慣例卻是其主要的部分，正式法典終究較少。

　　換言之，承如英國 Stephen Sedley 爵士所指出的，英國有憲法性的法律，但沒有一部單一的憲法，這事實上也說明英國憲法性的法律，在歷史上雖然是敘述性的（Descriptive），它卻提供了國家是如何被治理的說明（張万洪，2004：6-7）。同時它也明確表現英國法治（Rule of Law）、分權（Separation of Law）、司法獨立（Independence of the Judiciary）與議會主權（Parliamentary Sovereignty）等等的憲政特點。

二、以憲法修定的難易來分類

　　此項憲法之分類，係由英儒戴雪（A. V. Dicey）、浦萊斯（Lord Bryce）分別在大著《英憲精義》（*The Law of the Constitution*）、《歷史與法學研究》（*Studies in History and Jurisprudence*）兩本大著中率先提出之途徑。

（一）剛性憲法

　　剛性憲法（Rigid Constitution）是指憲法之修改必須經特殊之程序，其中包括特別的機關與手續，即不同於一般法律之修改，有其一定的困難度。如我國過去憲法的修改機關是立法院與國民大會，現在憲法之修改，必須先由立法院提出憲法修正案，再經由公民複決方可定案。普通法律之修改，則由立法院依一般三讀程序完成，困難度不若憲法修改之高。有些國家如瓜地馬拉共和國，即直接規定憲法某些條款是不得修改（如第 165 條第 7 款），顯見剛性憲法當必為成文憲法，且注重絕對多數之共識。

（二）柔性憲法

　　柔性憲法（Flexible Constitution）是指修憲之機關及程序與普通法律相同者。顯然前述實施不成文憲法的英國，亦屬柔性憲法之國家。其他如匈

牙利 1949 年制定的憲法，至 1994 年修正，法律與憲法之制定與修改均委由國會處理。法國第三共和時代，雖將參議院組織法等三項基本法律構成成文之憲法，但並未另定修改憲法的機關與程序，故仍屬柔性憲法。

　　優缺點方面，事實上柔性憲法修正通常比較容易，適應環境之能力勢必提高，有緩和激烈政爭之機能。但其若朝令夕改則將影響人心之安定，是其缺點。剛性憲法顯然與柔性憲法恰恰相反，即不易改變所形成的穩定，可減少不必要的紛擾，憲法的尊嚴亦可能因此而受到維護。當然，這也並不絕對表示為事實之必然，因為憲法之適應性，並不能完全以「剛性」或「柔性」與否能單獨判定，蓋如美國的剛性憲法，二百年來雖僅修正了二十七條，但仍可透過「憲政慣例」及「司法解釋」的途徑適應社會國家變遷之需要。反之英國的柔性憲法，則因其成熟的政治文化與人民法治的涵養，憲法的穩定性與剛性憲法卻差距不大。

三、以制定機關來區分

　　凡憲法由君主制定，且未徵求其他機關同意者，稱之為「欽定憲法」，如義大利 1848 年的憲法（由國王查理・阿爾伯特頒布）、1814 年路易十八之憲法、我國清末宣統三年的「十九信條」均屬之。再則是憲法由君民共同協商而決定者，是為「協定憲法」，如 1809 年 6 月 6 日瑞典王國的「政府組織法」、1850 年的普魯士憲法，甚至英國的大憲章，均是君王與人民或國會協定的憲法。最後則是由人民直接或間接制定者，稱之為「民定憲法」。在憲政民主的立憲主義下，民定憲法已為時代之所趨，欽定憲法與協定憲法，均是各國民定憲法前的歷史性憲法，代表君主立憲即將結束的過渡性憲法。

四、以原創性來區分

（一）原生性憲法

　　原生性憲法（Original Constitution）是指完全根源於本土之需要創造者，如美國憲法與德國的威瑪憲法。

（二）衍生性憲法

　　衍生性憲法（Derivative Constitution）是針對國家之現狀大量參照各國憲法比較吸收而來，亦屬「移植性憲法」，如日本戰後所公布的現行憲法（1946，俗稱麥克阿瑟憲法）（陳新民，1996：11）。我國的五權憲法則兼具原生性（如考試院與監察院）與「移植性」（如行政院、立法院與司法院）。

五、以憲政發展經驗來區分

　　此是德裔的美籍學者羅文斯坦（Karl Loewenstein）的分類，他是以憲法實施的經驗效果來處理（K. Loewenstein 著，賀凌虛譯，1968：102）。

（一）規範性憲法

　　規範性憲法（Normative Constitution）即該國憲法如何來規定，憲政就必須如何來運作。簡言之，憲法本身就是憲政的規範，即所謂的「活憲法」（Living Constitution）是也，英美先進民主國家之憲法就屬此類。羅氏以一件衣服來比喻，指規範性憲法對該國憲政而言，猶如一套合身且事實上已開始穿著的衣裳。

（二）名義性憲法

　　名義性憲法（Nominal Constitution）即指憲法規範雖然體系相當完備，但由於現實環境條件或政治文化之不成熟，導致憲法暫時無法實行，至多只有教育性的意義而已，故目標的落實是寄望於條件成熟之際。此即羅氏的比喻，指衣裳暫時掛在衣櫃裡，等到身材達到標準時才穿在身上。許多開發中國家的憲法，事實上就是屬於這一類（任德厚，1978：120-125）。

　　以孫中山先生所建構的軍政時期、訓政時期、憲政時期的建國三程序為例，軍政是屬政權建立（State-Building）的時期，強調的是「以黨領軍」與「以黨建國」的軍法之治，訓政則是屬「以黨領政」的約法之治，強調的是人民必須接受成熟的民主訓練後方可進入所謂的憲政時期。因此約法

之治即由主政者限定條件，以為全國進入民主的前提，假如約法可視同為訓政時期的憲法，則其就可視同是所謂的名義性憲法。

（三）語意性憲法

語意性憲法（Semantic Constitution）即指憲法只是憲法字面上的意義而已，其所有的規範均左右不了權力精英的行為，至多憲法也只是他們宣傳或宣示的工具而已。換言之，不論有沒有制定憲法，憲政運作仍都一樣（李鴻禧，1994：38）。而此亦是羅氏的比喻：這套衣裳，完全不是真正的衣裳，它只是一件披風，或一套裝扮用的衣裳而已。

許多共產極權國家之憲法，基本上就是屬於此一類型，因為其專權者並不因為憲法之存在而有所自律，即憲法規範不了他，他卻可以左右或改變憲法之運作。以二次大戰後共產國家的憲法而言，其雖然也贊同所謂的民主與人民權利，但執政者仍然在「無產階級專政」的口號下堅持共產黨「一黨獨裁」，即前所述 「專權者並不因為憲法之存在而有所自律，即憲法規範不了他，他卻可以左右或改變憲法之運作」。

參、憲法的主要特性

各國憲法由於源於不同的政治背景、革命經驗與時代思潮，甚或是制憲者，自然產生許多不同特色的憲法。但就屬性上，仍有一些共通的特點，是較為學界所肯定而有共識者，現逐一概述之。

一、根本性

憲法對於國家的體制、政府組織、人民權利義務，抑或基本國策，均有最基本權威性的建構，故為國內「萬法之源」，或曰是「根本大法」（Organic Law）（Fon Elster, 1997: 123-125）。

二、國內公法性

　　憲法所規範之事項，不論是政府組織架構或人民權利義務，均只適用於國家體制內，並不及於國際社會，故爲國內法（Domestic Law）。再則憲法所載之內容，並非私人間的權益規範如私法中之民法，而是規定國家政府與人民間互動的公權關係，故屬國內之公法性質。

三、優位性

　　此即是指在法的位階上，憲法居於最高之位，國內任何立法均必須以它爲「法源之依據」，不論法律、命令或政策之決定，均不得與之牴觸，否則一概失效。如日本憲法第 98 條：「本憲法爲國家之最高法規，違反其規定之法律、命令、詔及關於國家事務之其他行爲之全部或一部，均爲無效。」（1947 年施行）顯見憲法是各該國之「最高法」（The Highest Law of the Land），具有其「最高性」（Supremacy）。

四、穩定性

　　憲法爲國家之根本大法，非有特別原因，通常均不輕易更動，即使有更動之必要，大都會予以嚴謹的限制，不只有權更動的機關特別，且通過的程序較普通法律之變動更爲困難。例如：法國第四共和憲法或 1848 年義大利之憲法，由立法機關議決修改外，仍須交由公民複決。此外，自從 1803 年美國開啓了「司法審查」（Judicial Review）或「違憲審查」的制度後，各國不論是賦予「普通法院」或「憲法法院」，均有權審查並裁決法律、命令及處分是否合憲，以維護憲法之權威與尊嚴，顯然這些保障憲法之措施，即在維護憲法的穩定性（蘇永欽，1999：21-29）。

五、政治性

　　就一般憲法產生與變遷的緣由而言，有包括了革命、政變、權力鬥爭或政治勢力妥協的過程。再者，每部憲法亦均有國家政治理念的宣示及其

政府結構正當性（Legitimacy）的基礎，自然已充分顯示憲法乃是深具政治性的法典，若逢一定程度的政治變遷，憲法亦會受到相對的影響，乃成爲不可避免的現象，顯見憲法乃是一具有高度政治性之法律。（Wise, David & Milton C. Cummings, Jr., 1997）

　　除了以上憲法的主要特性外，憲法因應變遷需要而產生的修改、解釋、憲政慣例的依循等，猶顯示憲法的「適應性」，當有其意義。再則憲法在適應過程中，也充分反應時代的背景，故其「歷史性」亦不可忽視。最後，憲法既爲國家之根本大法，又爲萬法之源，自然必須以概括性的原則來涵蓋全國上下共同的理念、制度與行爲取向，範圍之廣絕非一般法律所能比擬，故憲法的「原則性」（Principium）與「包容性」（Inclusiveness），亦是可以理解的憲法屬性。

參考資料

中文部分

劉孔中，李建良主編，1998，憲法解釋之理論與實務，中央研究院中山人文社會科學研究所。

張万洪譯，2004，憲法（Constitutional Law），武漢大學出版社。原著爲英國 Cavendish Publishing Limited 出版之最新不列顚憲法袖珍讀本

管歐，1991，憲法新論，台北：五南圖書公司。

張慶福主編，1999，憲法學基本理論，北京：社會科學文獻出版社。

Wade, E. C. S. & A. W. Bradley 著，王曾才譯，「英國之憲政例規」，憲政思潮，第十五期，台北：憲政思潮雜誌社。

Wheare, K. C.著，張沛揚譯，1971，「現代國家之憲政例規」，憲政思潮，第十五期，台北：憲政思潮雜誌社。

Karl Loewenstein 著，賀凌虛譯，「認識憲法」，憲政思潮，第四期，台北：憲政思潮雜誌社。

劉慶瑞，1982，比較憲法，台北：大中國圖書公司。

左潞生，1985，比較憲法，台北：國立編譯館。

G. Sartori 原著，雷飛龍譯，1998，比較憲法工程—結構、動機與後果之研究（Comparative Constitutional Engineering～An Inguiry inot Structures, Incentives and Outcomes），台北：國立編譯館。

張劍寒，1969，「現代憲法解釋之新認識」，憲政思潮，第八期，台北：憲政思潮雜誌社。

王世杰 & 錢端升，1936，比較憲法，上海：商務印書館。

羅志淵，1974，「大憲章研究」，憲政思潮，第二十六期。台北：憲政思潮雜誌社。

許宗力，1997，「憲法與政治」，載於李鴻禧教授六秩華誕祝賀論文集編輯委員會，現代憲法與國家，台北：月旦出版社。

涂懷瑩，1993，現代憲法原理，台北：正中書局。

蘇采禾，1977，「美國憲法的習慣」，憲政思潮，第四十期，台北：憲政思潮雜誌社。

陳新民，1993，公法學箚記，台北：自行出版。

謝瑞智，1991，憲法大辭典，台北：地球出版社。

小林直樹著，周宗憲譯，1990，「憲法規範的構造分析」，憲政思潮，第九十二期，台北：憲政思潮雜誌社。

林紀東，1980，比較憲法，台北：五南圖書公司。

翁岳生，1998，「當代憲法發展的主要趨勢」，載於國民大會編印，中華民國行憲五十年學術研討會論文暨研討實錄，台北：國民大會。

李鴻禧，1994，李鴻禧憲法教室，台北：月旦出版社。

任德厚，1978，「發展中之國家憲政問題」，憲政思潮，第四十三期，台北：憲政思潮雜誌社。

蘆部信喜著，李鴻禧譯，1995，憲法，台北：月旦出版社。

英文部分

Ranney, Austin, 2001, Governing: An Introduction to Political Science, New Jersey: Upper Saddle River.

Wise, David & Milton C. Cummings, Jr., 1997, Democracy Under Pressure: Introduction to American Political System, New York: Harcourt Brace Jovanovich, Inc.

Maddox, Graham, 1982, "A Note on the Meaning of Constitution," in The American Political Science Review, Vol. 76, No.4, December.

Redish, Martin H., 1995, The Constitution as Political Structure, New York: Oxford University Press.

O'Connor, K. & Larry J. Sabato, 1995, American Government: Roots and Reform, Boston: Allyn & Bacon.

Murphy, Walter F., 1993, "Constitutions, Constitutionalism, and Democracy, " in D. Greenberg, S. N. Katz, M. B. Oliviero & S. C. Wheatley (eds.), Constitutionalism and Democracy : Transition in the Contemporary World, Oxford University Press.

Faundez, Julio, 1993, "Constitutionalism: A Timely Revival," in D. Greenberg, S. N. Katz, M. B. Oliviero & S. C. Wheatley (eds.), Constitutionalism and Democracy: Transition in the Contemporary World, Oxford University Press.

Kelley, Stanley, 1978, "The American Constitutional System," in Stephen K. Bailey (ed.), American Politics and Government, Hong Kong: World Today Press.

Castiglione, D., "The Political Theory of the Constitution," in R. Bellamy & D.Castiglione (eds.), Constitutionalism in Transformation, Oxford: Blackwell Publishers.

問題討論

1. 憲法的形式條件為何？
2. 簡述下列各憲法之優缺點：
   （1）成文憲法（Written Constitution）
   （2）柔性憲法（Flexible Constitution）
   （3）規範性憲法（Normative Constitution）
3. 英國不成文憲法的主要結構為何？
4. 何謂憲政慣例（Usage）？試舉例說明之。
5. 舉例說明「原生性憲法」（Original Constitution）與「衍生性憲法」（Derivative Constitution）的基本差異。
6. 依據學者 Karl Loewenstein 的分類，憲法可分成幾種？試舉例說明之。
7. 憲法的主要特性為何？試簡要說明之。

第二章

憲法的變遷與發展

關鍵字（Keywords）

憲政慣例（Usage）　　　　　　　法治（Rule of Law）

法制（Rule by Law）　　　　　　 人權（Human Rights）

制衡（Checks & Balances）　　　　分權（Separation of Powers）

立憲主義（Constitutionalism）　　　憲法變遷（Constitutional Change）

憲政民主（Constitutional Democracy）　憲治政府（Constitutional Government）

　　就歷史的角度而言，無論是 1787 年的美國憲法、1917 年的墨西哥憲法、1918 年的蘇聯憲法，抑或 1954 年的中華人民共和國憲法，都是源起於革命。同時通過憲法的制定，革命所建立的政權，也會因此而正式取得政治的正當性與法律的定位。再則從發展的角度而言，憲法雖然是現實政治生態與思潮的反應，但由於環境的變遷，憲法也可能會由指導政經發展的角色，轉變成一種進步的限制。換言之，由於時代的變遷，憲法歷史性的價值終將受到現實社會生態的挑戰而有所變遷。

壹、憲法變遷的概念說明

　　一般所稱的「憲法變遷」（Constitutional Change），即是指因憲法規範與憲政實際間不協調而產生的種種變化（陳新民，1993：225）。其中可能依憲法規定的程序而對內容予以事實上的改變，或是透過習慣或政府運用公權力之解釋，逐漸使憲法之正文或原意產生變化（謝瑞智，1991：378）。

　　然就擴大解釋而言，憲法變遷尚有另外的一種意義，即是不依憲法既定的程序，而採取非法的手段將現行憲法予以破壞或廢棄。換言之，此種憲法變遷，基本上是完全否定憲法原有之整體結構，同時也可能是配合暴力性的武裝革命來完成，進而制定另外一部新的憲法。

貳、憲法變遷的基本理念

　　憲法表面上雖有其「穩定性」（Stability）、「尊嚴性」（Dignity）與「最高性」（Supremacy），但這也並不意味它是永遠不可變更的。事實上以世界上超過一百八十部的憲法而言，美國憲法是成文憲法中最老且最受尊崇的，但基於生存與發展的需要，美國人民對於憲法之增修，仍然給予正面的肯定，蓋如傑佛遜（Thomas Jefferson）所言：「憲法是屬於活人而非死人的憲法」（Thomas E. Gronin, 1997: 42），因為畢竟所謂「我們人民」（We the People），是指今天與明天的人民，而非只是 1787 年憲法剛建立時的人民。

　　第一就「理念」上來思考，憲法之變遷並非毫無依據，因為首先就「制憲的主體」而言，由於是根源於「人民主權」的概念，即國家之主權屬於國民全體，國民的意志當有絕對的優位，其他權力當無權支配（小林直樹著，周宗憲譯，1990：119-120）。換言之，人民的「立憲意志」是一種「直接的意志」，甚至沒有任何憲法及依憲法制定的法律能夠讓渡憲法的制定權（Carl Schmitt 著，蕭高彥譯，1987：20）。因此憲法之變遷，當可依人民的意志來決定或取捨。

　　第二就「社會契約」（Social Contract）的改變言，政府雖然是因為憲法而取得權力，是政府與人民的一種契約性承諾而為權力之讓渡，但基於權力可以讓渡而人民意志不可轉讓的原則，人民仍有權改變憲法契約之內容。換言之，在人民才是主權的前提下，政府是依附人民而存在，當人民要改變其憲政意志時，政府自然應隨之改變。

　　第三就客觀的環境與主觀的意識型態而言，憲政經驗事實上皆始終是處在變遷之中，且歷經一段時間之後，憲法規範與現實差距到達「不可容忍」的臨界點時，人民當然有權予以調整，因為畢竟人民自我制定的憲法，沒有理由反而成為今天或明天痛苦的來源。更何況，即使是制憲之諸公，事實上無論如何「深思熟慮」，也是無法在許多難以克服的限制中準確的預測未來的政治發展。因此憲法可能會因為它的優越性而抗拒變遷（Resistant to Change），但基本上它仍然是在變遷之中。

參、憲法變遷的途徑

依據各國憲政發展的經驗顯示，憲法之變遷途徑多所差異。依據學者耶利納克（G. Jellinek）之研究有以下幾種（謝瑞智，1991：378）：一、議會、政府、法院之解釋而產生之變遷；二、基於政治上之必要性而產生之變遷；三、因憲法上實際運用形成習慣而產生之變遷；四、國家權力之不行使而產生之變遷；五、為彌補憲法上之缺陷而產生之變遷。

但具體歸納而言，仍可區分為以下諸種途徑：

一、制憲

制憲（Constitution-Making）乃是相對於舊的憲法而言，完全破壞或否定原有憲法結構外，且另外制定新的憲法系統，但經常會是在政變或革命的行動後進行。例如：法國 1789 年至 1875 年就有六種不同的成文憲法付諸實施，但卻沒有一個能超過十八年。革命時期亦產生三部憲法，分別制定於 1791 年、1793 年及 1795 年。顯見，憲法之變遷，制憲是對原憲法實質的破壞，或可謂是革命性的廢棄。

但有時也可能出現一種較為少見的狀況，即在原憲法既定程序中全部修改而形同制憲，如 1964 年 10 月誕生的「日本國憲法」，即是在舊日「明治憲法」73 條修憲的程序中完成，但原君主的「天皇主權」的精神，已完全改變成民主的「國民主權」主義，誠可謂是以修憲的形式完成實質的制憲，進而改變原有的憲政秩序。

此外，尤值得關注者，即憲法是為國家而存在，絕不是國家為憲法而存在。當憲法和國家憲政發展產生嚴重衝突或明顯有窒礙難行之困境時，當然可在溝通的共識中制定新憲（李鴻禧，2004）。

二、修憲

修憲（Constitution-Revision）是指憲法在合法而正常的運作中，人民因主客觀情勢之需要，依據憲法規定的程序，完成有限度的內容變更，其

中包括特定條文的修改，抑或在憲法本文之後的增補。例如：美國修憲的途徑，從 1791 年到 1992 年止，美國通過的增修條款，只附加了 27 條增補條文，其中包括人民權利的擴張、總統兩屆任期之限制、參議員的普選等，顯示美國成文憲法修憲的莊嚴與慎重。

然以中華民國修憲的憲法變遷而言，2005 年 6 月 10 日修正公布的憲法增修條文，第 1 條即規定中華民國自由地區選舉人於立法院提出之憲法修正案，經公告半年，就應於三個月內投票複決。由此顯見，修憲的憲法變遷，基本上是依既定程序來進行，較有溫和理性之傾向，不論對政治安定（Political Stability）或政治正當性（Political Legitimacy）而言，較有其正面的意義。換言之，憲法是國家的根本大法，若經常處在毀憲或廢憲的狀況之中，憲法也就很難在人民的心中生根成長（荊知仁，1991：590）。

不過，依據 2004 年 520 總統就職演說的內容而言，我國現行的憲法及其增修條文仍有修憲的空間，主要是憲法當初制定的背景，絕大多數的條文早已不符台灣當前及未來所需。惟此次推動憲政改造的工程，已涉及憲政的主體架構例如：三權分立或五權憲法、總統制或內閣制、更改國號、國旗等國家定位的問題，似乎已有實質制憲的屬性。同時，總統在演說中也承諾在 2008 年卸任總統之前，能夠交給台灣人民及我們的國家一部合時、合身、合用的新憲法，以便對歷史有所負責，也是對人民的一種承諾。但基於相同的責任與承諾，凡涉及國家主權、領土變更及統獨的議題，由於事涉敏感，且目前在台灣社會猶未形成絕大多數的政治共識（Political Consensus），所以明確建議這些議題不宜在此次憲改的範圍之內。

三、釋憲

所謂「釋憲」（Constitution-Interpretation），即是憲法解釋之意，它的任務就在於以一種合理的、可預期的正當程序去發現正確的結果，並且藉由對其判斷證據給予公開的合理說明（蘇俊雄，1998：30）。其所以有此必要，乃因憲法均為基本原則或概括條款之規定，甚或是基本信念之宣示，以彰顯其立國之精神，因此語句涵義抽象者多，亦易發生疑義，故須

委由特定機關依據立法原意分析其義理，並做出適切而權威性的解釋。例如：政府的行政命令或立法機關通過的法律，發生是否牴觸憲法之爭議時，就有請求解釋之必要，小者可調和公益與私益之衝突，重者亦可能解除一場憲政衝突。但究實而言，釋憲往往會形成高度政治性或政策性的解釋。

惟現代憲法之解釋，已不侷限於機械化的文理解釋，漸漸受重視者乃法理解釋或論理解釋。且在此過程中，解釋憲法仍須注意一些原則或規則如（張劍寒，1969：143）：

1.解釋憲法應參考制憲會議之辯論紀錄及審查報告；
2.解釋憲法應注意憲法之基本精神，不必太拘泥憲法文字；
3.解釋憲法不應賦予溯及既往之效力；
4.現代憲法屬原始性憲法很少，大多仿自他國，因此不應忽視他國憲法之解釋與運用；
5.解釋憲法不應故步自封而墨守成規，理應順應潮流使憲法發展，進而達到和平變遷之目標；
6.解釋是否違憲時，應注意是否直接或間接違反憲法之禁止。

但究實而言，憲法為一具有高度「政治性」的法律，憲法之解釋，不應忽略「功能最適」與「儘可能正確」之原則（許宗力，1997：64-91）。否則如此解釋所造成的「誤差」，事實上已構成憲法變遷之源起。所幸者，由解釋而形成的變遷，大多是比「制憲」及「修憲」來得小，因為畢竟憲法本文或增修條文，基本上並沒有文字上的更動。但若解釋不清楚或不明確，也會引起一些衝突。例如：我國副總統是否可兼任行政院長的問題，經大法官釋字第 419 號解釋，因憲法並無明文規定，且二者職務性質亦非明顯不相容，故不屬違憲，但如遇總統缺位或不能視事時，將影響憲法所規定繼任或代行職權之設計，與憲法設置該兩職位分由不同人擔任之本旨未盡相符，故又建議總統予以適當處理，顯然此一解釋非但不明確，且仍引發了一些執政黨與在野黨的憲政爭議。

大法官釋字第 520 號對核四案的解釋，也因同樣的原因非但未解決核四的爭議，反而引發更多行政與立法部門「硬拗」性的「各自表述」。但

值得注意的是，一旦行政院取得不可動搖的統治地位，即行政院若可任意不接受立法院的決議，釋憲的結果就可能改變了憲法的原義。換言之，憲法乃憲政的主體，解釋必須以客觀、負責的態度使之明確，以使國人有清楚的依循，萬萬不可以解釋的手段來達到「毀憲」、「造憲」或得到「偷樑換柱」之目的，因爲想藉憲法解釋來根本改變憲政結構，事實上理應抱持保留的態度。況且爲憲法解釋的機構畢竟不是修憲及制憲的單位，人民所託付的只是單純的釋憲功能而已。

四、憲政慣例

所謂憲政慣例（Precedents），係指憲法並未有明文規定，但卻是約定俗成且已具有約束力的憲法習慣稱之。不成文憲法的國家如英國，就是依靠大量的憲政慣例所累積而成。如內閣由下院多數黨領袖提出閣員名單；喪失國會之信任後，內閣總辭或奏請國王解散議會；國王對議會通過之法律不得拒絕等，事實上在成文法中皆找不到任何根據（羅豪才、吳擷英，1997：8-9），但卻是英國憲政運作之主要架構。由此可見，憲政習慣雖未列爲憲法之文字或條文，實際卻有相當的影響力，甚至如上所述有改變憲法之效力，顯見是憲法變遷中不可忽視的一項因素。

由以上制憲、修憲、釋憲到憲政慣例之說明，吾人不難察覺，有形影響憲法變遷最大者爲制憲，其次爲修憲。但無形影響到憲法變遷者，即不動憲法條文而具作用者，憲政慣例較釋憲爲巨。換言之，憲法之變遷其上述四項主要因素，均分別具有直接與間接的影響，其中除了包括因立法、適用、慣例、廢棄、制憲或司法解釋而有所改變外，因學術觀點或學說對憲法條文所作出的說明，導致與嚴格按照憲法文件所做的不同解釋，亦不可被輕忽，也是憲法變遷的因素之一（享利·馬爾賽文、格爾·范德唐著，陳云生譯，1990：391-392）。

肆、現代憲法發展之趨勢

　　現代國家的憲法，不但受國內的政經環境所影響，同時更受世界憲法思潮的趨向所左右。尤其是二次世界大戰以來，各國修憲的次數就有明顯增加的現象，如印度 1950 年到 1991 年就有 68 次之多，自盧森堡戰役至1983 年亦有 9 次；其他如哥斯達黎加，1971 到 1981 的十年間亦有 9 次的修憲經驗；法國自 1958 到 1995 年，同樣有 9 次修憲；比利時 1980 到1994 年，更有 20 次之多（謝瑞智，1996：22-24）。而這麼多國家頻繁的修憲，除了是受國內政情的影響外，憲法思潮與各國相互的模仿與比較，當是其重要的原因，且有探討的必要。

一、基本理念的發展

　　現代憲法發展的趨勢，主體理念就是由「立憲主義」（Constitutionalism）進入所謂的「憲政民主」（Constitutional Democracy）。換言之，立憲主義雖然是近代民族國家成立過程中，為反對絕對王政，企圖以「根本法」來拘束政府（國王），為其原始的思想。但如今的立憲主義，在英美憲法發展的影響下，已與民主思潮融合在一起，即立憲主義並不是單純的認為國家有一部憲法，或政府能依憲法治理即可，因為此至多也只是一種「沒有立憲主義的憲政」（Constitution without Constitutionalism）而已。

　　換言之，現代立憲主義乃是建立穩定民主自治的過程（Julio Faundez,1993: 358-359），它不但關注憲法中政府的權力是否有受到限制，更尊重人性的價值與尊嚴（Worth and Dignity），尤其是「大眾的意志」（PopularWill）能否有充分反應之機會，亦是其不願忽略的核心價值（Walter F. Murphy, 1993: 3-7）。否則，如前蘇聯憲法（1977 年通過）第 6 條規定：「蘇聯共產黨是蘇聯社會的領導力量和指導力量，是蘇聯社會政治制度以及一切國家機關和社會團體的核心。」（董云虎、劉武萍，1991：400）又如1978 年通過的中華人民共和國憲法，第 2 條即規定：「中國共產黨是全中國人民的領導核心。」（董云虎、劉武萍，1991：830）在在皆表明共產黨

是國家唯一的統治者，不容許任何人反對，顯然不合乎現代立憲主義之理念，共產政權也算不上是「憲治政府」（Constitutional Government）（周陽山，1992：31）。

　　然立憲主義的主體內容為何，學者也許有不同的見解，但歸納而言，現代立憲主義相當強調的是法治而非人治（Government of Law, Not of Men），所反應的核心是分權、人權與民主的因素，即除了論及權力如何被授予、被分散及被限制之外（J. M. Burns, et al., 1993: 2），尤注重下列兩項原則：

（一）「法治」原則

　　「法治」（Rule of Law）是指在憲法優位性的前提下，所有法律不得違背憲法外，政府與人民同受憲法與法律之規範，而且必須嚴守「程序正當」（Due Process）原則運作，其中包括「實質程序法則」（Substantive Due Process）與「程序性過程」（Procedural Due Process）（Norman Vieira, 1998: 2）。不得因政府自由裁量權的故意或人民主觀性的任意而有害社會正義（Social Justice）的體現。

　　再則，是法治必須無違人權之保障，否則只是共產國家所稱之「法制」（Rule by Law），即只重視政府是否依法辦事，卻完全不在乎該項法規是否違反基本人權，因此與法治原則下否定「惡法亦法」的理念（周陽山，1992：34），誠有相當大的差距。

　　最後仍須注意者，即法治概念下民主的程序或過程是比結果來得重要，假如會議中違反程序，實質討論是必須終止，否則結果是毫無意義可言。又如法治文化較成熟的美國，2001 年總統大選後的內閣任命，原本被提名為勞工部長的查維思，就是因為被檢舉有長期收容非法移民而自動辭卸此項任命，以免為新政府帶來困擾，此即是民主政治中法治文化或涵養的具體實證。然就學者的研究，除上所述外，法治仍須遵行以下幾項共識（沈宗靈，1994：134，237-238，516-520）：1.法律應是可以遵行的；2.法律之運作不溯既往；3.司法獨立；4.法無明文規定不為罪；5.同樣情況相同處理之律令。

（二）民意政治原則

民意政治（Government of Popular Consent）的原則，即合法正當政府之權力，必源於人民的同意（J. M. Burns, et al., 1993: 602）。即在立憲國家，人民應有權利依據直接民主或代議間接民主的方式，改變或影響政府之決策。其中包括價值上人民彼此的尊重、機會的均等（Equality of Opportunity）；政治過程中自由而公平的選舉（Free and Fair Election）、多數決（Majority Rule）、政治結構上的分權（Separation of Powers）與制衡（Checks & Balances）等。

吾人所稱憲政民主的立憲主義（Stephen Holmes, 1995: 299-305）整體架構可以圖 2-1 表示之。換言之，基於「國民主權」（Popular Sovereignty）的制憲理念，任何背離人民意志的憲法，概難稱為現代真正立憲主義下的憲法，而缺乏人民直接控制的政府（Direct Popular Control of Government），此部憲法亦缺乏立憲主義之基礎。故無論如何，現代憲法的內容，應至少包括三大部分：其一是國民基本權利（Fundamental Rights）的規範，其二是適當程序法則（Due Process）的運作，其三則是平等保護之法則（Equal Protection of Law）。

然就發展中國家的憲政民主而言，其所以很難達到立憲主義的標準模型，主要是傳統世襲主義（Patrimonialism）與近代威權主義（Authoritarianism）的政治文化，不斷影響立憲主義中法治理念、憲法至上、司法獨立及尊重民主人權的文化成長（Yash Ghai, 1993: 186-196），尤其是政府支配人民的角色模式，始終在民主過渡中，延誤了憲政民主的進程。

二、憲法發展之趨勢

由於傳播科技的發展與各國憲政理念與經驗的刺激，至少戰後憲法之發展，已有朝同質性發展的趨勢。尤其是當各國彼此政經依存性升高之後，憲法實質更動的壓力便相對增加，較明顯的發展可概述於下：

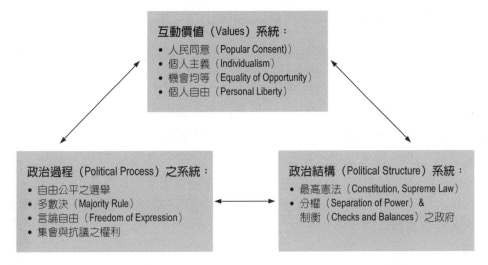

圖 2-1　憲政民主（Constitutional Democracy）之建構

資料來源：James M. Burns, J. W. Peltason, Thomas E. Cronin, David B. Magleby, *Government by the People*, New Jersey: Prentice Hall, p.3.

（一）成文與詳明之規範

自美國 1787 年制定一部典型的成文憲法之後，各國紛紛以爲模仿的對象。尤其是二次大戰後的新興國家，莫不於立國之初以制定成文憲法爲國家之根本大法，經初步統計約占 90%（涂懷瑩，1993：142）。換言之，較趨向於剛性而不容易修改（林紀東，1980：66）。譬如 2000 年 10 月 2 日英國引起激烈辯論的「人權法案」正式生效，使英國終於有了獨立成文的民權法案，內容與美國人自 1791 年起受到的保障差不多，也納入了歐洲人權憲章的許多民權如言論自由權、公平審判權和隱私權等，是屬美式的民權法案，但比美國足足晚了 209 年（2000：聯合報 10 月 4 日）。

再則是憲法之內容與長度，也因爲環境的需求壓力，詳細度與長度均日益增加。依據一項成文憲法之研究顯示，自 1945 年以來，每十年憲法的平均長度就增加了 1300 字到 1900 字之間。在這個時期所頒布之憲法，平均長度在三十年中間就增加了差不多三分之一（享利・馬爾賽文、格爾・范德唐，陳云生譯，1990：256）。由此不難發現，爲了適應國內外環境問

題的複雜化，各國憲法制定或增修日益詳細且成文化之趨勢，已至爲明顯。

（二）積極人權的實踐

　　1948 年 12 月 10 日聯合國正式通過了「世界人權宣言」（Universal Declaration of Human Rights），不但重申全人類生而自由，並享有相同的尊嚴與權利。同時更要求在人權的實踐上，所有的人民與國家應採取相同的標準。1986 年更通過代表積極人權的「發展權利宣言」（Declaration on Rights to Development），肯定人民有權享受經濟繁榮、社會進步的權利。因爲人是發展的主體，應該成爲發展權利的積極參與者與受益者，進而要求各國有義務透過立法及政策之推動，以全面掃除影響發展人權實踐的障礙。

　　同時不可否認的，人權觀念也已透過國際組織而有所發展，無論是 1953 年的「歐洲人權公約」、1978 年的「美洲人權公約」，抑或是 1986 年的「非洲人權與民族權利憲章」，已迫使各國瞭解基本人權已不僅是國內的問題，同時也已擴及爲國際的問題，深受各國的重視（翁岳生，1998：7-8）。

　　但若以法國學者 Karel Vasak 所提出三代人權的角度而言，其靈感來自於法國大革命的三大口號，第一代所關注的是與「自由」有關的公民與政治權利；第二代所關注的是與「平等」有關的經濟、社會及文化之權利；而第三代人權所關注者則是與「博愛」有關的發展權利。

　　換言之，第一代是消極的避免生存權、自由權與私產權受到侵害；第二代是要求政府應積極的去保障人民的權益如工作權、受教育與參與的權利；第三代則是著重個人與群體發展的權利，包括和平權、環境權等。由此可明顯發現，世界憲法之走向，已由第一代、第二代的人權理念趨向於第三代的發展權，尤其是第三世界國家的憲法，已受聯合國人權理念的影響，發展出第三代人權之需求，即由反對殖民主義、種族壓迫及經濟社會受外來勢力操作中尋求積極之解放，進而完成個人與團體充分發展潛力之開發，這亦可在新制定憲法或增修條款中，發現此一新的趨勢。例如：中華民國憲法（增修條文第 10 條）：「經濟及科學技術發展，應與環境及生

態保護兼籌並顧。」

　　然尤不可忽視者，譬如環境人權的問題，環顧全球環境所受到的嚴重破壞，如各式各樣的污染、熱帶雨林的迅速消失、生物物種大規模的滅絕、溫室效應、臭氧層的損壞，在在均使人類賴以生存的環境面臨嚴重的危機（葉保強，1991：137-138）。聯合國氣候變遷跨政府委員會，依據最新的研究報告也明確指出，全球暖化所造成災難性的天候將日趨明顯，到 2100 年，全球氣溫會上升攝氏 1～5 度，造成海平面上升 15～95 公分，試問此豈是國界或主權所能限制？故環境權為無國界的權利，任何一個國家均不可置身事外。

　　聯合國事實上已於 1970 年在經社理事會成立「自然資源委員會」，1972 年 12 月在聯大通過第 2997 號決議案，成立聯合國環境署（UN Environment Programme, UNEP），以永續推動全球環保的系統工作。2000 年 1 月 29 日在加拿大蒙特婁也完成「生物安全議定書」協議之簽定。不過，由於牽涉的因素不少，要順利解決地球村的難題，也非想像中的容易，例如：2000 年聯合國為全球暖化而召開氣候會議，結果卻因美國與歐盟意見相左而破裂，引起世界環保團體強烈的指責，是一種放棄合作保護地球的舉動。

　　2000 年聯合國亦發表「千年宣言」（United Nations Millennium Declaration），除明確揭示「自由」（Freedom）、「平等」（Equality）、「團結」（Solidarity）、「寬容」（Tolerance）與「尊重自然」（Respect for Nature）等基本價值外（http://www.un.org/millennium/declaration/ares552e.htm），更提出在 2015 年必須完成的八項目標，希望各國憲法能納入這些現代世界的核心價值與觀念。

　　由以上的說明可知，積極人權已為各國憲法共同發展之標的，從消極福利趨向於積極福利，政治權利趨向於經濟權利，政府統治觀念趨向於服務觀念（管歐，1991：76-77），在在都是由於民主人權理念的刺激而有所進展。

（三）國際和平主義的尊重

　　歷經兩次大戰的洗禮，迫使各國在痛苦的教訓中，確實體會國際和平的可貴。因此戰後各國新憲法概有三種傾向，第一是對國際法的尊重，第二是戰爭的放棄，第三則是主權的限制（劉慶瑞，1982：35-36）。

1. **就國際法的尊重而言，**（1）承認國際法優於國內法，如 1995 年法國第五共和憲法第 55 條規定：「國際條約或協定經正式批准或認可，並經簽約國對方付諸實施者，自公布日起具有優於法律之效力。」但憲法委員會宣告某一國際條約之條款與憲法牴觸時，在憲法未修改前，不得予以批准與認可；（2）表明國際法為國家法律的一部分，優位與否則未明定，如韓國憲法第 6 條：「依憲法締結、公布之條約，及一般承認之國際法規，具有與國內法相同之效力。」（1987 年）；（3）僅表尊重之意思，並未提及與國內法之關係，如我國憲法第 141 條：「中華民國之外交，應本獨立自主之精神，平等互惠之原則，敦睦邦交，尊重條約及聯合國憲章。」

2. **就戰爭的放棄而言，**日本國憲法第二章即名「放棄戰爭」，內容強調「永久放棄以國權發動之戰爭、以武力威嚇或行使武力，以為解決國際紛爭之手段。」（1947 年）如巴拉圭憲法第 144 條：「巴拉圭共和國宣布放棄戰爭，惟謹守正當自衛之原則。」（1992 年）

3. **就主權的限制而言，**如：德國基本法第 24 條第 2 項：「為維護和平，聯邦得加入互保之集體安全體系；為此聯邦得同意限制其主權，以建立並確保歐洲及世界各國間之永久和平秩序。」（1994 年）

　　由此顯見，戰後為謀求國際之和平，憲法中放棄戰爭或為主權之限制，已與過去特別凸顯主權的絕對性及排他性，顯有不同的發展趨勢。最近歐洲共同體法的通過，承認其優於成員國之國內法，荷蘭、比利時、盧森堡三國憲法也先後確認部分主權可移交合法之國際組織，接受了共同體法優先之原則（章鴻康，1991：145-146）。法國於 1995 年憲法增修：「共和國參與由各國家自由選擇之歐洲共同體及歐洲聯盟，並依所建構之各項條約共同執行相關權責。」（第 88 條之 1），即是具體顯示憲法趨向國際和

平與合作之表現。

（四）政黨入憲的肯定

　　除共產與極權國家外，各國憲法中通常皆避免提及政黨之問題。如美國於制憲之初，多數人曾視政黨爲不祥之物，即使是華盛頓總統，於告別書中猶一再告誡國人不要結黨營私，造成國家之分裂。但二次大戰後，此種現象已有所改變，蓋政黨政治既爲一民意政治，實行民主卻排斥政黨當有其矛盾之處，而此亦如憲法大儒羅文斯坦（Karl Loewenstein）所言：「所謂國民主權，實際上就是政黨主權」（李鴻禧，1986：42-43），自然憲法中給予政黨之定位，當有其時代之意義。

　　因此依據學者調查發現，截至 1976 年 3 月底以前一百四十二個成文憲法國家，已有九十三個國家憲法中有關於政黨的規定，占 65.5%，且77.5% 的憲法沒有規定一個或更多的政黨享有主導的地位（享利‧馬爾賽文、格爾‧范德唐著，陳云生譯，1990：200）。顯示憲法承認政黨之地位，但不接受特定政黨之入憲，已爲憲政民主國家共同的趨勢。如：

1.法國憲法第 4 條規定

　　政黨及政治團體得參與競選，自由組織並從事活動，但須恪遵國家主權及民主原則。（1995 年）

2.德國基本法第 21 條更詳細的規定

　　政黨依其目的及其黨員之行爲，意圖損害或廢除自由、民主之基本秩序或意圖危害德意志聯邦共和國之存在者，爲違憲。至於是否違憲，由聯邦憲法法院決定之。（1994 年）

3.我國憲法增修條文第 5 條亦有政黨規範

　　司法院大法官，除依憲法第 78 條之規定外，並組成憲法法庭審理……政黨違憲之解散事項。政黨之目的或其行爲，危害中華民國之存在或自由民主之憲政秩序者爲違憲。

當然，以上所論及的憲法發展趨勢，並不完全表示絕大多數的國家均有憲法上明文之規定。因為事實上，很多憲法發展之趨勢，乃是指已逐漸為世界絕大多數國家所認同，但不必然表示已完全入憲為其標準。

（五）區域憲法的發展

在全球化（Globalization）的影響之下，各國除如前所述已有對主權的限制有所開放外，近幾年更有由區域合作走向區域憲法建立的趨勢。以「歐盟憲法條約」為例，它就是歐盟的首部憲法，其宗旨是在保證歐盟的有效運作以及歐洲一體化進程的順利進行。2004 年 6 月 18 日，歐盟二十五個成員國在比利時首都布魯塞爾舉行首腦會議，一致通過了《歐盟憲法條約》草案的最終文本。同年 10 月 29 日，歐盟二十五個成員國的領導人在羅馬簽署了《歐盟憲法條約》。條約必須在歐盟全部成員國根據本國法律規定，通過全民公投或議會投票方式批准後方能生效。如獲得所有成員國和歐洲議會的批准，條約於 2006 年 11 月 1 日正式生效。（http://news.xinhuanet.com/ziliao/2003-06/21/content_931615.htm）。不過，由於種種因素的影響，包括法國和荷蘭兩個歐盟創始成員國在內，少許國家居然在全民公決中否決了該項憲法條約，迫使歐盟延長批約期限。然在多方努力溝通後，2007 年 6 月，參加歐盟峰會的二十七國首腦即在布魯塞爾就替代《歐盟憲法條約》的新條約草案達成協議，進而結束了長達兩年的歐盟制憲危機。新條約計畫在 2009 年 6 月前付諸實施。

歐洲聯盟並非是一個企圖取代當前所有國家的「國家」，但卻又高於其他國際組織。事實上，歐盟是獨一無二的，歐盟憲法也意味著是「純國家主權時代」的結束。當然，究實而言，歐洲憲法並未取代歐洲國家自己的國家憲法，它與這些憲法共存，而且擁有自己的管轄和自治範圍。歐洲憲法只是定義了歐盟的權力範圍。歐盟成員國設置共同機構並賦予其部分主權，以便能民主地做出有關共同利益具體事宜的決策，這種主權的分享又被稱為是「歐洲整合」（European Integration）（Matthias Herdegen著，張恩民譯，2003：39-57）。

歐盟共有五個主要機構所組成，且各司其職，如：歐洲議會、歐盟理

事會、歐盟執行委員會、歐洲法院與審計院。其中較重要歐洲議會代表歐
洲公民並由其直接選舉產生；歐盟部長理事會，代表歐盟成員國政府；歐
盟執行委員會，尋求維護歐盟成員共同利益，此鐵三角即可產生適用於整
個歐洲的政策與法律（指令、規則及決定）。

參考資料

中文部分

蘇俊雄，1998，「從整合理論之觀點論個案憲法解釋之規範效力及其界
　　限」，劉孔中、李建良主編，1998，憲法解釋之理論與實務，中央研究
　　院中山人文社會科學研究所。

管歐，1991，憲法新論，台北：五南圖書公司。

章鴻康，1991，歐洲共同體法概論，台北：遠流出版公司。

劉慶瑞，1982，比較憲法，台北：大中國圖書公司。

G. Sartori 原著，雷飛龍譯，1998，比較憲法工程─結構、動機與後果之研
　　究（Comparative Constitutional Engineering～An Inguiry inot Structures,
　　Incentives and Outcomes），台北：國立編譯館。

張劍寒，1969，「現代憲法解釋之新認識」，憲政思潮，第八期，台北：
　　憲政思潮雜誌社。

王世杰 & 錢端升，1936，比較憲法，上海：商務印書館。

Carl Schmitt 著，蕭高參譯，1987，「論憲法制定權」，憲政思潮，第八十
　　期，台北：憲政思潮雜誌社。

Matthias Herdegen 著，張恩民譯，2003，歐洲法（Europarecht），北京：
　　法律出版社。

許宗力，1997，「憲法與政治」，載於李鴻禧教授六秩華誕祝賀論文集編
　　輯委員會，現代憲法與國家，台北：月旦出版社。

羅豪才 & 吳擷英，1997，憲法與政治制度，台北：洛克出版社。

涂懷瑩，1993，現代憲法原理，台北：正中書局。

蘇采禾，1977，「美國憲法的習慣」，憲政思潮，第四十期，台北：憲政
　思潮雜誌社。

陳新民，1993，公法學箚記，台北：自行出版。

謝瑞智，1991，憲法大辭典，台北：地球出版社。

小林直樹著，周宗憲譯，1990，「憲法規範的構造分析」，憲政思潮，第
　九十二期，台北：憲政思潮雜誌社。

荊知仁，1991，「修憲比制憲可取」，載其編著，憲法論衡，台北：東大
　圖書公司。

謝瑞智，1996，邁向 21 世紀的憲法，台北：自印。

周陽山，1992，學術與政治的對話─憲政與民主，台北：正中書局。

沈宗靈，1994，法理學，台北：五南圖書公司。

林紀東，1980，比較憲法，台北：五南出版公司。

享利・馬爾賽文 & 格爾・范德唐著，陳云生譯，1990，成文憲法的比較研
　究，台北：久大 & 桂冠聯合出版。

翁岳生，1998，「當代憲法發展的主要趨勢」，載於國民大會編印，中華
　民國行憲五十年學術研討會論文暨研討實錄，台北：國民大會。

李鴻禧，1994，李鴻禧憲法教室，台北：月旦出版社。

蘆部信喜著，李鴻禧譯，1995，憲法，台北：月旦出版社。

李鴻禧，2004，「時代變遷憲法也要因時制宜」，台灣日報，6 月 21 日 3
　版。

張慶福主編，1999，憲法學基本理論，北京：社會科學文獻出版社。

英 文部分

Vieira, Norman, 1998, Constitutional Civil Rights, Minnesota?: West Group.

Cronin, Thomas E., et. al., 1993, Government by the People, New Jersey:
　Prentice-Hall.

Murphy, Walter F., 1993, "Constitutions, Constitutionalism, and Democracy, " in D. Greenberg, S. N. Katz, M. B. Oliviero & S. C. Wheatley (eds.), Constitutionalism and Democracy : Transition in the Contemporary World, Oxford University Press.

Faundez, Julio, 1993, "Constitutionalism: A Timely Revival," in D. Greenberg, S. N. Katz, M. B. Oliviero & S. C. Wheatley (eds.), Constitutionalism and Democracy: Transition in the Contemporary World, Oxford University Press.

Ghai, Yash, 1993, "The Theory of the State in the Third World and the Problematics of Consitutionalism" in D. Greenberg, S. N. Katz, M. B. Oliviero, S. C. Wheatley (eds.), Constitutionalism and Democracy: Transition in the Contemporary World, Oxford University Press.

Castiglione, D., 1996, "The Constitution in Historical Perspective: The Political Theory of the Constitution," in R. Bellamy & D. Castiglione (eds.), Constitutionalism in Transformation, Oxford: Blackwell Publishers.

Elkin, Stephen L. & K. E. Soltan, 1993, New Constitutionalism: Designing Political Institutions for a Good Society, Chicago: The University of Chicago Press.

Hood, Andrew & T. Benn, 1993, "Constitutional Reform and Radical Change," in A. Barnett, C. Ellis and P. Hirst (eds.), Debating the Constitution: New Perspectives on Constitutional Reform, Polity Press.

United Nations Millennium Declaration

http://www.un.org/millennium/declaration/ares552e.htm

問題討論

1. 憲法變遷的意義為何？其何以有改變的必要？

2. 憲法變遷的主要途徑為何？請簡要分別說明之。

3. 美國修憲的方法為何？試說明之。

4. 憲法解釋通常有哪些原則必須注意？

5. 舉例說明英美兩國重要的憲政慣例，至少各舉兩例。

6. 憲政慣例對於憲法變遷會產生何種效應？

7. 立憲主義（Constitutionalism）建構的主要內容為何？請分別說明之。

8. 何謂憲政民主（Constitutional Democracy）？其建構之內容又為何？

9. 一般法治（Rule of Law）的共識為何？其與法制（Rule by Law）有何差異？

10. 簡要說明現代憲法發展的重要趨勢，並請分別舉例分析之。

11. 法國學者 Karel Vasak 所稱三代人權的內容為何？

12. 現代各國憲法中，有哪些國家規定國際法優於其國內法，請舉例說明之。

第三章

憲政民主的基本原則

關鍵字（Keywords）

精英民主（Elite Democracy）　　　　分權（Separation of Powers）

制衡（Checks & Balances）　　　　　地方分權（Decentralization）

委任代表制（Delegate System）　　　法定代表制（Trustee System）

人民主權（Popular Sovereignty）　　 區域自主（Regional Autonomy）

地方自治（Local Self-Government）　 中央集權（Centralization of Power）

依法行政（Administration of Law）　 代議民主（Representative Democracy）

　　任何憲法政府組織的建構、人民權利義務的規範，總有其理念的追求與原則的堅持。以現代民主法治國家而言，其立憲或制憲的過程中，事實上亦有人民共同想實現的目標，即使建構出來的憲法並不相同，但彼此依據的原理原則，卻有「異曲同工」之妙。譬如美國的聯邦憲法與英國的憲法，雖有成文與不成文憲法之別，但吾人卻很難否認它們不是屬於民主的憲法。換言之，政府體制雖有不同，憲法民主的屬性，終因有共通的原理而被肯定（Charles N. Quigley, Constitutional Democracy, http://www.civi-ced.org/constdem.html）。如憲法的最高性、基本權利的保障、權利分立、依法行政、法的安定性、比例原則、權利救濟之保護與國家賠償責任等等，均為一法治國必要的運作準則（許育典，2002：83-105）。

　　然而從動態的角度而言，憲法原理是會隨著政治社會及歷史的發展而有所變遷，而基本用語的概念當然也會隨著憲法原理的變化而變化，以適應及應對憲法原理的發展（杉原泰雄，1996：16-17）。譬如當人民主權或國民主權的憲政原理被廣泛的解釋與運用之後，人權與平等的概念用語，即會在立法過程中一再的被提醒與應用，以確實體現國民主權的憲政原理。

壹、主權在民

　　「主權」（Sovereignty）是國家最高的權力，可獨立自主的運用以處理內外公共的事務。近代意義之主權論，法儒盧梭（Jean J. Rousseau, 1712-1778）提出人民主權（Popular Sovereignty）的主張，認爲主權屬於國民全體，亦是全意志的表現，結果思潮之所至，1789 年法國的「人權宣言」、1919 年德國的「威瑪憲法」（Weimarer Constitution），及至戰後法國、德國、義大利之憲法，無不肯定人民主權乃是其立憲之主要原則。例如：瑞典政府組織法第 1 條即明示：「瑞典的一切國家權力來自人民」。

　　美國聯邦憲法雖未在憲法文字上標示「人民主權」之字樣，但序文中云：「我美國人民（We the People ofthe United States）爲建立更完美之合眾國，以樹立正義……並謀今後人民永享自由幸福起見，爰制定美國憲法。」顯見憲法仍是人民所制定，人民畢竟是權威根本的來源（Ultimate-Source），至少「人民同意」（Popular Consent）或「被治者同意」（Consent of the Governed）已是美國立憲之基本原則（傅崐成等，1991：19；Charles N. Quigley, Constitutional Democracy, http://www.civiced.org/const-dem.html）。

　　事實上，誠如學者的研究顯示，主權在民的理念，其基本的反應就是指涉民主的意義。但民主思想畢竟不是天生者，它是在人類挫折的經驗中被發現的（Be Discovered），而且也是在人類道德性的覺醒及自覺的理性中，不斷的再充實它的內容（Carl Cohen, 1971: 78-85）。

貳、分權與制衡

　　基於人民主權的概念，政府是因人民的需要成立，自然憲法設計中，政府不可能是「全能的」（All-Powerful）。換言之，眞正的憲政民主理論，強調所有政府的權力，均源於人民的同意，政府的作爲也必須依據人民或其代表所制定的法律來「依法行政」（Administration of Law）（廖義男，

1998），因此「列舉權力的政府」（Government of enumerated powers），或有權限的政府（Limited Government）乃勢所必然。法儒孟德斯鳩在大著《論法的精神》中，曾明確的指出：「只有權力不被濫用的時候，實行權力限制的國家，才會有所謂的政治自由。但依據以往的經驗顯示，執政者往往都會濫用權力，因此為了不讓權力被濫用，就必須制定以權力抑制權力的社會型態。」美國獨立宣言的起草人 Thomas Jerfersont 曾明確的指出：「我們用制約性的憲法約束受託予權力的人們，這不是出自信賴，而是來自猜疑。……因此無論如何，在政府權力的問題上，是需要用憲法之鎖加以約束，以防止其行為不當。」（杉原泰雄，1996：16-17）

惟即使如此，政府被期待或被要求的，仍然是一向人民負責而有效能的政府，時至今日更被要求是一「電子化服務的政府」（E-Service Government）。更明確的說，有限的政府並不是無能的政府，其之所以稱之為「有限」，乃是指人民可賦予中央政府足夠的權力，但它卻須分屬政府中不同且獨立的部門，造成沒有一個人或一個部門能掌握政府所有的權力（Stanley Kelley, Jr., 1978: 9）。換言之，政府之權力是透過「分權」（Separation of Powers）和「制衡」（Checks & Balances）來體現社會正義，並藉以防止政府的腐化與濫權。巴拉圭憲法第 3 條即規定：「關於國家治權……共和國政府由立法、行政與司法之三權體系組織。」（1992 年）

由以上的說明，吾人不難發現一項事實，即基於以下的原因，政府應該是一種服務人民及代理公共事務的經理人，過去所謂高高在上的君王角色已不復存在：

1.政府是因為人民的需要而普選產生，必須接受人民定期選舉的檢驗。
2.人民選出國會議員代表人民監督政府。
3.政府的權力只能源於國會通過的政府組織法而授權，一切均須依法行政。
4.政府施政的財源主要是依賴人民納稅的支持。
5.政府權力的分權與制衡，以防政府的獨裁與腐化。

惟就分權與制衡中的理論而言，主要是指憲政民主中的「制度建立」（Institution-building），權力應分屬不同且獨立的單位，不應由一個人或

一個部門完權掌控，以避免有獨裁濫權的機會。其次就制衡的原理而言，成熟的制衡仍有兩項前提是相當值得掌握的：其一是體系外（Outsider System）的制衡；二是對稱性（Symmetry）的制衡。前者「體系外制衡」，主要是提升其「客觀性」（Objectivity），避免有「官官相護」或「恩庇依侍關係」（Patron-Client）之嫌；後者對稱性制衡，主要則是增強其制衡的壓力與效果。因為究實而言，有了分權性的制衡之後，權力的運作至少會由「必要的惡」（Necessary Evil）轉變成「最少的惡」（The least Evil）（彭堅汶，1993：242-243）。

參、民權保障

民權（Civil Rights）通常是指政府或個人不可粗暴侵犯的政治與社會的權利（Karen O'Connor & Larry J. Sabato, 1995: 106）。1776 年美國獨立宣言提出了公民享有一些不可讓渡的權利（Unalienable Rights），其中包括生命、自由及追求幸福的權利。假若欲充分顯示統治者一貫的目的，是要使人民在極端專制下受剝削凌虐，人民就應當推翻這個政府，並為將來的安全重新設置新的護衛，這是他們的權利，同時也是他們的義務。1789 年法國人權宣言更強烈的主張：「任何政治結合的目的，都在於保存人自然和不可動搖的權利。這些權利就是自由、財產、安全和反抗壓迫。」（董云虎、劉武萍，1991：296）

不過公民的權利並非是絕對的，因此各國憲法在尊重公民權的同時，更設定了公民權中止或限制的條件，例如：德國基本法第 2 條即有相當明確之規範：「一、人人有自由發展其人格之權利，但以不侵害他人之權利或不違反憲法秩序或道德規範者為限。二、人人有生命與身體之不可侵犯權。個人之自由不可侵犯。此等權利惟根據法律始得干預之。」（1994 年）

肆、代議政府

　　直接民主（Direct Democracy）是指人民直接控制政府及行使統治的權力。在古希臘雅典的城邦（City-State），由於小國寡民，自然有其可能性，但以今天各個國家的規模，就連市長要向市民一一有所請教，常常就有事實的不可能，因此代議政府（Representative Government）便成為憲政民主設計上必然的趨勢，即人民選出精英參與公共的決策或管理監督政府之行政作為，而此亦可稱之為「精英民主」（Elite Democracy）（Core Values of American Constitutional Democracy; http://www.remc11.k12.mi.us/dowagiac/duhsw/hssocstcv.html）

　　然各國選出代表的角色扮演，仍因政治文化而有所差異。最主要的區分有二：其一是如美國是較傾向「委任代表制」（Delegate System），即各選區所選出之議員，乃是全國人民的受託者，他只能在議會中忠實表達原選區人民的特定民意即可，否則原選區之選民得撤銷其委託而罷免之。其二是如英國則較傾向於「法定代表制」（Trustee System），即經選民產生之民意代表，不必然反應原選區的民意而已，他可以其所獲得正當性的支持，充分表達最有建設性的建議，以創造全民之利益。

伍、自治原則

　　「自治」（Self-Government）從字義上來理解，就是自己管理自身的事務。地方自治（Local Self-Government）則是一種區域自主（Regional Autonomy），即地方上的人民有權管理地方上的公共事務，不論是依法選出代表參與決策，抑或直接參與管理，中央的監督不得逾越法定之權限。換言之，如學者奎寧（E. M. Quillin）、奧德福（H. F. Alderfer）所言，地方自治團體不只是一政治、社會、文化、經濟之組織，同時它更是一具有法律實體（Legal Entity）的法人（Legal Person）（趙永茂，1997：13），依法受到憲法及法律的保障。

　　然受到「民主思潮」的影響，「中央集權」（Centralization of Power）即在「民主化」（Democratization）與「自由化」（Liberalization）的「過程」中，逐漸走向「地方分權」（Decentralization）。尤其是二次大戰結束之後的「憲政主義」（Constitutionalism），強調國家權威的分散（Diversification of Authority），應建立「權力分立」與「監督制衡」的民主制度，並以「人民主權」來代替「絕對主權」（Absolute Sovereignty）（A. Vincent, 1987: 77-79），如此，地方自治與區域自主的理念原則，即直接反應在各國立憲及制憲的過程中，結果自治的理念也幾乎已成爲各國憲法之原則，同時依據調查可知，不管是否有設置地方自治專章，地方自治之制度化運作，已成爲普遍的規範與趨勢，而且雖然自治的單位或層級縱使有所差異，不論先進的民主國家或新興的發展中國家，皆有積極落實自治之理念。

陸、憲法保障

　　憲法既是國家的根本大法，尤其是成文憲法，一經制定之後，爲了維持憲政的穩定發展，以及維護憲法的莊嚴性，除文人掌控軍事（Civilian Control of the Military）爲憲政運作所必要外，制憲或修憲者總會設法建立保障憲法的制度系統（Institutional System），其中較爲重要者有：司法審查、議會保障、總統與人民之保障。（Core Values of American Constitutional Democracy, http://www.remc11.k12.mi.us/dowagiac/duhsw/hssocstcv.html）

一、司法審查

　　司法審查（Judicial Review）就是國家透過司法機關按照法律程序審查及裁決立法和行政決定是否違憲的一種制度，故也稱之爲「違憲審查」（湯德宗，1998）。有由普通法院來執行者，即一般法院除審理日常的民刑事案件外，亦有權審理有關法律、命令或行政作爲是否違憲之訴訟案件，但

終審法院是在最高法院，美國是聯邦最高法院。如日本憲法第 81 條規定：
「最高裁判所爲有權決定一切法律、命令、規則或處分是否適合憲法之終
審裁判所。」（1947 年）

　　另則是由專設的「憲法法院」來行使司法審查權，此大多歐陸國家如
義大利、法國、德國、奧地利……等皆有之。如奧地利憲法第 139 條是對
命令違憲之審查，第 140 條則是對法律之違憲審查，如判定爲違憲，主管
機關有公告廢止之義務，並於一年內失去效力。其他如法國、大韓民國、
泰國等，則設置「憲法委員會」，判決違憲後亦不得上訴。

二、議會保障

　　凡承認議會是國家最高權力機關的地區，多半會採用議會保障的措施，
即依照立法程序行使其憲法的監督與解釋權。如瑞士憲法規定聯邦議會有
權審查聯邦憲法之修正外，牴觸憲法之緊急聯邦決議規定，必須在聯邦議
會通過後一年內經人民與各邦之批准，如未獲人民與各邦批准，則此項決
議一年後仍失去其效力，並且不得再予延長。（1993 年）

三、總統與人民之保障

　　各國總統在就職時，均會對人民或國會宣誓遵守憲法盡忠職守，凡違
反憲法或破壞憲法之非法行爲，總統當負保障憲法之義務。如芬蘭憲法第
24 條規定總統之誓詞爲：

　　「余，某某，經芬蘭人民選舉爲芬蘭共和國之總統，謹此宣誓於擔任
總統期間內必忠誠遵守及維護芬蘭憲法與法律，並善盡職責爲芬蘭人民創
造幸福及繁榮。」（1991 年）

　　因此在任期內，包括美國、德國、法國在內的許多國家，憲法均規定
總統對於違憲之法案，得拒絕簽署與公布或退回國會重審，甚者可將該法
案交付前述之最高法院或憲法法院裁決。

　　再者總統通常又是全國三軍統帥，亦可動用軍隊敉平破壞憲法之叛亂
團體，以維護憲法之尊嚴及正常運作。不過，若總統發布之命令違憲，依

據芬蘭憲法第 35 條、第 45 條之規定，國務院有關部長即可拒絕副署，經諮詢法務大臣意見後，得建議總統撤銷或修改。倘若總統仍堅持原決定，國務院應宣告該決定不予執行（1991 年）。此似隱含有「抵抗權」（Rights of Resistence）的意義，即政府有違憲執行公權力時，可拒絕服從以維護憲法秩序之權利（許宗力，1999：4-13）。

　　總結以上的說明，如欲健全憲政民主的法治國家，尚可歸納以下諸要項：其一是權力分立，且彼此得以互相有效制衡；其二是司法審判獨立，並確保有效監督所有公權力措施；其三是行政權力必須嚴格遵守依法行政原則；其四是有合於憲政秩序的立法活動；其五是國家行為應尊重正義的指標；其六是國家應有完備之補償或賠償機制。（林明鏘，2002：121）

參考資料

中文部分

杉原泰雄著，肖賢富等譯，1996，憲法的歷史—比較憲法學新論，北京：社會科學文獻出版社。

廖義男，1998，「評析司法院大法官對依法行政原則之解釋」，劉孔中、李建良主編，憲法解釋之理論與實務，中央研究院中山社會科學研究所。

肖澤晟，2003，憲法學：關於人權保障與權力控制的學說，北京：科學出版社。

許宗力，1999，法與國家權力，台北：元照出版。

湯德宗，1998，「權力分立原則與違憲審查權限」，劉孔中、李建良主編，憲法解釋之理論與實務，中央研究院中山社會科學研究所。

林明鏘，2002，「法治國家原則與國土規劃法制」，劉孔中、李建良主編，憲法解釋之理論與實務，中央研究院中山社會科學研究所。

法治斌、董保城，2005，憲法新論，台北：元照出版社。

許育典，2002，法治國與教育行政，台北：高等教育出版。

許宗力，1999，憲法與法治國行政，台北：元照出版社。

李鴻禧等著，2002，台灣憲法之縱剖橫切，台北：元照出版社。

陳新民，2005，憲法導論，台北：新學林出版公司。

陶百川等，2000，最新綜合六法全書，台北：三民書局。

Wheare, K. C.著，張沛揚譯，1971，「現代國家之憲政例規」，憲政思潮，第十五期，台北：憲政思潮雜誌社。

林子儀等編，2005，憲法：權力分立，台北：新學林出版公司。

左潞生，1985，比較憲法，台北：國立編譯館。

G. Sartori 原著，雷飛龍譯，1998，比較憲法工程—結構、動機與後果之研究（Comparative Constitutional Engineering～An Inguiry inot Structures, Incentives and Outcomes），台北：國立編譯館。

傅崐成等編譯，1991，美國憲法逐條釋義，台北：123 資訊有限公司。

董云虎 & 劉武萍，1991，世界人權約法總覽，成都：四川人民出版社。

CarlSchmitt 著，蕭高參譯，1987，「論憲法制定權」，憲政思潮，第八十期，台北：憲政思潮雜誌社。

許宗力，1997，「憲法與政治」，載於李鴻禧教授六秩華誕祝賀論文集編輯委員會，現代憲法與國家，台北：月旦出版社。

謝瑞智，1991，憲法大辭典，台北：地球出版社。

張慶福主編，1999，憲法學基本理論，北京：社會科學文獻出版社。

荊知仁，1991，「修憲比制憲可取」，載其編著，憲法論衡，台北：東大圖書公司。

謝瑞智，1996，邁向 21 世紀的憲法，台北：自印。

林紀東，1980，比較憲法，台北：五南圖書公司。

享利‧馬爾賽文 & 格爾‧范德唐著，陳云生譯，1990，成文憲法的比較研究，台北：久大 & 桂冠聯合出版。

李鴻禧，1994，李鴻禧憲法教室，台北：月旦出版社。

蘆部信喜著，李鴻禧譯，1995，憲法，台北：月旦出版社。

羅志淵，1965，法國政府及政治，台北：國立政大出版委員會。

楊日旭，1989，美國憲政與民主自由，台北：黎明文化公司。

趙永茂，1997，中央與地方權限劃分的理論與實際，台北：翰蘆出版社。

英 文部分

Cohen, Carl, 1971, Democracy, University of Georgia Press.

O'Connor, K. & Larry J. Sabato, 1995, American Government: Roots and Reform, Boston: Allyn & Bacon.

Freeman, Harrop, 1966, Civil Disobedience, California: Center for Study of Democratic Institutions.

Leon P. Baradat,1984, Political Ideologies: Their Origions and Impact, Prentice-Hall, p.129.

Cronin, Thomas E., et al., 1993, Government by the People, New Jersey:Prentice-Hall.

Horwill, Herbert W., 1969, The Usages of the American Constitution, New York: Kenikat Press.

Kelley, Stanley, 1978, "The American Constitutional System," in Stephen K. Bailey (ed.), American Politics and Government, Hong Kong: World Today Press.

Vincent, Andrew, 1987, The Theories of the State, Oxford: Basil Blackwell Ltd.

Charles N. Quigley, Constitutional Democracy

http://www.civiced.org/constdem.html

Core Values of American Constitutional Democracy

http://www.remc11.k12.mi.us/dowagiac/duhsw/hssocstcv.html

問題討論

1. 簡要說明現代民主國家建構憲法之共通原則為何？
2. 有限政府（Limited Government）的憲法原則，其意義及建立途徑為何？請以美國為例分別分析之。
3. 代議民主的憲法原則中，法定代表（Trustee System）的意義為何？優缺點又為何？
4. 與委任代表（Delegate System）的意義為何？優缺點又為何？
5. 請簡要闡述民權保障立憲原則的意義與限制。
6. 請簡要說明自治何以成為立憲的基本原則。
7. 世界上有哪些國家的憲法有列地方自治專章規範？
8. 司法審查（Judicial Review）的意義為何？在憲法保障上有何功能？
9. 舉例說明議會保障憲法的方法。
10. 舉例說明總統保障憲法的一般途逕。
11. 建立憲政民主之法治國應有哪些基本要項？

第四章
中華民國的憲政發展

關鍵字（Keywords）

威權體制（Authoritarian System）　　人民主權（Popular Sovereignty）

憲政民主（Constitutional Democracy）　統治的正當性（Ruling Legitimacy）

政治秩序（Political Order）　　　　　權力精英（Power Elite）

政治安定（Political Stability）　　　　國家整合（National Integration）

制衡（Checks & Balances）　　　　　分權（Separation of Powers）

自治（Self-government）　　　　　　民主鞏固（Democratic Consolidation）

壹、憲法與國家發展

　　一般而言，憲法（Constitution）乃是國家的構成法，同時也是人民權利的保障書（金平歐，1956：455）。舉凡政治的結構、組織權力的運作、人民與政府權利義務的關係，甚或是全民共同期待體現的價值體係，憲法均有不同程度的規範（Gregory S. Mahler, 1995: 25, 30）。其層級不但是屬國內之「最高法」，並且亦可稱之為國內「所有規範的規範」。因為畢竟憲法不但代表著人民共同的意志，同時也凸顯「主權」（Sovereignty）的尊嚴性（Martin H. Redish, 1995: 163-165）。

　　不過就政治發展的角度而言，每個國家由於政治生悲的差異，其所制定的憲法或實踐的結果，均會有相當程度的不同。譬如就人民權利的保障而言，事實上在一些共產極權國家如早期的蘇聯（1977），其憲法相關條文就明顯的表達人民的權利是源於國家，是由政府給予人民的，即使政府在某種狀況下是可以任意剝奪人民的相關權利。這與成文憲法的美國抑或不成文憲法的英國，可謂全然不同。蓋英美民主國家，基本上皆有共識，即權利（Rights）不是政府給的，而是人民本來就與生俱有的，甚至政府的權力亦乃是源於人民的同意（Gregory S. Mahler, 1995: 27）。

　　基於以上理念之差別，其他第三世界國家的政治發展，至少在立憲及

修憲的過程中，便衍生許多不同程度的威權體制（Authoritarian System），即憲法原來所明訂的憲政目標與制度結構，總是與現行的狀態有明顯的「異質性」（Heterogeneity）。然執政者爲建立其「統治的正當性」（Ruling Legitimacy），往往也會採取相對的措施給予「合理化」，以鞏固其統治的地位及基本的政治秩序（Political Order）。如我國行之有年的五權憲法而言，執政的中國國民黨自訓政約法以來，即使遭遇再多正當性的質疑與挑戰，仍然堅持三民主義五權分立的憲法架構，除了理念的認同外，多少亦有此方面的政治意義。同時就 1995 年的民調顯示，有關五權的憲政架構與國民大會的體制，幾乎有四成的人民表示否定的態度，贊成廢省者亦有達三成左右的比率（游盈隆，1996：208-209）。此顯示隨著台灣地區的政治變遷，五權憲法已逐漸面臨嚴酷之挑戰。尤其是在爾後的修憲過程中，國民大會事實上即在朝野的攻防戰中被廢除。

貳、憲法的成長與發展

　　任何國家的成長，從獨立建國到憲法之正式公布實施，通常皆要歷經一段艱辛的過程，其中包括暴力的衝突或非暴力的不斷妥協。以美國爲例，從 1776 年 7 月 4 日脫離英國，正式通過「獨立宣言」（The Declaration of Independence），到 1789 年 9 月 17 日憲法會議通過聯邦憲法，1789 年 4 月 30 日批准生效，期間就歷經十年以上的光陰。但就中華民國而言，從 1912 年建立亞洲第一個民主共和國開始，到 1947 年憲法正式公布實行，時間更長達三十五年之久。相較於美國，吾國在期間所遭遇的種種困境，當猶有過之而無不及。尤其是憲法公布施行後至今，更經歷了嚴重的政治變遷，其中亦包括大陸政權的失去及憲法條文長時間的凍結，致使眞正的民主憲政無法正當的運作。惟 1996 年中華民國憲法增修條文雖在黨禁、戒嚴令解除後修訂完成，但由於種種因素的影響，國內民主憲政的發展，仍然面臨許多困境有待克服。

　　不過，委實而言，憲法的成長即實施之所以有如此多的困難，基本上

就在於憲法乃是一具有高度政治性的「政治法」，及憲法的的制定雖是在促進政治的安定（Political Stability）與國家整合（National Integration），但在政治產生一定程度的變遷之後，憲法的穩定性便會受到嚴重的挑戰。不過，委實而言，憲法的成長及實施之所以有如此多的困難，基本上就在於憲法乃是一具有高度政治性的「政治法」，即憲法的制定雖是在促進政治的安定（Political Stability）與國家整合（National Integration），但在政治產生一定程度的變遷之後，憲法的穩定性便會受到嚴重的挑戰。譬如革命戰爭的發生，政黨權力鬥爭的零合化，甚或新的意識型態之刺激，均將導致憲法變更的困擾。換言之，憲法既是具有高度政治性的法律，自然在面臨國家發展過程中的政治衝突與變遷時，如何維持憲法的穩定性，便是一件相當高難度的工作（許宗力，1997：41-46）。然就發展中國家的經驗顯示，憲法或憲政的變遷，大致可分成兩類，其一是「由上而下」的模式，即是執政者有感於統治危機之壓力而進行改革；其二是「由下而上」的模式，即由民間或反對黨展示強烈改革之訴求，迫使執政者不得不著手憲法之修改（李國雄，1997：53）。

　　顯見，憲改與政治壓力是有其密切之關係，而且與現時的「政治生態」難以截然的劃分。然就制憲而言，制憲者不論如何慎重構思，也總難免有一些無法克服的限制，如制憲代表的多元化、制憲者無法準確預見未來的政治發展等，亦使憲法不可能是絕對完美且神聖不可修改；惟憲法之修改，也不應輕率至讓政客能玩弄於手掌間（董翔飛，1994：17-35）。否則必如專制國家的憲法對其當然就鮮有規範能力可言，如此有憲法不是如同無憲法一般嗎？即憲法規範得了人民，卻規範不了專斷的政府，則其存在復有何意義？（參見王世傑、錢端升，1936：34-35）而開發中國家威權政體之民主化及民主鞏固，事實上也是必須透過民主的程序來建立其憲改的正當性，否則一般人民又如何願意誠心的服膺一國憲政體系的特定規範？（田弘茂等，1997：7-8）

參、孫中山的立憲理念與原則

　　任何國家憲法之制定與修改，總有其不同的緣由，有的可能是基於政治現實的考慮，有的可能是基於憲政思想的體現，有的可能是源於本國優良文化與經驗之考量。以美國為例，不論是早期英國 1215 年的「大憲章」（Magna Carta）、1628 年的「權利請願案」（Petition of Rights）、1689 年的「權利法案」，抑或是英哲洛克（John Lock）、法哲孟德斯鳩（Montesquieu）的理念如三權分立、地方分權及制衡的理論，尤其是本身一百五十年殖民地的歷史經驗之啟示，在在皆對美國憲法有所影響。至於制憲之基本原則，概而言之就包含了幾項最重要的聯邦主義（Federalism）、制衡（Checks and Balances）、權力分立（Separation of Power）、有限政府（Limited Government）、民權（Civil Rights）、自治（Self-Government）等（Karen O'Connor & Larry J. Sabato, 1995: 46-49; Fred R. Harris, 1980: 48-51；傅崐成等，1991：19-25；湯德宗，1992：10-13）。

　　然就中華民國憲法而言，其前言明示：「中華民國國民大會受全體國民之付託，依據孫中山先生創立中華民國之遺教，為鞏固國權，保障民權，奠定社會安寧，增進人民福利，制定本憲法，頒行全國，永矢咸遵。」第一章總綱第 1 條更清楚指出：「中華民國基於三民主義，為民有、民治、民享之民主共和國。」顯見孫中山先生創立中華民國之遺教及三民主義，乃是中華民國憲法制定之核心理念及制度設計之依據。其重要的原則或理論應包含五權分立、地方自治、權能區分、均權制度、直接民權等。惟其淵源之思想，當有洛克、孟德斯鳩的分權理論，彌勒（J. S. Mill）的自由論，林肯「民有」、「民治」、「民享」的民主精義，威爾寇斯（Kelos F. Wilcox）的全民政治，傑佛遜（Thomas Jefferson）的民權思想。本國的部分則有考試、監察的制度，民本憲法理念，乃是在優良傳統的基礎上迎合世界的潮流，進而達成創造性的轉換所設計，應該相當程度上是合乎現代化理論中理性選擇（Rational Choice）的原則。但其運作系統卻是相互配合的，即地方自治行使直接民權，國民大會代表人民行使政權，是屬直接民權的間接行使，其對中央官吏有直接選舉、罷免之權，對中央法律有直接

創制、複決之權。再則中央五權分立之治權,必須接受國民大會政權之監督,同時在均權制度下,不偏於中央集權,也不偏於地方分權,亦可減少中央與地方不必要的紛爭。

　　然無可否認的,民國 35 年所確定的中華民國憲法,乃是經過政治協商會議的結果,孫中山立憲的原則,事實上已在另類的妥協中,無法完整的在憲法中體現。譬如張君勱先生在描述憲法起草時就曾言:「當時發生的問題,是如何調和各黨的需要。政府要三民主義,我們要歐美民主政治,青年黨要責任內閣,共產黨主張司法制度各省獨立,國際貿易地方化。」(張君勱,1946)顯見現行憲法與國父立憲之原則有相當的距離,甚或說是「名存實亡」,這也是可以理解的(李鴻禧,1997:200)。

肆、五權憲法在立憲史上的定位

　　民國成立以來的政治發展,表面上是朝向民主憲政的目標,但實際上卻充滿著現代化的挫折與教訓。孫中山三民主義建國的理念,在歷次重要憲政法案制定中,事實上也接受到不斷的挑戰與困難,甚至國父在世之時,五權憲法的構想也仍然沒有具體的進入憲法草案與政府組織大綱中。

一、中華民國臨時政府組織大綱

　　中華民國臨時政府組織大綱於辛亥年 10 月 13 日公布,是由各省都督代表於漢口起草,計時大總統、參議院、行政各部三章二十一條。惟由於此大綱起草過於匆促,缺陷頗多,如對於國民基本權利義務隻字未提,嚴重缺乏民權保障的涵義;再則大綱所置的參議院為一立法機關,純由各省都督府派遣之代表組成,且臨時大總統又由參議院選出,顯然缺乏現代民主的意義。更何況此大綱之起草,實際上只是由雷奮、馬君武、王正延三人負責,且兩三天內經會議通過實施,南京臨時政府即依此大綱成立。顯見此臨時政府組織大綱,完全無法看出有孫中山先生立憲之基本原則。

二、中華民國臨時約法

　　中華民國臨時約法是南京臨時政府成立後，參議院十七省代表於民國元年 3 月 8 日議決通過，以取代前述之組織大綱。約法全文共七章五十五條，相較於臨時政府組織大綱稍有進步。惟由於各省代表仍非由國民選舉產生，自然無實質之民意可言。約法第 4 條明定：「中華民國以參議院，臨時大總統、國務員半法院，行使其統治權。」（王世傑、錢端升，1963：708）顯然五權憲法之架構仍未被採行。但就直接民權而言，只有選舉及被選舉權，所謂罷免、創制及複決權均無相關規定。

三、中華民國憲法草案

　　中華民國憲法草案是依據中華民國臨時約法第 54 條規定，由國會成立憲法起草委員會於民國 2 年 10 月在天壇粗訂，故又名天壇憲法草案，但此草案由於袁世凱下令解散國民黨國會議員及憲法起草委員會而宣告取消（吳宗慈，1978：176-178）。 中華民國憲法草案共分十一章一百十三條，採三權分立兩院制，但因總統權限大受限制，袁世凱極為不滿，兩次通電全國反對（李宗孔，1977：286-290）。惟綜觀憲法草案全文，內容較前臨時政府組織大綱及臨時約法為豐富，國民權利之保障方面，臨時約法中人民有選舉及被選舉權，但中華民國憲法草案第 11 條：「中華民國依法律所定有選舉權。」被選舉權顯然已被去除，至於國父五權之架構或理念，中華民國憲法草案也付之闕如。

四、中華民國約法

　　中華民國約法於民國 3 年 5 月 1 日公布，該約法是袁世凱破壞國會之後另立約法會議所議定。惟約法會議議員，均係袁家派系人物，其所議決之法案，自屬袁氏之意旨（錢端升、薩師炯，1946）。因此要在此約法中呈現國父孫中山先生五權憲法之理念及制度設計，當不可能。中華民國約法共十章六十八條，就直接民權部分，第 10 條有明定：「人民依法律所定

有選舉及被選舉權」，惟罷免、創制及複決權仍缺。但第四章立法院之名
稱則首度出現，其他則有司法專章，卻無司法院之設置；有行政專章，亦
無行政院之設置，但設有參政院，為應大總統之諮詢審議重要政務，大總
統經參政院之同意可解散立法院。事實上中華民國約法自公布之日施行，
民國元年 3 月 11 日公布之臨時約法則隨之正式廢止。不過值得注意的，
即自民國 3 年至民國 5 年 6 月 6 日止，袁世凱先後挾其政治會議、約法
及參政院三個御用機關，成立了各種具備憲法形式及關係制憲問題之法律
如大總統選舉法、國民會議組織法等，這是中華民國制憲史上的第一個黑
暗時期（王世傑、錢端升，1936：562-567）。

五、中華民國憲法（曹錕憲法）

　　袁世凱稱帝未久即羞憤致死，黎元洪繼任總統，段祺瑞任國務總理，
國會曾復會繼續制憲的工作，但進行二讀會後，又為段所解散，國父乃於
南方另組護法政府，召開國會另商制憲事宜，其間對地方自治之制度頗多
爭執，尤其是「聯省自治」的問題，民國 10 年湖南竟出現「湖南省憲
法」，序言即稱「湖南全省人民，為增進幸福，鞏固國基，制定憲法如左」
（胡春惠，1978：384）。民國 11 年 8 月亦有「國是會議憲法草案（甲
種）、（乙種）」，內均明定各省得自訂憲法，中華民國為聯省共和國（胡
春惠，1978：479-512）。然此時由於爭議不斷，國會也時開時閉，並於同
年 10 月 10 日公布，爾後卻因曹錕賄選事件而被判為「賄選憲法」（董翔
飛，1994：60）。惟憲法可稱是民國以來制憲內容較進步者，全文共十三
章一百四十一條，在直接民權部分，人民依然只有選舉與被選舉權而已；
在均權制度部分，則第 22 條明文：「中華民國之國權，屬於國家事項，依
本憲法之規定行使之；屬於地方事項，依本憲法及各省自治法之規定行使
之。」第十二章地方制度亦有縣自治相關之規定，惟遇有爭議時則由高法
院裁決之。顯然這些舉措與國文均權的理念已有逐漸接近的涵義。

六、中華民國憲法草案（段祺瑞臨時政府）

段祺瑞組臨時政府，推翻曹錕憲法，於民國 14 年 4 月重新完成憲法草案，共十四章一百六十條，是為國民政府北伐成功統一全國前最後一部憲法，但由於政局動盪，此憲法即隨段政府之下台而胎死腹中。不過此憲法對於人民行使選舉、罷免、創制及複決權之規定，已首度納入全國性的憲法文件中（法治斌、董保城，1997：81）。再則，中央政府與前中華民國憲法（民國 12 年）一樣採行三權分立，國會為兩院制，五權架構仍未出現。

七、中華民國國民政府組織法

歷經袁世凱、曹錕及段祺瑞的憲法動盪，國父孫中山先生乃開始著書立說，極力闡述其三民主義之建國理想，直至民國 13 年中國國民黨大改組後，五權憲法的憲政發展方向即更為明確，尤其是國民政府大綱的制定，也充分說明完成五權憲法建立之總體政治發展策略。於歷經民國 14 年到民國 19 年中華民國國民政府組織法的幾度修訂，三民主義五權憲法之制度設計，已成為中央政府之主體架構，且包括了國家政治發展之考量。如民國 17 年 10 月 8 日公布的中華民國國民政府組織法，前言即明示「中國國民黨本革命之三民主義，五權憲法，建設中華民國，既用兵力掃除障礙，由軍政時期入於訓政時期，允宜建立五權之規範，訓練人民行使政權之能力，以期促進憲政，奉政權於國民。茲本歷史上所授予本黨指導監督政府之職責，制定國民政府組織法」（王世傑、錢端升，1936：750）顯見在黨國體制下，五權憲法已被強勢的進入國家正式的文件中。蓋自民國 14 年 7 月 1 日公布之中華民國國民政府組織法，第 1 條即清楚的表明「國民政府受中國國民黨之指導及監督理全國政務，自然五權憲法之被接受，並非經過民主的決策程序。」

八、中華民國訓政時期約法

　　民國 20 年 5 月 12 日國民會議通過之「中華民國訓政時期約法」，基本上是孫中山先生建國大綱的完全體現，其第三章訓政綱領明白訂定「訓政時期之政治綱領及其設施，依照建國大綱之規定」、「地方自治，依建國大綱及地方自治開始實行法之規定推行之」、「訓政時期，由中國國民黨全國代表大會開會時，其職權由中國國民黨中央執行委員會行使之」、「選舉、罷免、創制、複決四種政權之行使，由國民政府訓導之。」第 59 條亦有規定「中央與地方之權限，依建國大綱第 17 條之規定，採均權制度」。由此可見，五權分立、直接民權、地方自治、均權制度之理念，基本上已納入約法之中，五權憲法之定位已正式被確立。不過訓政時期約法畢竟不是民主憲政之憲法，因此以上之理念其象徵性的意義是大於實質意義，蓋約法第 85 條有規定「本約法之解釋權，由中國國民黨中央執行委員會行使之」，自然訓政時期「以黨治國」的前提下，尤其是直接民權的行使，充其量只是威權體係（Authoritarian System）下的民主訓練而已。

九、中華民國憲法草案（五五憲草）

　　訓政時期約法公布不久，我國隨即進入艱苦的憲政發展階段。惟由於約法第 86 條有云：「憲法草案當本於建國大綱，及訓政與憲政兩時期之成績，由立法院議評，隨時宣傳於民眾，以備到時採擇施行。」再則是各方要求早日施行憲政之呼聲高，因此中國國民黨四屆三中全會乃在南京召開，主張從速依照國父遺教草擬憲法，民國 22 年 1 月乃成立憲法起草委員會，以立法院長孫科為委員長，張知本為副委員長，另設委員二十九人，積極展開草擬憲法之工作。惟為求慎重起見，初稿完成後仍幾經討論與廣徵民意，國民政府乃於民國 25 年 5 月 5 日正式公布，即是所謂的「五五憲草」。

　　事實上，五五憲草是歷次憲法或約法中，最能反映國父五權憲法的精神。五五憲草共分八章一百四十七條，內容在相當程度上已能體現國父權能區分、五權分立、直接民權、地方自治、均權制度之理念。譬如權能區

分而言，國民大會是政權機關，不但有選舉、罷免正副總統之權，對立法、監察委員及其正副院長，亦有行使選舉、罷免之權。司法、考試兩院正副院長，雖是由總統任命，但仍有罷免之權。此外，國民大會對法律不但有創制、複決之權，亦有修改憲法之權，顯示國民大會乃是一能充分發揮政權機關功能的團體。至於地方自治方面，是以縣為單位，縣長候選人，以經中央考試或銓定合格者為限，縣自治受省之監督，惟人民對地方事務有依法行使選舉、罷免、創制及複決之權，相較於訓政時期之地方自治當有天壤之別，換言之，黨國不分的現象已大有改善。

十、中華民國憲法（現行憲法本文）

五五憲草頒布後，本來預定於民國 25 年 11 月 12 日召開制憲國民大會，制定正式的憲法，以落實真正的憲政。但一方面由於各省國大代表之選舉，未克及時完成，且由於日本擴大侵華戰爭，致使制憲工作延至抗戰勝利後才恢復進行。惟由於時局已有所變化，各政黨之競爭亦日益激烈，已非如五五憲草時國民黨所能掌握，致使在「政治協商會議」後，五五憲草中五權憲法之系統面臨重大的改變。民國 35 年 11 月 15 日制憲國民大會在南京召開，經全體制憲代表一千四百五十八人一致起立表決通過了現行的「中華民國憲法」。綜觀全部憲法條文，不難發現五權憲法之組織系統，事實上已與五五憲草不同。例如：國民大會這個政權機關，權限已縮小甚多，至少對中央政權機關如司法院、考試院、監察院正副院長之選舉、罷免權，現行憲法已不復存在。又如地方自治方面，現行憲法明定省縣皆為地方自治團體，並得根據省縣自治通則制定省縣自治法，依法辦理地方自治事務，與「省政府設省長一人，任期三年，由中央政府任免」之五五憲草，差距頗大。

十一、動員戡亂時期臨時條款

中華民國憲法公布施行不久，由於中共叛亂擴大，即使國家政局陷入舉步維艱之困境，在七百七十一位國大代表建議下，依據憲法第 174 條第

1 款之程序，制定動員戡亂時期臨時條款。從民國 37 年 4 月 18 日第一屆
國民大會第一次會議通過至民國 80 年 5 月終止動員戡亂時期，期間修改
過四次動員戡亂時期臨時條款是屬戰時憲法，其性質雖非修憲，但由於爲
憲法之特別法，故優先於憲法而適用（董翔飛，1994：668）。不過值得注
意的，即該條款之制定與修正，雖賦予總統應付緊急危難之權力，並使增
額中央民代之選舉得以辦理，但延長總統任期、擴張總統職權，造成強人
政治的現象，已改變了總統、行政院與立法院的三角關係（董翔飛，1994：
700），尤其是國家安全會議、人事行政局的設置，更雜亂了五權的體制，
使政府制度成爲一個非民主的威權政體。（陳陽德、衛芷言，1997：
265-256）

十二、中華民國憲法增修條文

　　隨著國家情勢與社會環境快速變遷，第一屆國民大會第二次臨時會即
經由修憲程序，在民國 80 年 4 月 22 日議決廢止動員戡亂時期臨時條款，
並在同 80 年 5 月 1 日由總統公布。換言之，從 80 年 5 月 1 日終止動員
戡亂時期到民國 94 年 6 月 7 日，國民大會複決通過修正中華民國憲法增
修條文，期間憲法總共就有七次增修之多。相對於美國從 1791 年 12 月 15
日到 1992 年 5 月 7 日歷經 200 年才增修 27 條，顯然是過於頻繁許多。
尤其是這部憲法本文在中華民國憲政發展史上，在所謂「黨禁」「戒嚴令」
終止後，本應回歸正文實施，隨即又要面臨修改的命運，換言之，中華民
國這部憲法是一部從來沒有被完全實行過卻要修改的憲法，可謂也是憲政
發展史上的一大特點。

　　至於七次修憲的主體內容，現且列表於次：

次 第	時　　　　間	修　　憲　　重　　要　　內　　容
一	1991.5.1	1.確立第二屆中央民意代表產生的法源、名額、選舉方式、選出時間及任期。 2.賦予總統發布緊急命令的職權。 3.確定兩岸人民權利義務關係，以法律為特別的規定。

次第	時間	修憲重要內容
二	1992.5.28	1.國民大會集會時，得聽取總統國情報告。 2.國民大會代表自第三屆國民大會代表起，每四年改選一次。 3.總統、副總統的選舉方式，改由中華民國自由地區全體人民選舉產生，任期改為四年。 4.賦予地方自治明確的法源基礎，開放省市長民選。 5.監察委員產生方式，由省市議會選舉，改由總統提名。 6.總統對考試院、司法院、監察院有關人員提名，改由國民大會行使同意權。 7.充實基本國策，加強對文化、科技、環保與經濟發展，以及婦女、山胞、殘障同胞、離島居民的保障與照顧。 8.司法院大法官組成憲法法庭，審理政黨違憲的解散事項。
三	1994.8.1	1.國民大會自第三屆起設議長、副議長各一人。 2.確定總統、副總統由人民直接選舉方式。 3.總統、副總統罷免案由國民大會提出，人民投票同意通過。 4.總統依憲法發布經由國民大會或立法院同意任命人員的任免命令，無須行政院院長的副署。
四	1997.7.21	1.行政院院長由總統任命，不須經立法院同意。 2.總統於立法院通過對行政院院長之不信任案後十日內，經諮詢立法院院長後，得宣告解散立法院。 3.對於總統、副總統彈劾權改由立法院行使，並僅限於犯內亂、外患罪。 4.將複議門檻由三分之二降至二分之一。 5.立法院立法委員自第四屆起增至 225 人。 6.司法院設大法官 15 人，其中一人為院長、一人為副院長，自中華民國 92 年起實施；司法院大法官任期八年，不分屆次，個別計算，不得連任。 7.增列司法預算獨立條款。 8.凍結省級自治選舉，省設省政府、省諮議會，省主席、省府委員、省諮議會議員均由行政院院長提請總統任命。 9.增列扶植中小型經濟事業條款。 10.取消教科文預算下限。

次第	時　間	修　憲　重　要　內　容
五	1999.9.15	1.國民大會代表第四屆為 300 人，自第五屆起為 150 人，依規定以比例代表方式選出之。並以立法委員選舉，各政黨所推薦及獨立參選候選人得票數之比例分配當選名額。 2.國民大會代表於任期中遇立法委員改選時同時改選，連選得連任。第三屆國民大會代表任期至第四屆立法委員任期屆滿之日止，不適用憲法第 28 條第 1 項之規定。 3.第四屆立法委員任期至中華民國 91 年 6 月 30 日止。 4.第五屆立法委員任期自中華民國 91 年 7 月 1 日起為四年，連選得連任，其選舉應於每屆任滿前或解散後六十日內完成。 5.增訂國家應重視社會福利工作，對於社會救助和國民就業等救濟性支出應優先編列。 6.增列保障退役軍人條款。 7.針對保障離島居民條款，增列澎湖地區。
六	2000.4.25	1.國民大會代表 300 人，於立法院提出憲法修正案、領土變更案，經公告半年，或總統、副總統彈劾案時，應於三個月內採比例代表制選出之。比例代表制之選舉方式以法律定之。 2.國民大會之職權為複決立法院所提之憲法修正案、領土變更案；議決立法院提出之總統、副總統彈劾案。 3.國民大會代表於選舉結果確認後十日內自行集會，國民大會集會以一個月為限。國民大會代表任期與集會期間相同。第三屆國民大會代表任期至民國 89 年 5 月 19 日止。 4.副總統缺位時，改由立法院補選。 5.總統、副總統罷免案，由立法院提出，經人民投票決定。 6.立法院於每年集會時，得聽取總統國情報告。 7.增列中華民國領土，依其固有之疆域，非經全體立法委員依法決議，並提經國民大會依法複決同意，不得變更之。 8.司法院大法官除法官轉任者外，不適用憲法第 81 條及有關法官終身職待遇之規定。 9.總統對司法院、考試院、監察院等三院有關人事的提名，改由立法院行使同意權。

次第	時　　間	修　　憲　　重　　要　　內　　容
七	2005.6.10	1.中華民國領土，依其固有疆域，非經全體立法委員四分之一之提議，全體立法委員四分之三之出席，及出席委員四分之三之決議，提出領土變更案，並於公告半年後，須經中華民國自由地區選舉人投票複決，有效同意票過選舉人總額之半數，不得變更之。 2.憲法之修改，須經立法院立法委員四分之一之提議，四分之三之出席，及出席委員四分之三之決議，提出憲法修正案，並於公告半年後，經中華民國自由地區選舉人投票複決，有效同意票過選舉人總額之半數，即通過之。 3.立法委員自第七屆起減為 113 人，任期四年。 4.立法委員席次分配如下： 　(1) 自由地區直轄市、縣市 73 人。每縣市至少 1 人。依各直轄市、縣市人口比例分配，並按應選名額劃分同額選舉區選出之。 　(2) 自由地區平地原住民及山地原住民各 3 人。 　(3) 全國不分區及僑居國外國民共 34 人。依政黨名單投票選舉之，由獲得百分之五以上政黨選舉票之政黨依得票比率選出之，各政黨當選名單中，婦女不得低於二分之一。 　(4) 總統、副總統之彈劾案，須經立法院全體立法委員二分之一以上之提議，全體立法委員三分之二以上之決議，聲請司法院大法官審理。

伍、結論

　　總而言之，憲法在我國立憲過程中的爭議，事實上是諸多「先天不良」與「後天失調」的因素所促成。然民主國家對憲法，不論制憲或修憲，除了應注重「民意」之外，基本的「憲政原理」如「分權制衡」、「程序正義」與「權責相符」等原則，理應予以充分的尊重。換言之，制憲與修憲雖然需要「務實」，但也不能演變成缺乏道德理性的「現實」。因為畢竟

國家的長治久安是不可能建立在憲法「不確定」（Uncertanity）與「不穩定」（Instability）的基礎上，尤其是當其內容產生「結構性分歧」（Structural Diversty）的「制度不協調」（Institutional Incompatiobility）時，對國家發展自會帶來不利的影響（S. N. Eisenstadt, 1967: 440）。

　　再說，民主政治乃是政黨之間相互溝通妥協的政治。我們的政體，究竟要如何調整，儘管議論盈庭，但總要各政黨獲得共識之後，始能定案（荊知仁，1997）。而此亦是西方學者所言，任何國家的憲法總是有優缺點，問題是他們的人民是否有接受的共識（H. McClosky, 1969: 82）。否則，不信任再加上沒有效率，即使保留「五權憲法」之架構復有何意義？因為畢竟所謂「憲政民主」（Constitutional Democracy）的目標，並不是在創造幸福，而是在創造追求幸福的機會（Walter F. Murphy, 1993: 20）。

參考資料

中文部分

田弘茂等編，1997，鞏固第三波民主，台北：國策中心出版。

李炳南，1997，第一階段憲政改革，台北：揚智文化公司。

湯德宗，1992，「美國國會與權力分立理」，載於鄭哲民主編，美國國會之制度與運作，台北：中央研究院美國研究所。

黃昭元，1997，「修憲界限理論之檢討」，載於李鴻禧教授六秩華誕祝賀論文集編輯委員會，現代國家與憲法，台北：月旦出版社。

蘇永欽，1994，走向憲政主義，台北：聯經出版公司。

政策白皮書編撰工作小組，1993，政策白皮書，台北：民進黨中央黨部。

謝瑞智，1995，比較憲法，台北：文笙書局。

游盈隆，1997，「民主鞏固與台灣憲政體制之選擇」，載其所編，民主鞏固或崩潰，台北：月旦出版社。

游盈隆，1996，民意與台灣政治變遷，台北：月旦出版社。

法治斌、董保城，1997，中華民國憲法，台北：空大。

中國國民黨黨史委員會，1981，國父全集，台北：中央文物供應社。

陳慈陽，1997，憲法規範性與憲法現實性，台北：翰蘆圖書出版公司。

陳慈陽，1997，基本權核心理論之實證化及其難題，台北：翰蘆圖書出版公司。

荊知仁，1984，中國立憲史，台北：聯經出版公司。

高永光，1994，「中山先生論三權分立弊病之分析」，中山學報，第十二期，台北：文化大學。

朱諶，1997，憲政分權理論及其制度，台北：五南圖書公司。

亨利‧馬爾賽文等著，陳云生譯，1990，成文憲法的比較研究，台北：久大 & 桂冠聯合出版社。

張君勱，1997，中華民主憲法十講，台北。

張旭成，1995，「政府組織與結構」，載於陳隆志主編，台灣憲法文化的建立與發展，台北：前衛。

李鴻禧，1995，「當前中華民國憲法三階段修憲之評析」，載於陳隆志主編，前揭書。

齊光裕，1996，中華民國的政治發展，台北：揚智文化公司。

金平歐，1956，三民主義辭典，台北：中華叢書委員會。

許宗力，1997，「憲法與政治」，載於李鴻禧教授六秩華誕祝賀論文集編輯委員會，現代國家與憲法，台北：月旦出版社。

傅崑成著，1991，美國憲法逐條釋義，台北：三民書局。

張君勱 1946，「中國新憲法起草經」，載於中國民主社會黨國大黨部編印，中華民國憲法與張君勱，台北，1986。

李鴻禧，1997，李鴻禧憲法教室，台北：月旦出版社。

王世杰&錢端升，1936，比較憲法，上海：商務印書館。

吳宗慈，「天壇憲法草案起草經過」，載於胡春惠編，民國憲政運動，台北：正中書局。

錢端升、薩師炯合著，1946，民國政制史，上海：商務印書館。

董翔飛，1994，中國憲法與政府，台北：自印。

胡春惠，1987，民國憲政運動，台北：正中書局。

江炳倫，1997，「民粹主義走偏鋒破壞民主發展」，聯合報，八月五日十
　　一版。

荊知仁，1997，「對修憲主張的認知」，聯合報，四月六日六版。

李國雄，1997，「我國的修憲過程與政治改革」，理論與政策，秋季號。

李國威，1994，民主政治與美國，台北：商務印書館。

李鴻禧，1996，「當前中華民國憲法三階段修憲之評析」，載於陳隆治主
　　編，台灣憲法文化的建立與發展，台北：前衛出版社。

李鴻禧，1990，憲法憲政之生理與病理，台北，前衛出版社。

趙永茂，1997，中央與地方權限劃分的理論與實際，台北：翰蘆圖書出版
　　公司。

謝瑞智，1996，邁向二十一世紀的憲法，台北：自印。

謝瑞智，1996，修憲千秋—修憲過程與政黨政治發展的記實，台北：自印。

任德厚，1992，「憲法發展與制度抉擇」，載於張京育主編，中華民國民
　　主化—過程、制度與影響，台北：政大國關中心。

中國國民黨中央政策會，1995，總統直選後的國會制度與行政院定位問題，
　　台北：中國國民黨中央政策會。

周陽山，1997，憲政與民主，台北：台灣書店。

若林正丈，1994，台灣—分裂國家與民主化，台北：台灣書店。

Lindblom 著，王逸舟譯，政治與市場（Politics and Markets），台北：桂冠
　　公司。

Jean Blondel 著，蔣嘉一譯，1984，世界領袖—當代各國執政者的分析
　　（World Leaders: Heads of Government in the Postwar Period），台北：
　　允晨文化。

英文部分

Redish, Martin H., 1995, The Constitution as Political Structure, New York:
　　Oxford Universtiy Press.

Murphy, Walter F, 1993, "Constitutions, Constitutionalism, and Democracy," in D. Greenberg, S. N. Katz, M. B. Oliviero and S. C. Wheatley (eds.), Constitutionalism and Democracy: Transitions in the Contemporary world, Oxford University Press.

Linz, Juan J. & Stepan Alfred,1996, Problems of Democratic Transition and Consolidation：Southern Europe, South America, and Post-Com-Munist Europe, The Johens Hopkins University Press.

Huntington, Samuel P., 1991, The Third Wave － Democratization in the Late Twentieth Century, University of Oklahoma Press.

Huntington, Samuel P. , 1990, "Will More Countries Become Democratic?" in Roy C. Maridis & Bernard E. Brown (Eds), Comparative Politics：Notes and Readings, California: Brooks/Cole Publishing Company.

Mahler, Gregory S., 1995, Comparative Politics：An Institutional and Cross-National Approach, New Jersey：Prentice-Hall,Inc.

O'Connor, Karen & Sabato, Larry, J., 1995, American Government: Roots and Reform, Allyn and Sacon.

Harris, Fred R., 1980, America'S Democracy: The Ideal and the Reality, Illinois：Scott, Foresman and Company.

Eaton, Joseph W. 1972, "Institution Building as Planned Change," in Joseph W. Eaton (Ed.), Institution Building and Development: From Concept to Application, Sage Publications.

Eisenstadt, S. N., 1967, "Transformation of Social, Political and Cultural Orders in Modernation," in R. Cohen & J. Middleton (Ed.), Comparative Political System, University of Texas Press.

Mcclosky, Herbert, "Consensus and Ideology in American Politics," in K. L. Shelled (Ed.) The Democratic Process, Blaisdell Publishing Company.

Weiner, Myron., 1990, "From Authoritarianism Of Democracy", in Roy C. Macridis & Bernard E. Brown (Eds), Comparative Politics: Notes and Readings, California: Brooks/Cole Publishing Company.

Gregor, A. James & Chang, Maria H., 1989, "The Thought of Sun Yat-Sen'S in Comparative Perspective," in Chu-Yuan Cheng (Ed.) Sun Yat-Sen'S Doctrine in the Modern World, Westview Press.

Lipset, Seymour Martin (Editor in Chief), 1995, The Encyclopedia of Democracy, London: Routledge.

 問題討論

1. 試簡要説明憲法的成長與發展對國家的政治發展（Political Development）有何意義？
2. 試簡要説明孫中山的立憲理念與原則，其與當代的憲法理念有何異同？
3. 試簡要評析五權憲法在中華民國立憲史上的意義。
4. 試説明中華民國憲法七次修憲的內容與特色。
5. 試評估中華民國憲法七次修憲對國家政治發展的影響。

第五章

憲法的解釋與修改

關鍵字（Keywords）

司法優越（Judicial Supremacy）

司法審查（Judicial Review）

增修條文（Amendments）

根本法（Fundamental Law）

萬法之母（The Mother of Laws）

憲法解釋（Constitutional Interpretation）

議會優越（Supremacy of the Parliament）

壹、憲法的解釋

一、憲法解釋的必要

　　由於憲法乃是國家的「根本法」（Fundamental Law），同時也是所謂的「萬法之母」（The Mother of Laws），因此其運作的「準確度」便成為國家憲政民主實施中必要顧慮的焦點問題，否則其所可能引發的政治或法律爭議，必有害於憲政秩序之維持。同時由於憲法條文之規範，大都是屬「原則性」的說明，因此在應用性的操作上，往往不易涵蓋所有的問題，自然當法律或政策的決定上，萬一有所誤差或誤解時，解釋的必要性便顯而易見。

　　再則是由於時代與社會的變遷，基本價值與觀念的變化，乃無法避免，尤其是與憲法所秉持的制憲理念是否有所落差，就有待憲法的解釋，以一方面協助疑慮的澄清。另外則是憲法的修改，尤其是屬剛性成文憲法，並不容易，蓋其通常都是必須經過一定繁雜而嚴謹的程序，因此透過解釋的手段而使其能順利的解決現實的問題，無形中也能增強憲法與國家的關係，進而便可使其成為一深具活力的憲法（A Living Constitution）。

　　最後則是透過憲法的解釋，不但可維護憲政的體制，不致於被扭曲，同時對於人民權利之保障，亦可起一定程度的作用。但如美國開國元勳

（Alexander Hamilton, 1757-1804）所言，司法部門是三權分立中最弱者，其判決要真正具有執行力，靠的是以判決來累積自己的聲望，然後將此聲望轉換成壓力再投射給立法與行政部門去執行。如 2000 年美國總統大選開票發生爭議性的重新計票，美國聯邦最高法院做出違憲的解釋後，所有的糾紛就此平息，顯示美國聯邦最高法院九位大法官的威信與聲望之高，並非是一日造成的。因此憲法之解釋缺乏明確或總有其創造性的模糊，則大法官要累積公信力，進而成為憲法的守護神或肩負指導政治的職權，恐有其難以克服的困境存在（誠宏桂，2001）。

二、解釋機關

　　憲法的解釋，乃極其「莊重」的法政大事，各國莫不給予高度的重視。尤其是有成文憲法的國家，甚至將其相關的規定，具體明訂於憲法條文之中，以增強憲法解釋的「正當性」及其崇高的「定位」。然各國對於憲法解釋的機關，並不一致，但大體上而言，有下列幾種：

（一）立法機關解釋

　　採立法機關解釋憲法者，除有其「議會優越」（Supremacy of the Parliament）或「議會至上」的歷史傳統因素外，主要論者以為國會為獨立之機構，且代表人民立法，自然憲法的解釋該由立法國會負責。然客觀而論，採立法國會解釋憲法，至少有以下幾種顧慮是值得關切的：
1.立法機關非制憲機關，很難清楚理解制憲之本意或原意。
2.立法機關兼具憲法解釋大權，將過度擴大立法權限而破壞三權分立平等而制衡的精神。
3.當立法機關有違憲立法之舉，欲藉解釋之便而合理化，勢難避免，當有違公正之原則。

　　然採立法機關解釋憲法者，有如 1952 年的泰國憲法規定關於國民會議權限內事項之憲法解釋發生疑義時，國民會議有解釋之權，且其決定為最後決定（泰憲第 112 條）。

（二）普通法院解釋

　　普通法院是指辦理一般民刑事案件之法院而言，其兼具憲法之解釋，通常皆以最高法院來負責。採普通法院解釋憲法的國家，有如：日本（1947）、巴拿馬（1994）憲法。然普通法院解釋憲法，論者的主要理由不外是：

1.法院掌理司法，超然而獨立，解釋憲法較受信任。

2.憲法屬廣義之法律，以執法者之法院解釋，符合法治之意義。

3.司法人員具法律專業素質，解釋憲法較易掌握憲法之意旨。

4.法院普設全國各地，受理人民爭訟案件，若兼負憲法解釋權，較易發現違憲情事外，亦可保障人民權益（管歐，1978：104）。

　　但事實上，普通法院釋憲，同樣有其問題存在，蓋當普通法院具此權限後，無形中便顯「司法優越」（Judicial Supremacy）的地位，有違分權原理中平等而制衡的原則，尤其是當一般下級法院亦得釋憲時，不但爭議多，且在爭議中必有損於憲法的尊嚴性。再則是普通法院民刑訴訟案件之審判，已經有夠繁重，再兼釋憲之責，難免不會有「顧此失彼」之嫌。

　　然就美國聯邦憲法，事實上並無明文規定法院有釋憲權，但於 1803 年由於聯邦最高法院院長馬歇爾（John Marshall）在 Marbury v. Madixon 一案中宣告國會法為違憲之判例後，演變成法院於審判有關憲法問題時，亦有權審查其所適用法律是否違憲。即聯邦法律之違憲審查權，憲法上並無明文規定，僅係解釋引出之權限。同時也正因為如此，美日諸國乃創造出一些包括迴避政治問題審查的「政治問題」（Doctrine of Political Question），以避免司法不當之管轄（W. F. Murphy, 1993: 1）。換言之，為避免司法解釋或司法審查帶來負面的評價，美日諸國對於此項解釋權限，亦有其不成文的準則（李鴻禧，1990：151-242）：其一是政治問題不審查原則，即保持司法權之底限不介入政治之紛爭；其二是立法動機不審查原則，即不以立法時之動機為審查之對象；其三是法律合憲性解釋原則，即同一法律有兩個以上不同之解釋時，仍從其合憲之解釋。

（三）特別法院解釋

　　所謂「特別法院」解釋，即是憲法之解釋，交由特別組成的「憲法法院」依特別程序進行謂之。換言之，憲法法院並非一般主管民刑訴訟案件之普通法院，頗強調憲法的權威性。有如奧地利的憲法規定，凡經憲法法院宣告違憲之法律、命令，即廢止而失效，所有法院及行政官署均受憲法法院宣告之拘束（奧地利憲法第 139、140 條，1995 年）。德國基本法第九章第 92 條亦明確規定，設置聯邦憲法法院，「遇有聯邦最高機關，或本基本法或聯邦最高機關議事規則賦予獨立權利之其他關係人權利義務範圍發生爭議時，解釋本基本法。」（1995 年）捷克亦設有憲法法院，為保障憲政之司法機關。

　　然我國憲法解釋之機關，依憲法第 173 條之規定：「憲法之解釋，由司法院為之。」而所謂司法院為之，依司法院組織法第 3 條之規定：「司法院置大法官十七人，審理解釋憲法及統一解釋法令案件，並組成憲法法庭，審理政黨違憲之解散事項，均以合議行之。」（1992 年）因此大法官會議有解釋憲法的權限。且依司法院大法官審理案件法（原為大法官會議法）第二章第 4 條之規定，大法官解釋憲法之事項如下：關於適用憲法發生疑義之事項。關於法律或命令，有無牴觸憲法之事項。關於省自治法、縣自治法、省法規及縣規章有無牴觸憲法之事項。

（四）特別機關解釋

　　此處所稱「特別機關」是指獨立於三權或五權之外的單位，具有獨立行使憲法解釋的權限。有如法國第五共和憲法第七章設置「憲法委員會」負責憲法之解釋，且規定：「經宣告為違憲之條款，不得公布，或付諸實施。憲法委員會之裁決，不得上訴，並對公權機關及一切行政、司法機關具有拘束力。」（1995 年）

　　再則就法國第五共和「憲法委員會」之組成而言，憲法委員會設委員九名，任期九年，不得連任。但憲法委員會委員，每三年改任三分之一。憲法委員中，三人由共和國總統任命，三人由國民議會議長任命，三人由參議院議長任命。除上述九名委員外，歷任共和國總統為憲法委員會之當

然終身委員，主席由共和國總統任命之。

三、憲法解釋的程序

就憲法解釋之發動而言，有「主動解釋」與「被動解釋」之分。

所謂「主動解釋」即不待法律或命令發生違憲問題，釋憲機關即可事先予以審查。例如：法國第五共和憲法第 61 條規定：「各組織法在公布前，以及國會兩院規程在實施前，均應送請憲法委員會審議，就其合憲性予以裁決。基於同一目的，法律在未公布前，得由共和國總統、總理、國民議會議長、參議院議長、六十名國民議會議員或六十名參議院議員，提請憲法委員會審議。」（1974 年 10 月 29 日增修），如此積極之行使，對於防止法律、命令違憲情事之發生，相當具有意義。

另所謂「被動解釋」是指釋憲機關須待法律或命令發生違憲之疑義時或已由申請單位提出釋憲之要求時，才行使其職權。我國司法院大法官審理案件法（1993 年）第 5 條規定，均係在適用憲法發生疑義、爭議時，由有關團體或個人主動提出才予受理解釋。顯然是屬被動行使職權之性質。

其次大法官解釋案件時，應參考制憲、修憲及立法資料，並得依請求或逕行通知聲請人、關係人及有關機關說明，或為調查。必要時，得行言詞辯論，且準用憲法法庭言詞辯論之相關規定。惟最重要者即大法官解釋憲法，應有大法官現有總額三分之二之出席，及出席人三分之二同意，方得通過。但宣告命令牴觸憲法時，以出席人過半數同意行之。不過值得注意者，最高法院或行政法院就其受理之案件，若對所適用之法律或命令，確信有牴觸憲法之疑義時，得即裁定停止訴訟程序，聲請大法官解釋。泰國憲法第 206 條，亦有類似之規定，即違憲之疑義未做出裁決前，訴訟程序亦得暫停。

綜合以上憲法解釋之說明，吾人不難發現，憲法解釋雖然不易脫離「現實」，但其如何在彈性中因應客觀的環境，方可滿足憲法秩序之實質安定。然若一味默許政治現實而傷害「立憲主義」及「法治主義」之理念，憲政體制也勢必契蝕崩壞（李鴻禧，1990：355-356）。

貳、憲法的修改

　　憲法的修改，基本上較憲法之解釋，不只變動較大且影響更為深遠。但修改的原因與解釋之必要性，基本上是為適應社會變遷及國家發展之需要，同時最重要的焦點，即藉憲法的解釋仍無法達到適應變遷的目標，憲法修改便成為一必要的選擇。

一、憲法修改的範圍

　　現代各國憲法，對於修改的範圍，並不一致，但大體而言，有下列幾個不同的規定：

　　其一是允許全部修正者，即憲法全文均付諸討論，性質有如草擬新憲一般。具體而言，如此全般的修改，甚至動及憲政架構，則已近似「廢憲」後的「制憲」。其間若再背離理性的法定程序，且又共識不足，「政治安定」及「憲政秩序」則將面臨不可避免的危機與風險。因此一般民主國家之修憲，通常幅度不會如此漫無規範。日本 1946 年公布施行之新憲法，雖然是依據帝國憲法第 73 條修憲程序而「予以裁可」，可視為憲法的全面修改，但其由欽定的帝國憲法轉變成民定之日本憲法，主權歸屬已有所差異，是否仍可界定在「修憲」的範疇，當有可議之處。但如瑞士憲法第 118 條規定：「聯邦憲法得於任何時間為部分或全部之修正。」（1993 年）則是允許全部憲法修改之規定。

　　其二是允許「局部修改」（Amendment）者，即只可修改憲法若干條文而不牽動整體結構謂之。此為大多數國家修憲之準則，但各國仍有許多不同之規定，如：

（一）法國第五共和憲法規定

　　政府之共和政體不得作為修憲議題。（第 89 條）

（二）土耳其憲法第 4 條亦規定

本憲法第 1 條有關國體爲共和國之規定，以及第 2 條之共和國特性和第 3 條之規定，均不得修改且不得提議修改。（1995 年）

（三）土耳其憲法第 2 條不可修改的共和國特性，是指

土耳其共和國本著社會安定、民族團結與正義理念；尊重人權、恪遵（凱末爾）阿塔突爾克之民族主義，並根據前言所揭示的原則，爲民主、政教分離及社會的法治國家。

（四）土耳其憲法第 3 條不可修改者為

土耳其國以其領土與人民，乃一不可分割之整體。其國語應爲土耳其語。其國旗形式爲法律規定之紅底白色星月旗。其國歌爲獨立進行曲。其國都爲安卡拉。

其三則有以「增修條文」的方式附加於憲法本文之後，即本文不動，但以「增修條文」推翻「本文某些條文」的方式規範。美國即採取此法，歷經二百多年，美國先後增修條文至 1992 年共有 27 條。我國憲法修改亦是採取這種方式，至 2000 年我國憲法增修條文爲 11 條，但憲法中並無明文規定禁止修改之條款。惟值得關切者，如美國之修憲結果與我國顯有差異，即美國修憲後的增修條文，基本上主要是在充實人民權利的內容，鮮少觸及美國行之多年的憲政架構，可是我國的修憲，經過幾次的修改後，表面上本文是沒有改變，事實上增修條文的改變幅度，已大至與憲法前言總綱均有所不符。換言之，我國的修憲較容易依賴現實政治生態的變化而變化，甚少嚴謹的堅持民主的憲政原理，而此也正是何以導致我國會不斷需要再修憲的主要原因之一。

二、憲法修改之機關與程序

各國對於憲法修改的機關與程序，仍然各有不同，但在修憲程序中所發動的機關，可大致分述於下：

（一）提案：關於修憲案之提出，各國有不同的規範

1.有由人民提出者，如瑞士憲法第 120 條規定

　　有十萬有投票權公民要求修正時，其應否全部修正之問題應提交瑞士人民投票贊成或反對而決定之。（1993 年）

2.有由國會立法機關提出者，如我國憲法增修條文第 12 條規定

　　憲法之修改，須經立法院立法委員四分之一之提議，四分之三之出席，及出席委員四分之三之決議，提出憲法修正。（2005 年）

3.其他，如瓜地馬拉憲法則規定，有權提出者為

　　（1）共和國總統於部長會議內。
　　（2）十位以上之共和國國會議員。
　　（3）憲法法院。
　　（4）五千名以上之註冊公民連署向共和國國會請願。

（二）議決

　　憲法修正案之議決，各國仍有差異：

1.有交由「公民複決」確定者，如：日本憲法、韓國憲法與瑞士憲法，其中瑞士憲法第 130 條亦規定：「憲法修正案應於國會作成決議後，三十日內提付國民投票，並須獲得國會議員選舉權者過半數之投票，及投票者過半數之贊成。」（1987 年）

2.有由「國會立法機關」議決者，如美國須四分之三州州議會之批准方能生效或四分之三州的州憲法會議批准。德國基本法第 79 條規定基本法之修正，需要聯邦議會議員三分之二及聯邦參議院投票三分之二的同意。（1994 年）

3.有交由特別之修憲會議議決者，如尼加拉瓜憲法第 193 條規定：「當同意全部修憲，國會設定期限召集選舉制定憲法大會。國會將保留它的行使權力直到成立新的制憲大會。」（1995 年）

4.有由議會議決後，仍須交由公民複決者，如：我國憲法增修條文第 12 條

規定：「憲法之修改，須經立法院……提出憲法修正案，並於公告半年後，經中華民國自由地區選舉人投票複決，有效同意票過選舉人總額之半數，即通過之。」（2005）

（三）公布

憲法修正案議決後，通常是由國家元首公布，這是比照制定新憲法的模式運作。然所謂國家元首，有由君王公布者，如挪威、荷蘭、日本等，但皆為虛位元首不得拒絕公布。在一般的共和國則交由總統公布，如美國、法國、德國、希臘及中華民國等。

總而言之，先進民主國家的修憲，總是務實的以憲政原理與人民的意志為主，故憲政秩序是恆常的穩定。但反觀開發中國家的修憲，則總是以統治者管理的權力為主，無視於人民生活的需要，致使國家經常會在不安定中失去真正的憲政民主，吾國之政治發展當不可不謹慎行之。

參考資料

中文部分

肖蔚云，1999，北京大學法學百科全書：憲法學 行政法學，北京大學出版社。

陳新民，1996，憲法學導論，台北：三民書局。

Leon Duguit 著，王文利等譯，1999，憲法學教程（Manuel De Droit Constitutionnel），審陽。

誠宏桂，2001，「廢核卸責推給釋憲？」，中央日報，2 月 13 日，第二版。

周良黛，1998，大法官會議憲法解釋與憲政制度之成長～釋憲案與立法權之調適，台北：時英出版社。

陶百川等，2000 年，最新綜合六法全書，台北：三民書局。

蘇永欽，1994，走向憲政主義，台北：聯經出版社。

李念祖，1993，「論我國法院法官之違憲審查意義」，憲政時代，第十八卷第三期。

許宗力，1989，「憲法修改界限的理論」（下），憲政時代，第七卷第四期。

荊知仁，1991，憲法論衡，台北：東大公司。

管歐，1978，「釋憲制度與民主憲政」，憲政思潮，第四十三期，台北：憲政思潮雜誌社。

藤原守胤著，姜幸多譯，1969，「美國司法優越制之批評及其存續理論」，憲政思潮，第八期，台北：憲政思潮雜誌社。

李鴻禧，1990，「釋憲制度本質之探究」，載於李鴻禧編，違憲審查論，台北：台大法學叢書編輯委員會。

亨利‧馬爾賽文 & 格爾‧范德唐著，陳云生譯，1990，成文憲法的比較研究，台北：桂冠公司。

英 文部分

Marshall, G., 1984, Constitutional Conventions: The Rules and Forms of Political Accountability, Oxford: Clarendon Press.

Murphy, W. F., 1993, "Constitutions, Constitutionalism, and Democracy" in D. Greenberg, et. al., (eds.), Constitutionalism and Democracy, New York: Oxford University Press.

Castiglione, D., 1996, "The Constitution in Historical Perspective: The Political Theory of the Constitution," in R. Bellamy & D. Castiglione (eds.), Constitutionalism in Transformation, Oxford: Blackwell Publishers.

Elkin, Stephen L. & K. E. Soltan, 1993, New Constitutionalism: Designing Political Institutions for a Good Society, Chicago: The University of Chicago Press.

Hood, Andrew & T. Benn,1993, "Constitutional Reform and Radical Change," in A. Barnett, C. Ellis and P. Hirst (eds.), Debating the Constitution: New Perspectives on Constitutional Reform, Polity Press.

 問題討論

1. 憲法解釋（Constitutional Interpretation）的必要性何在？
2. 立法機關解釋憲法的缺點何在？
3. 主張普通法院解釋憲法的基本理由何在？
4. 一般質疑美國司法審查（Judicial Review）的基本原因何在？
5. 簡述我國大法官會議解釋憲法的主要事項為何？
6. 舉例說明主動解釋與被動解釋憲法之意義。
7. 舉例說明憲法「局部修改」的意義。
8. 簡述我國有權提出憲法修正案之單位或個人為何？
9. 說明下列各國憲法修正案議決通過之程序：
　（1）日本；（2）韓國；（3）比利時；（4）義大利

PART 2

人民權利與公民社會

憲法中有關人民權利與義務之規定，事實上就是在指出人民與國家的關係。換言之，人民對國家所負擔的義務，即係國家所享有之權利；人民對國家所享有之權利，亦係國家對人民所應承擔之義務。惟有些國家卻未明訂何者為國家之權利與義務，實因權利與義務乃一體之兩面，有權利者，當有承擔義務之責任，相對的，有義務者，亦有享受之權利。

因此，憲法中人民權利義務之規定，亦表示了國家的權利與義務已包含在內。惟就國家（State）與公民社會（Civil Society）的理論而言，兩者具有雙元的自主性（Dual Autonomy），彼此在相對的自主（Relatively Independent）中，不可完全的篡奪對方的權益，因為所期待者乃為一合理而共同的行動。因此相對於人民的權利而言，國家機關的權力（State Power）應受一定程度的限制，以免侵害到公民源自於國家以外的權益如個人的宗教信仰、隱私權（Privacy）等。但為確保國家有能力維護人民必要的權利，人民亦有義務在一定程度上尊重「國家的自主性」（State Autonomy）。

國家的構成要素中，人民是居於主導的地位。但為維持國家的生存與發展，人民除了享權利如自由、平等、工作、財產、受益、環境、參政等權利之外，仍必須同時承擔納稅、服兵役、受國民教育、效忠國家、遵守法律之義務。

第六章

公民社會

關鍵字（Keywords）

國家（State）

公民社會（Civil Society）

全球公民社會（Global Civil Society）

非營利組織（Non-Profit Organization）

非政府組織（Non-Government Organization）

社會運動（Social Movement）

公共領域（Public Sphere）

理性自主（Rational Autonomy）

　　公民社會概念在二十世紀的 80 年代開始被熱烈討論。但是迄今對公民社會的定義眾家說法紛云，尚未有確定的定義。90 年代後，公民社會理論遂成為當代重要的社會政治思潮。到底何謂「公民社會」？公民社會的特徵及對現代公民有何意義？公民社會的特徵，以及公民社會和國家之間的關係如何。

壹、公民社會的定義

　　亞當‧弗格森（Adan Ferguson）在《論公民社會之歷史》（*An Essay on the History of Civil Society*）中，首先用 Civil Society 概念描述社會由未開化到文明的演進過程。1970 年代之後，「公民社會」（Civil Society）又成為現代國家討論的焦點（何明修，1998：197）。「Civil Society」一詞，在國內有「公民社會」、「市民社會」和「民間社會」、「文明社會」等不同的譯名。或有認為「市民」，意含資產階級市民與 Civil Society 之間的密切聯繫，強調的是「私」的一面。「公民」，指公共的群眾，強調的是 Civil Society 中公眾在法律保護之下，得以自由的發表意見。「民間」，表達著與國家並存的社會概念，不在國家直接控制之下的社會（梁治平，2001：66）。本書則以「公民社會」稱之。

　　公民社會的概念，學界的定義仍是眾說紛紜。有學者應用「國家／公

民社會二元論」，將非國家性質的私人經濟關係包括在公民社會之中。台灣在 1980 年代引進西方公民社會概念之初，即運用此二元對立觀點論證台灣公民社會形成過程，尤其是在台灣解除戒嚴前後期間。在此分析架構下，公民社會定義指的是獨立於國家但又受到法律保護的社會生活領域以及與之關聯的一系列社會價值與原則。

1.Charles Taylor 認為公民社會

是一種由下而上不受國家支配與監督的社會生態。

2.Dimond, Larry 定義公民社會（Dimond, Larry, 1994: 5）

「一個自動的、自我組成的、自我支持的、自治於政府之外，而受到法治或共同的規定所規範的組織性社會生活的領域」，在此領域中人民得以集體的表達共同目的，但是只是為了影響政府的政策，而不是以奪取政權為目的。

3.Gordon White 定義公民社會

它是國家與家庭之間的一個中介性社團領域，這一領域由與國家相分離的組織所占據，這些組織在與國家的關係上享有自主權，並由社會成員自願結合，以保護或追求該組織或目的的利益與價值。（1994）

　　90 年代，公民社會理論發展又將經濟領域納入在國家與公民社會之外的另一個功能自主領域，而形成國家／公民社會／經濟三元論。如 John Keane、Jean L. Cohen、Andrew Arato、Michael Walzer、Jurgen Habermas 等都將公民社會理解為「獨立於國家機關和市場結構的公共領域」。依據此而定義公民社會，例如：

1.David Luiz 對公民社會的定義

「是指政府和商界以外的團體與組織匯集在一起所形成的一個聯合體。」在這樣的一個聯合體中，每一個人都能夠透過加入某一個團體的方式去表達自我價值觀和他們對外部世界的興趣。

2.P. C. SChmitter 對公民社會的定義是指

　　一個政體中，由自發的組織的中介團體所構成的場域或系統，這些團體相對獨立於公權力與家庭、企業等生產或再生產的私部門。它們可以擬定和採取集體行動，以維護或謀求其利益或價值目標，但它們是在接受既有的、相互尊重的公共規範下行動，它們並不企圖取代國家機構或生產組織，亦不欲承擔支配整個政治體制的責任。（顧忠華，1999b：388）

3.國內學者蕭全政從政治學觀點，認為公民社會可以被理解為

　　經濟體制與國家機關之間的社會互動領域，主要是由親密（Intimate）團體、社團（自動結社者）、社會運動，以及各種形式的公共溝通所組成。（蕭全政，1998：88）

貳、公民社會的特徵

　　公民社會的內涵，主要是探討在國家和社會、個人之間的關係。亦即國家和社會之間存在一種權力均衡關係，以及社會成員如何透過權利的保障，以使自己免於受到國家的迫害。大體說來，公民社會的興起，主要是反抗專制主義或威權控制；主要出現在民主國家，專制體制國家不易出現。所以，公民社會應該具有四個特色。

一、民間組織

　　公民社會屬於民間組織，並不代表任何政府或國家，代表了社會一種自主力量的興起。公民社會具有獨立的經營機制與財務管理，個人在這一領域應享有充分的隱私權。根據哥登（White Gordon）教授的看法，公民社會係獨立於國家體制之外，享有相當的自主性與獨立性，旨在保護社會成員的利益與價值（Gordon White, 1994: 375-390）。

二、自願性社團

　　公民社會組織的產生靠彼此的相互合作,來凝聚公民社會的力量。而這種志願性組織不是建立在血緣或地緣聯繫的基礎上,成員的加入或退出是自願的,並且不以營利為目的。如非政府組織(Non-Government Organizations, NGOs)或非營利組織(Non-Profit Organizations, NPOs)等皆是,如環保、教育、衛生、慈善、勞工、婦女、兒童團體等等。它不僅提供了公民參與公共事務的機會與管道,同時藉以監督政府的施政。

三、公共領域

　　由公民社會的內涵來說,它是存在於公共領域中,相對於與國家的關係是獨立於國家之外能自主建構與調整的社會生活領域。換言之,公民社會是指公民進行公共事務互動的「公共領域」(Public Sphere)。哈伯瑪斯(Habermas, 1989)認為,當代「公共領域」是介於私人放任空間與公共權威間的領域,是各種公眾聚會場所的總稱。公民可以在此公共領域對政府或重大政策提出批判與建議,或是透過表演、對話方式或其他活動,反應或參與公眾的活動。

四、社會運動

　　公民社會絕不僅僅是一個抽象概念,它是實實在在的一種社會活動。若從國家與社會關係(State-Society Relations)的角度來看,公民社會理念的興起,其主要目的即是為了要防止國家力量侵害個人社會生活。亦因此公民社會已逐漸發展成為一種民主運動,並採用非暴力的方式進行抗議活動。由公民社會具有公共領域的特徵而言,是指政府以外的空間,意指「非」政府的領域,其活動是公民意識自主性與自發性的展現,而不一定是「反」政府的。Juan J. Linz 和 Alfred Stepan 界定公民社會為「在政治體系的領域中,一些經由自我組織與具有相對自主性(Autonomy)的團體、社會運動(Social Movement)與人群,試圖表達價值觀念,創造協調、團

結與增進利益」，包括各式各樣的社會運動和組織、協會（Linz & Stepan, 1996: 17）。

參、公民社會與民主政治

　　法治國家的基本精神在於，一個受法約束的國家，亦即指根據國家法律治理國家。換言之，國家在法律框架內生存，以此區別於不受法律約束的、具有無限權力的國家。在法治國中，國家的權力應當受到限制。憲政主義國家的最高裁判依據是憲法，即所有法律之上的根本大法，任何個人、法人、政黨和團體都必須在憲法規定的範圍內行事。法治國與人治國直接對立。人治是個人、少數人或集團的專橫統治，人治國最高統治者的權力是至高無上的，不受挑戰、監督和制約。

　　從國家與社會關係的角度來看，公民社會的核心要素代表了一股來自民間社會的力量，同時也是在國家之外，有相當自主性社會的一部分。所謂公民社會的「自主性」，即意味著個人的社會生活與行動不應受到國家的干涉，而社會領域中的活動也有足夠的自主力量，來建立民主政治的架構。

一、公民社會與國家關係

　　公民社會與國家關係是公民社會理論的核心。當代的社會概念隨著主權國家出現之後而顯現，從國家與社會互動的觀點，國家與社會是互相定義的，公民社會與國家是一體兩面的，公民社會必須依靠國家場域才能顯示其意義（石之瑜，2000：13-14）。在十七、十八世紀公民社會理論初萌芽時，受到古典自由主義觀念影響，公民社會與國家是處於消極的對立關係。當代公民社會則強調公民社會與國家之間良性互動的積極關係，透過公民社會參與公共事務。

　　同時，公民社會係在個人與國家之間，扮演了一個舉足輕重的中介角

色（Percy, 1995: 55-56）。它組織多元的團體，並且教育公民參與政治，致力於改善國家制度和公共政策，推動國家的有效治理以及民主、自由、平等等基本價值的實現。而國家則在承擔和尊重公民社會的獨立性、自主性的同時，也積極參與公民社會，為其提供健全完善的外在法制環境，對其進行必要的、有限度的干預、調節和支持。透過這樣的治理方式與互動的關係，雙方較能抑制各自的內在弊病，使國家所維護的普遍利益與公民社會所捍衛的特殊利益，得到符合社會整體發展趨勢的平衡（T & D 飛訊第三十七期，2005：7-8）。除此之外，獨立於國家和市場之外的公民社會，必然存在著許多民間非營利組織和非政府組織。這些民間組織與政府和市場部門，雖然性質上有很大的歧異，但卻亦存在著一種良性的互動關係，而且彼此之間的功能也具有互補性。

　　然而公民社會並非神聖不可侵犯，其內部也不是沒有矛盾。例如：婦女運動在組織上、理念上與行動上，有內部的與外部的、建制的與文化的矛盾和衝突。公民社會民意的表達往往透過非政府組織來參與，為避免被民粹主義所矇蔽，而形成少數控制多數的假民主現象，就必須在政府和法制之下運作。相對的，公民社會多元化的團體在政府治理過程中，也積極地扮演參與者和監督者的角色。應該建構一個由政府與人民合作的「公民性政府」，政府應該提供適當的機會及鼓勵公民參與公共政策，而人民也應盡可能地積極參與（許文傑，2000：98）。就許多國家的案例來說，如果國內外所給予的資源短缺，且法制環境不夠完備，將會使公民社會組織的核心組織能力發展孱弱，對外連結的能力不足，無法從在地（Local）連接到全國性（National），甚至全球性的規模，那麼自願性組織和公民參與的運動推進就可能無法維持長久或是效率不彰。

二、公民社會與人權

　　推動公民社會的發展，會涉及到許多人權問題；同時透過人權的保障來推動公民社會的發展。公民社會及政府應該要致力於為人民謀取各種權利。人是公民社會的主體，公民社會為保障人權而存在。公民社會團體積

極自主的參與公共事務，關懷公共政策，就是要讓每一個人的生命都能有尊嚴的、理性的生存。

　　申言之，公民社會是政治社會與經濟社會的根基，而且在社會文化價值、組織與溝通方式上擁有共同的特質，即它們都是根據「權利」的理念（特別是政治權利與財產權利）而建制，而這些權利理念的內涵，又都與那些能夠確保現代市民社會存續的權利網絡關係相銜接（蕭全政，1998：89）。所謂「Civil Society」是指自由社會中，人民在憲法保障之下，自由結社所形成的各種團體。結社的自由乃是憲法所明文保障的基本人權（Fundamental Rights），而結社的自由乃是自願性組織和公民參與的基礎。如我國憲法第 14 條明文規定「人民有集會結社的自由。」基本上，公民社會的結社，應該建立在一種公民文化的基礎上，其組織的方式與運作的原則，必須符合平等與自主性的要求。人民自由結社的結果，當然會產生多元化的民間組織。因為每一個民間結社（包括民間的非營利組織和非政府組織）的目的不一定相同，也不論這些結社的性質如何，但其關注的並非是純粹的個人利益，而主要是將個人利益整合為集體或公共利益。例如：我國民間組織，如婦運團體、人權團體、環保團體、同志團體、原住民組織等等蓬勃發展，積極地爭取他們的集體權利，對政府構成很大的壓力。公民社會乃提供一個平台，團結不同力量，推動人權運動及公民社會的發展。

　　而一個成熟的民主社會，需要重視的是培養公民具有多元、理性、尊重、包容等基本道德，亦即所謂公民意識。公民意識，是指作為一位公民應享的基本權利及應盡的義務，並以社會正義為原則，關心與熱心參與公共事務及改造社會。簡單地說，就是社會公民個體在參與社會公共生活的實踐過程中，所應當具備的社會公共倫理品質或實際展示出來的卓越的、具有公共示範意義的社會美德。以現狀來看，台灣早就是一個民間會社多元、活力、茁壯的社會，可是相對地，在政治領域中，我們看到的是人民在對待不同政治主張時所呈現的排他、敵意，顯然民主公民所需要的道德仍有不足。

肆、公民社會展望

「非政府組織」被認為是公民社會中的自發性機構。非政府組織被認為是公民社會的重要環節,自不容忽視它在全球治理當中所扮演的特定功能。非政府組織是公民社會的產物,具有專業性與獨立性。各種非營利、非政府組織在各國「公共領域」(Public Sphere)中興起並有積極的活動,由於具有草根性的「社會自治」(Social Self-Governance)功能,因此被認為是公民社會的重要成分;也由於全球(以及在地)相關的公共議題,幾乎都可見到公民們透過非營利、非政府組織參與決策的軌跡,因此,全球治理和全球公民社會被認為已經形成連結(鍾京佑,2003:30-34)。

全球公民社會理論架構係大量移植自國內公民社會的模式(Macdonald, 1997: 153)。然則全球公民社會意何所指?有論者認為它乃指涉一個公民社會所從事的活動,並牽涉與此相關的幾項要件(Scholte, 1999):世界性的議題、跨國界的溝通、全球性組織、跨領域的連結。如此說來,公民社會關心的場域已從國內議題轉入全球性的社會議題(全球性的議題亦可能是國內的議題),全球公民社會的形塑也成為全球化的必然趨勢。對於公民社會間的互動,已有學者提出新的國際互動模式——即活化公民社會模式(Civil Society Empower Model),乃強調非政府組織與公民社會在國際上扮演積極參與的角色(引自鍾京佑,2003:35)。

隨著「全球公民社會」(Global Civil Society)的出現,全球公民社會以跨越國家界限的非政府組織為核心。它形成了國家與公民社會之間新思維的關係。因為它不是存在於國家界限以內,也不僅僅是本國公民與國家的仲介;同時是國家在面對國內公民社會的同時,還須面對全球公民社會的問題。不僅如此,作為全球公民社會的一員,對於如何做一個有效的參與者,以及如何培育公民世界(Civil World)的公民素質與行為,是無可避免的課題。

參考資料

中 文部分

何增科，2000，公民社會與第三部門，社會科學文獻出版社，北京。

何明修，1998，後馬克思主義者的市民社會理論：比較與批評，《思與言》，36：4，193-229。

梁治平，2001，民間、民間社會和 Civil Socirety—Civil Socirety 概念再檢討，《當代中國研究》，七十二期，63-89。

顧忠華，1999a，《社會學理論與社會實踐》，台北：允晨文化。

顧忠華 1999b，公民社會與永續發展，編於社會學理論與社會實踐，台北：允晨。

鍾京佑，2003，全球治理與公民社會：台灣非政府組織參與國際社會的觀點，《政治科學論叢》，十八期，23-52。

蕭全政，1998，從政治學三種觀點看當前的公共行政與公共政策，《理論與政策》，12：12，83-95。

石之瑜，2000，政治科學與馬克斯主義的共謀—關於全球市民社會與全球資產階級的論述，《共黨問題研究》，26：2：7-22。

許文傑 2000，《公民參與與公共行政之理論與實踐—『公民性政府』的理想型建構》，政治大學公共行政研究所博士論文，未出版。

英 文部分

Carver, Chiba, Matsumoto, Martin, Jessop, Iida & Sugita, 2000：542-543.

Diamond, Larry. 1994. "Toward Democratic Consolidation". Journal of Democracy, 5, 3: 4-17.

Gordon White, 1994, Civil Society, Democratization and Development, De-mocratization, Vol. 32, no 3: 375-390.

O'Connell, Brian (2000). "Civil Society: Definitions and Descriptions." Non-profit and Voluntary Sector Quarterly. pp471-478.

Linz, Juan J. and Stepan Alfred. 1996. "Toward Consolidated Democracies." Journal of Democracy, 7, 2: 14-33.

Percy Allun, State and Society in Western Europe, Cambridge: Polity Press, 1995）,pp.55-56.

Macdonald, Laura. 1997, Supporting Civil Society: The Political Role of Non-Government Organizations in Central America. London: Macmillan Press Ltd.

Zoninsein, Jonas. 1999, "Global Civil Society and Theories of International Political Economy". In Schechter, Michael G. (Ed.), The Revival of Civil Society: Global and Comparative Perspectives. London: Macmillan Press Ltd.

 問題討論

1. 何謂公民社會？
2. 當今台灣的社會具有公民社會之特質嗎？試舉例分析之。
3. 公民社會的公民人，應具備何種態度看待公民社會的發展。
4. 你最想成立一個公民社會何種組織？為什麼？

第七章

人民的權利

關鍵字（Keywords）

人權（Human Rights）

知的權利（Right to Information）

安全的權利（Right to Safety）

選擇的權利（Right to Choose）

聯合國千年宣言（United Nations Mil-
lennium Declaration）

公民不服從（Civil Disobedience）

生存權（Right to life）

　　各國憲法中所論及的人民權利，事實上與「人權」（Human Rights）
有著密切的關係。據此各國在立憲的風潮下，乃逐漸透過憲法制定的方式
將其轉換成「權利」的層次。國家機關因此也就開始受到憲法的規範，不
但不能侵犯人權，同時也有落實保障人民權利的責任與義務（許慶雄，
1993：48）。

壹、人權的概念

　　依據學者的說明，人權即是指作爲一個人（To be a Person）所「必須
擁有的權利」（Cranston, 1973: 6-7），如生存權、財產權與自由權等。同
時由於這種界定，即可使每個人可以堂堂正正的做人、與他人坦誠相處及
彼此平等的對待（Joel Feinberg, 1970: 243-257）。有些學者更認爲基於人
的尊嚴，侵犯人權就等於否定人的尊嚴（Jack Donnelly, 1985）。由此顯
見，人權是一種「規範性」多於「描述性」的「道德權利」，其中有幾項
關鍵的重點概念：

一、人本身就是「價值」與「目的」

　　即人不是工具，人本身就是自我實現的目的，有其不可被物化的尊嚴。
換言之，每個人必須是平等的、無條件的且不可更換的擁有這些道德性的

人權（Joel Feinberg, 1973）。

二、人權是天賦天生的

聯合國人權宣言第 1 條就規定：「人皆生而自由，在尊嚴和權利上均各平等。人各天賦理性與良知，誠應和睦相處。」換言之，天賦人權應為人類一「絕對的信仰」，不可因人而異或因人而有所改變，更不可能因權力、職位、角色之變動而擁有或失去。

三、人權不可以透過契約的關係而產生分割或買賣

人的尊嚴與價值是神聖的，它絕不可因為買賣交易而有所變動（葉保強，1991：13-22）。故無論如何，人是價值的對象，自然人即是道德人，應該同等的受到尊重（Stanley I. Benn, 1978: 64）。

四、普遍的相同性

在人類道德的自覺中，既然肯定與承認人權是人人生而自然擁有的，在原始的理念上當有其普遍的相同性。承如大哲洛克（John Locke, 1632-1704）所剖析的，人類是先國家社會而存在，而且是在自然的法則下平等的生存，因此對於人權的尊重應該相同的被對待。

因此歸結而論，一般所稱之基本人權，通常有以下特質：1.基本人權是屬於人的；2.基本人權是不能出讓的；3.基本人權是與生俱來的；4.基本人權是一視同仁的（周道濟，1983：5-7）。

貳、權利的概念

依據英國法學家布拉斯頓的解釋，人的行為雖有千差萬別之殊，但就行為發生可能的結果而言，則不過有兩種，其中之一為「是」或曰「對」，是應予以保護，遂生「權利」之概念；而若為「非」或「錯」者，則應予

以處罰，遂生「刑罰」之概念（曾繁康，1992：53）。顯見「權利」之本質隱含有強烈的「價值判斷」。

換言之，權利事實上是一項有理由的要求（Joel Feinberg, 1970: 243-257）。其中若爲法律所承認者是爲法律之權利，或可稱爲是一種積極的權利（Maurice Cranston, 1973: 5-7），但若爲良知理性所承認者，就可稱之爲「道德權利」。前者有如參政權，年滿二十歲或十八歲始有投票之權利，後者如自由權等概念，可依自然法之假定而存在。

參、人民與國家的關係

然民主公民社會中，人民與國家的關係又爲何？依據德國憲法學者耶林勒克（G. Jellinek）的剖析有四種：

第一就主動的地位（Active Status）而言，在人民主權的理念下，人民有參與國家意見形成或決定的權利，如參政權中的選舉、罷免、創制與複決權。

第二就被動的地位（Passive Status）而言，基於國家公共利益之必要，人民得犧牲一部分之私利而服從國家管理之必須，例如：服兵役及納稅之義務。

第三就積極的地位（Positive Status）而言，人民爲自身之權利，得請求國家有所積極作爲，以排除不當之侵害，如我國憲法第 16 條之規定，人民有請願、訴願及訴訟之權等。比利時憲法第 28 條亦有規定：「任何人皆有向公共機關請願之權，請願書由一人或多人簽署。」（國民大會祕書處資料組，1996（II）：113）。

第四就消極的地位（Negative Status）而言，人民可要求國家機關處於不作爲之狀態，即指在一定法律範圍內，人民可自由於國家權力之外不受支配，擁有相當程度的自主權，如言論、信仰、講學與居住之自由權等。

不過，在民主自由的地區，當國家或政府嚴重侵害到人民的權益，人民即得行使抵抗權，即抵抗暴政或惡法壓迫的權利，尤其是在以下的情況

下，更可能暴發人民全面性的抗暴：

一、絕大多數的人民確實已受到政府的迫害；

二、此種迫害已經持續一段很長的時間；

三、此種迫害是源自於政府的故意；

四、此種故意是來自於政府邪惡的動機。

然而抵抗權的行使，常會以暴力的方式呈現，若有濫用的情事，更可能發生侵害人權的狀況，因此各國均有嚴格的規範，即只有在憲法秩序被破壞，且用盡一切可能的方法均無效的狀況下，才能有使用抵抗權的正當性（游伯欽等，1998：173-175）。換言之，抵抗權雖然是一種「公民不服從」（Civil Disobedience），但它正當或成功的運用，仍然是只存在於有高度正義感控制及有相當民主法治成熟的社會（Harrop Freeman, 1966: 25-45）。

肆、憲法所規範的人民權利

各國憲法所保障之人民權利，歸結而言有三：

其一是人權（Human Rights），這是指縱非本國人民，若居住在本國之內，亦得與本國人民享同樣之權利，如生命權、自由權、財產權等。

其二是國民權（Civil Rights），即只有本國人民始得享有之權利，如經濟、教育、行政、司法上受益權。

其三則是一般所稱之公民權（Citizen Rights），即使是本國人民，也惟有取得法定公民資格才擁有之權利，如參政權、服公職之權等。

由此可見，有公民權者，通常得兼享人權與國民權，有國民權者可兼享人權，但不必然可享有公民權。但在國內之外國人，很明顯的只能享有一般自然權利之人權而已。不過依據勞委會頒布的外國人聘僱許可及管理辦法規定，雖然聘用外勞時要簽勞動契約，但該契約也不可違反基本人權及勞動基準法之規定。

　　人民權利的種類及內容，常會因時代潮流的變遷及制憲者見解的不同而有所差異。譬如就適用對象之不同，而有「人權」、「國民權」與「公民權」之區分。甚者有些國家之憲法，列有基本權利專章，如：德國之基本法第一章有十三條，明訂基本權利之內容及保障之原則，如人人有自由發展其人格之權利、人人有生命與身體之不可侵犯權、男女有平等之權利、自由結社之權利……等。南非共和國憲法亦有基本權利專章二十九條，闡明平等、生存、人性尊嚴、宗教信仰、言論自由、遷移自由、政治參與、經濟活動、接受教育……等之基本權利，均受到憲法充分的保障。

　　惟就基本權利（Fudamental Rights）而言，一般國家的憲法通常有「追求幸福權」（Right to Pursue Happiness）、「生存權」（Right to Life）、「飲食權」（Right to Eat）、「結婚權」（Right to Marry）、「生育權」（Right to Procreate）、「養育權」（Right to Raise Children）、「結社自由權」（Right to Freedom of Association）、「表達自由權」（Right to Freedom of Expression）、「法律前平等權」（Right to Equality of Treatment Before the Law）、「思想自由權」（Right to Freedom of Thought）、「宗教信仰」（Right to Religious Belief）、「個人隱私權」（Right to Personal Privacy）、「個人自由」（Right to Personal Liberty）等等（http://en.wikipedia.org/wiki/Fundamental_right）。但就人類發展的歷史經驗而言，公民權利並非始於合理的狀態。綜觀各國對權利主體的限制，仍有諸多條件如年齡的限制、居住年限的限制、財產的限制、教育程度的限制、性別的限制與種族的限制等等，只是基於人權的普遍覺醒而日趨合理化而已。

參考資料

中文部分

周勇，2002，少數人權利的法理（Jurisprudence on Minority Rights in International Law），北京：社會科學文獻出版社。

翁岳生，2000，「憲法解釋與人民自由權利之保障」，簡資修、李建良主
　　編，憲法解釋之理論與實務，中央研究院中山社會科學研究所。

何懷宏，2001 西方公民不服從的傳統，吉林人民出版社。

Tomas Janoski 著，柯雄譯，2000，公民與文明社會，遼寧教育出版社。

Philippe C. Schmitter, 1997，「民間社會與民主的鞏固」（Civil Society and
Democratic Consolidation）載於田弘茂、Larry Diamond 等編，鞏固第三波
　　民主，台北：國策研究中心。

陶百川等，2000，最新綜合六法全書，台北：三民書局。

王紹光，1999，多元與統一：第三部門國際比較研究，浙江人民出版社

何增科，2000，公民社會與第三部門（Civil Society and Third Sector），
　　社會科學文獻出版社。

顧忠華，1998，「民主社會中的個人與社群」，載於殷海光基金會主編，
　　市民社會與民主的反思，台北：桂冠圖書公司。

蘇俊雄，2000，「國家安全與人權平衡」，聯合報，6 月 10 日，民意論
　　壇。

Michael Freeden 著，孫嘉明等譯，1998 權利（Rights），台北：桂冠公
　　司。

國民大會秘書處資料組，1996，新編世界各國憲法大全，三冊，台北：國
　　民大會秘書處。

陳忠信，2000，「台灣社會傳統與現代因素的競賽：公民社會出現了
　　嗎？」，時報文教基金會，邁向公與義的社會：對 21 世紀台灣永續經營
　　的主張（下），台北：時報文教基金會。

管歐，1991，憲法新論，台北：五南圖書出版公司。

左潞生，1970，比較憲法，台北：文化圖書公司。

許慶雄，1993，憲法入門，台北：月旦出版社。

艾立勤，2000，「胚胎幹細胞實驗的倫理省思」，中國時報，時論廣場。

葉保強，1991，人權的理念與實踐，香港：天地圖書公司。

周道濟，1983，基本人權在美國，台北：台灣商務印書館。

豬口孝著，劉黎兒譯，1992，國家與社會，台北：時報出版社。

陳秀容，1995，「第三世界人權觀念的探討：1986 年聯合國發展宣言的初
　步分析」，張福建、蘇文流主編，民主理論：古典與現代，台北：中央
　研究院中山人文社會科學研究所。

董云虎，劉武萍，1991，世界人權約法總覽，成都：四川人民出版社。

游伯欽等，1998，權利自助手冊，台北：月旦出版社。

柴松林，1993，「第三代人權與環境權的開展」，環境人權研討會，高雄：
　澄清湖青年活動中心。

村井實著，陳文媛譯，1998，人的權利：探索權利與正義的眞諦，台北：
　三思堂文化公司。

英 文部分

Alan S. Rosenbaum, 1988, Constitutionalism: The Philosophical Dimension,
　Greenwood Press.

Jeremy Pope, 2000, Confronting Corruption: The Elements of a National In-
　tegrity System, TI Source Book.

Friedrich A. Von Hayek, 1960, The Constitution of Liberty, The University of
　Chicago.

Pelczynski, A.Z., 1984, "The Significane of Hegel's Speration of the State
　and Civil Society" in Pelczynski, A. Z. (ed.); The State and Civil Society;
　Cambridge University Press.

Amnesty International, 2000, Amnesty International Report 2000, London:
　Alden Press.

Freeman, Harrop, 1966, Civil Disobedience, California: Center for Study of
　Democratic Institutions.

Claude, R. P. & B. H. Weston, 1989, Human Rights in the World Commun-
　ity：Issues and Action, University of Pennsylvania Press.

Donnelly, Jack, 1985, The Concept of Human Rights, New York: St. Martin's
　Press, Lodon: Croom Helm.

Migdal, Joel S., 1988, Strong Societies and Weak States: State-Society Relations and State Capability in the Third World, New Jersey: Princeton University Press.

Bodenheimer, E., 1974, Jurisprudence: The Philosophy and Method of the Law, Harvard University Press.

Almond, G., & Verba, S., 1989, The Civic Culture: Political Attitudes and Democracy in Five Nations; Sage

http://web.amnesty.org/pages/deathpenalty-treaties-eng

http://en.wikipedia.org/wiki/Fundamental_right

http://www.un.org/millennium/declaration/ares552e.htm

http://www.un.org/millenniumgoals/index.html

 問題討論

1. 請說明人權的特質有哪些？
2. 權利與人權有何差異，請舉例說明。
3. 同志婚姻應有人權保障嗎？請討論你對同志婚姻合法化的見解。
4. 請比較人權、國民權與公民權的差異為何？

第八章

平等權

關鍵字（Keywords）

社會正義（Social Justice）　　　　社會階層化（Social Stratification）

自然法（Natural Law)　　　　　　族群歧視（Racial Discrimination）

社會分化（Social Differentiation）　相對平等（Relative Equality）

　　近代以來，平等與自由是人類社會所追求的強勢價值，二者常常被並列探討，論者常將二者視為人生而具有的權利，認為其互為因果關係，沒有平等無法彰顯自由的價值；沒有自由則平等亦無助於人群社會之發達。然而若嚴格區分，自由與平等的所指涉對象似乎有別，前者強調的是個人身為主體所應享有的權利，後者卻是以群體為單位。自由意味著不從屬於別人、與他人平等的狀態，而平等卻不侷限在追求部分人的自由，而是以追求所有人的自由為目的。

壹、不平等之起源

　　平等權的觀念起源於不平等的現象，因此欲談論平等就不能不檢視不平等之起源。1753 年法國第戎科學院（Dijon Academy）發表了〈人類不平等起源是什麼？人類的不平等是否為自然法所認可？〉（What is the origin of the inequality among men, and is it authorized by natural law?）徵文啟事，當年法國哲儒盧梭（Jean-Jacques Rousseau, 1712-1778）曾據此寫就其大作《論人類不平等的起源和基礎》，該文成為自然權利學派的主要觀點，而此一議題成為日後西方社會政治哲學一直以來的主要論述之一。

　　誠然如拉爾夫・達倫道夫（Ralf Dahrendorf, 1929-2009）所言：「即使在今天的富裕社會裡，人與人之間的不平等仍然是一個頑強而明顯的事實……」，為什麼人與人之間有不平等？是什麼原因導致不平等？它能被

化解或者甚至完全消除嗎？抑或我們必須視之爲人類社會結構中一種必然的要素而接納它？達倫道夫在思考這一連串問題後，提出四種不平等的類型。其中與個人有關的是：（1）種類的自然差異，差異在樣貌、性格和利益興趣；（2）等級的自然差異，差異在智力、稟賦和能力。關於社會方面有：（1）社會分化（Social Differentiation），指出等級地位方面基本上是平等的，只是功能不同而已；（2）社會階層化（Social Stratification），指在財富和名譽上所顯現出來的社會地位等級。

　　從歷史縱深發展來看，亞里斯多德（Aristotélēs, 384 BC-322BC）以人與人之間在等級上的自然差異（即上述第二種不平等類型）來說明社會階層化現象，亞里斯多德基本見解之要點是假定人天生是等級不平等的，所以人與人間的地位之不平等也是自然的。這種公式幾乎可以適用於十八世紀以前的所有有關見解。十八世紀興起的人皆生而平等的自然權利觀，則反對亞氏與之前的見解。基本上，自然權利觀建構一個前社會的起源狀態。在那裡，人是完全自由平等的，任誰也不會高於誰，不平等之所以產生是脫離自然狀態的結果；這是一種原罪，這種原罪又與私有財產之興起有關。關於原始平等狀態之設定以及以私有財產來說明不平等之起源這兩方面，一直到十九世紀的馬克思都未曾遭受質疑。十九世紀分工論，以許慕勒（Gustay Schmoller, 1838-1917）爲代表，其主要理論爲階級之形成（即社會等級之不平等）是立基於職業分化的事實，更清楚的說：「社會等級、財產之差別，以及特權、收入之差別，都僅只是社會分化的衍生結果。」他認爲任何社會組織都是強制性協調的聯合體，社會組織內部並不平衡，由此產生出統治和被統治的兩種人，工業社會將衝突制度化，從而使階級衝突轉化爲個人競爭。

　　1940 年帕深思（Talcott Parsons, 1902-1979）發表〈社會階層化理論之分析性進路〉一文後，美國學界對「功能論」的社會階層化理論就辯論不停。基本上功能論的觀點認爲，無論是盧梭的「私產論」或許慕勒的「分工論」，都視不平等問題爲一個歷史性的現象，所以他們都想像歷史上曾經有過完全平等的時期，而未來也會有完全消除不平等的一天。相反的，「功能論」者，他們視不平等爲所有人類社會在功能上不可或缺的一環。

他們認為在每個社會裡都有不同的社會職位（Social Positions），這些職位並不是都一樣令人愉快而且具有同等的重要性和難度的，為了保證所有職位都能完全無阻地發揮作用，必須相應的分配一些報酬給他們，而這些報酬之分配就構成社會階層化的判準。在所有社會裡，不同職位對社會的重要性以及不同職位所要求的資格之市場價值，決定了收入、特權和權勢的不平等分配。不平等之所以必需是因為沒有它，社會上的不同職位就不能順利地找到適合的人擔任。功能論的觀點，受到相當質疑，首先「功能論」的觀點仍然不能完備說明不平等之起源論，而且階層化與天資分配之間不盡然為一種諧和的重合關係；它有可能成為衝突或帶來對立；再者，事實上不一定要有不平等的社會報酬分配才能找到適當的人來擔任不同的職位。因為成就感或者其他個別因素，也是決定人們對工作的期待或決定接受的意願。

因此達倫道夫認為不平等之起源既不在人性，也不在歷史上有問題的私有財產，不平等之起源毋寧在於人類社會中必不可免的一面。因為「人類社會」常意味人們的行為已經不是隨機亂做而是被既定而不可逃避的期望所調節規範的，而這些期望或規範之強迫性格則奠基於規制的運作，即合規者獎，違規者罰。由於每個社會都以規制去強化社會上差別之見，所以社會規範和社會規制不但是個人賦性等級差別之基礎，而且也是維持長久之社會職位結構之基礎，因而不平等之起源就存在於所有人類社會裡而具有規限力的行為規範。最後達倫道夫做了以下結論：（1）人與人之間之等級差別完全取消的社會觀念是超越社會學的可能，而屬純詩人想像之事，亦即人與人等級差別一定存在於人群社會中；（2）由於不平等是從規制中衍生出來的一種社會強制力，處身於不利地位者必然反對這種不利的強制力量或執行者，故此階層化體系連同規制和體制化的權力結構，最後都會自取滅亡；（3）每個階層化體系都會孕育出一批反對它的人而埋下自毀的種子，人類社會既不會完全廢除不平等，也不會完全安於不平等；（4）社會不平等之存在本身，也是人類邁向自由的推進力量。

貳、平等權的意義

　　平等作爲一種權利探討由來已久，但其概念卻相當含混模糊。從十八世紀以前假定人與人之間天生有不平等等級；到了十八世紀自然權利學派認爲人生而自由平等。二十世紀功能論者認爲不平等乃是因應社會階層化，爲人類社會在功能上不可或缺的一環；今天，則認爲人類社會既不會完全廢除不平等，也不會完全安於不平等。「完全平等的社會」的觀念不只不切實際，甚且非常可怕。因爲平等意味同等的意思，但放諸人世萬物，同等顯然非物質之本態，因爲「沒有兩個人在各方面都是平等的，完全相同的，他們甚至生而不平等的」。康德甚至認爲「人與人之間不平等」，「既是罪惡之淵藪，亦爲一切美善事物之沛泉。」不過時至今日，「平等是一種道德字眼（Virtue Word），就像正義（Justice）一樣，所有人似乎都贊成，很少人敢違抗它。」

　　然而到底什麼是平等呢？它指的是每個人擁有的學歷、財富、職位、家庭、名聲等各種利益價值的平等嗎？平等思想的淵源，雖可追溯至希臘思想，及「神之前的平等」，但是直到近代，始確立平等原則乃是國家與人民的應有關係之根本原則。1776 年的美國獨立宣言及 1789 年的法國人權宣言中，都言及「人生而自由平等」，此種強調人類平等原則乃是一種自然權利。因而受到高度注意，之後，透過法的形式予以保障，廣泛被納入各國的成文憲法中。自是憲法中所謂平等，乃指法律上之平等，而非指人民各個天賦才力之平等。〈世界人權宣言〉第 2 條：「人人有資格享受本宣言所載的一切權利和自由，不分種族、膚色、性別、語言、宗教、政治或其他見解、國籍或社會出身、財產、出生或其他身分等任何區別。並且不得因一人所屬的國家或領土的政治的、行政的或者國際的地位之不同而有所區別，無論該領土是獨立領土、托管領土、非自治領土或者處於其他任何主權受限制的情況之下」，宣言的第 7 條聲稱：「法律之前人人平等，並有權享受法律的平等保護，不受任何歧視。人人有權享受平等保護，以免受違反本宣言的任何歧視行爲以及煽動這種歧視的任何行爲之害。」德國憲法第 3 條第 1 款規定：「法律之前人人平等。」日本憲法第 14 條

規定：「所有國民在法律之下一律平等，不因人種、信仰、性別、社會身分或門第，而在政治、經濟或社會關係上有所差別。」法國憲法第 6 條規定：「法律對於任何人，其保護或懲罰，應為平等。」

參、平等原則與內涵　

　　平等不是一種齊頭式的相等狀態，而應該指的是機會的平等，亦即人人有相同的權利去追求各種利益與價值。即羅爾斯（John Rawls, 1921-2002）主張的「每個人都平等享有彼此相容的最大基本自由」。不過機會平等仍不足以提供平等的平台，因為社會上，往往有些人擁有比一般人更多的權力去獲取諸般的利益價值；而另外一些人，因種種條件的限制，無法獲得應有之利益價值，形成在社會上與經濟上不平等。因此對於相對弱勢者，在某些情況下，法律有必要以不平等的方式來達成實質的平等，例如：我國憲法增修條文第 10 條第 6、7、9、11、12 項，針對婦孺、身心障礙者、軍人、原住民以及外島住民等訂有特殊照顧的規範。

　　很多國家也多有類似的規定，這些規定似乎有違平等原則，而且社會觀點對於弱勢定義與形成原因也迭有爭議，例如：婦女參政的保障名額，是否有違男女平等原則？一個族群之所以處於劣勢，如果肇因於他們自身的判斷或決定，則國家是否適宜介入保護？然而面對社會上某些族群處於明顯不利的弱勢，在立足點上不平等，而且這些劣勢主要肇因於國家或社會整體歷史上的錯誤或強制，例如：美國當年的蓄黑奴，各國將原住民驅離原本適合居住的地區，國家要求軍人出生入死因而留下孤寡，則政府就可能藉由些許「機會不均等」的保障，加速他們脫離目前的弱勢，以促成不久的將來立足點的平等。

一、法適用平等與立法平等

　　憲法平等原則，可以分成「法適用平等」與「立法平等」兩大部分，

所謂「法適用平等」也就是法律適用的平等，其拘束的對象是行政及司法機關，要求行政機關執行法律必須遵守法律之前人人平等的原則。行政程序法第 6 條：「行政行為非有正當理由不得為差別待遇」。所謂「不得為差別待遇」，也就是要求執法者對於「相同案件，給予相同的對待，不同案件，應有不同對待」。因此釋字第 485 號解釋認為國軍老舊眷村改建條例之規定過度優惠特定軍人，違反平等原則與比例原則：「……惟鑑於國家資源有限，有關社會政策之立法，必須考量國家之經濟及財政狀況，依資源有效利用之原則，注意與一般國民間之平等關係，就福利資源為妥善之分配，並應斟酌受益人之財力、收入、家計負擔及須照顧之必要性妥為規定，不得僅以受益人之特定職位或身分作為區別對待之唯一依據……」

「立法的平等」乃指立法內容有違反平等原則，牴觸憲法原則，則依憲法第 171 條第 1 款規定：「法律與憲法牴觸者無效」。司法院大法官釋字第 211 號「平等原則為所有基本權的基礎；國家對人民行使公權力時，無論其為立法、行政或司法作用，均應平等對待。」因此平等原則非僅限於法律執行的平等，如果法律本身之規定不符合平等原則，將無法真正落實保障平等原則。因此釋字第 457 號解釋對於行政院退除役官兵委員會規定，榮民農場上之土地與眷舍僅限於兒子始能繼承分配，排除女兒之繼承權，認為係明顯違反平等原則。

二、絕對平等與相對平等

從歷史發展來看，十八世紀自然權利學派認為「人生而自由平等」的主張，基本上乃是針對之前專制政治下形成人與人之間階級不平等的一種反動。換言之，「人生而自由平等」的思想不在描述事實，而在擬制一種理想狀態。因此不計人類各種先天上以及社會屬性上的差異，而有絕對平等的主張產生。然而絕對平等對於政治社群生活運作的秩序有其無法克服的難題，因而難以形成實定法的共識。基本上所有基本人權多少都會受到一些限制，因為對應著社會與個人之間的群己規範，所以從法的觀點，通常平等權指的是相對平等而非絕對平等。

相對平等則主張，人類在本質上平等，因此基本上應受法律平等待遇，但存在有因個人特性的種種差異時，此種基於事務本質的不平等在立法上亦應適度考量。例如：基於事實差異所做的差別待遇，法律給予老、弱、殘廢、婦女、兒童、少數民族等社會弱者較一般人要好的待遇，自不違反平等權之原則。大法官釋字第 485 號解釋，特別指出：「憲法第七條平等原則並非指絕對、機械之形式上平等，而係保障人民在法律上地位之實質平等，立法機關基於憲法之價值體系及立法目的，自得斟酌規範事務性質之差異而為合理之差別待遇」。所謂基於事務性質之差異而為合理之區別對待，即法律上的一律平等，乃是機動式、相對的平等。如此，則所謂平等原則，應該是在法治之下從形式平等到實質平等的追求。平等權內涵的轉變可說是現代法治國家一致的趨勢。

三、形式平等與實質平等

所謂的形式平等是指法律待遇的均一化；實質平等是指事實關係的均一化。亦即前者乃是法律層次上之名義上的平等；後者則是經濟關係之事實上均等。平等的理念，在人權歷史上，與自由同樣來自尊重個人的思想。從十九世紀到二十世紀的市民社會裡，由於實施形式的平等，主張法律上人人平等，然而隨著資本主義的發展，逐漸形成富者愈富、貧者愈貧，甚至富者田連阡陌，貧者無立錐之地之窘況，法律上的自由、平等，卻產生了事實上的不平等。進入了二十世紀社會福利國家階段，社會一般地要求，對社會、經濟上弱者應給予更優厚的保護，才能與其他國民受到同等自由與生存保障。平等的理念，從歷史的發展而言，可說是從形式的平等，推移發展到同時重視實質上的平等的方向。

日本憲法第 14 條規定：「所有國民在法律之下一律平等，不因人種、信仰、性別、社會身分或門第，而在政治、經濟、或社會關係上有所差別。」第 24 條更細緻化規範性別平等的實質內涵：「婚姻應基於男女雙方之合意，始得成立，並以夫婦享有同等權利為基礎，互相合作維持之。選擇配偶、財產權、繼承權、住所之選定、離婚，及其他關於婚姻及家屬之

事項，法律應本於個人之尊嚴及兩性本質上平等之原則制定之。」至於德國憲法第 3 條第 1 款：「法律之前人人平等。」其內容實為法律上形式平等。但是本條第 2、3 款則繼而強調法律實質平等：「男女有平等之權利，國家應促進男女平等之實際貫徹，並致力消除現存之歧視。」「任何人不得因性別、出身、種族、語言、籍貫、血統、信仰、宗教或政治見解而受歧視或享特權。任何人不得因其殘障而受歧視。」

　　我國憲法第 7 條，就一般平等內涵列舉幾種平等項目，容易淪於形式平等，幸而上述大法官釋字第 485 號解釋文，明白闡釋憲法第 7 條之內容，非形式平等，強調其法律上的實質平等。並於憲法增修條文第 10 條第 6 項規定：「國家應維護婦女之人格尊嚴，保障婦女之人身安全，消除性別歧視，促進兩性地位之實質平等。」此外針對身心障礙者之保險與就醫、無障礙環境之建構、教育訓練與就業及生活維護與救助，都給予保障。同時規定社會救助、福利服務、國民就業、社會保險及醫療保健等社會福利工作應優先編列預算。乃體現平等權由形式平等，推移發展到實質平等的階段。

參考資料

中文部分

朱敬一、李念祖等著，《基本人權》，台北：時報文化，2003。

朱應平，《論平等權的憲法保護》，北京大學出版社，2004。

李念祖，《案例憲法 I ─憲法原理與基本人權概論》修訂二版一刷，台北：三民，2004。

李酉潭，《自由、平等與民主：約翰彌勒與孫中山的政治思想》，台北：編譯館，1999。

李惠宗，《中華民國憲法概要─憲法生活的新思維》，台北：元照出版社，2004。

李惠宗，〈論國軍老舊眷村改建條例的多重不平等—從體系正義觀點評大法官議決釋字第四八五號解釋〉，《台灣本土法學》，第 4 期，頁 73-8，1999。

林騰鷂，《中華民國憲法》，台北：三民書局，2004。

阿部照哉等著，周宗憲譯，《憲法（下）基本人權篇》，台北：元照出版社，2001。

法治斌，《憲法新論》，臺北市：元照，2005。

法治斌、董保城，《中華民國憲法》，台北：國立空中大學印行，2002。

陳志華，《中華民國憲法概要》，台北：三民書局，2005。

陳新民，〈不法的平等—論平等原則拘束行政權之問題〉，收錄於陳新民著《法治國家論》，學林，2001。

陳愛娥，（對憲法平等權規定之檢討—由檢視司法院大法官相關解釋出發），收於：湯德宗、廖福特編，《憲法解釋之理論與實務》，第五輯，中央研究院法律學研究所籌備處，頁 225-260，2005。

陳愛娥，〈平等原則作為立法形塑社會給付體系的界限—兼評司法院大法官相關解釋〉，《憲政時代》，第 32 卷第 3 期，頁 259-298，2007。

許宗力，（從大法官解釋看平等原則與違憲審查），收於：李建良、簡資修編，《憲法解釋之理論與實務》，第二輯，中央研究院中山人文社會科學研究所，頁 85-122，2002。

許志雄等合著，《現代憲法論》，台北：元照出版社，2000。

許慶雄，《憲法入門》，台北：元照出版社，2000。

涂懷瑩，《憲法基本問題研究》，台南：台灣復文興業，2000。

廖元豪，（實質平等），收錄於《月旦法學教室》第 27 期，2005。

廖元豪，（平等權：第一講—憲法平等權之意義），收錄於《月旦法學教室》，第 68 期，2008，頁 48-58。

盧梭（Jean-Jacques Rousseau）著，李常山譯，《論人類不平等的起源和基礎》，台北：唐山出版社，1986。

謝瑞智，《憲法新論》，台北：正中書局，2000。

薩孟武，《中國憲法新論》，台北：三民書局。

蘆部信喜著，李鴻禧譯，《憲法》，台北：月旦出版社，1995。

Dworkin, Ronald, 著，馮克利譯，《至上的美德：平等的理論與實踐》，江蘇人民出版社，2000。

Ralf Dahrendorf，蔡錦昌譯，〈論人與人間不平等之起源〉，《中山社會科學譯粹季刊》第一卷第二期，高雄：國立中山大學中山學術研究所，1986。

Tushnet, Mark V. 著，蘇希亞譯，《人，生而平等：1936-1961 美國民權法的創制》台北：商周出版社，2002。

英文部分

Pennock, J. Roland (1979), Democratic Political Theory, New Jersey: Princeton University Press.

 問題討論

1. 達倫道夫提出哪四種不平等的類型？他們已經概括了所有不平等的類型？

2. 十九世紀以前西方學界對於不平等的理解為何？你同意這些理論嗎？

3. 達倫道夫認為「人類社會既不會完全廢除不平等，也不會完全安於不平等。」你認為呢？

4. 平等權的意義為何？

5. 何以我國憲法增修條文針對婦孺、身心障礙者、軍人、原住民以及外島住民等訂有特殊照顧的規範？你認為這樣符合平等原則嗎？

6. 何以形式平等仍不足以構成平等，而需要強調實質平等？

第九章

自由權

關鍵字（Keywords）

立憲主義（Constitutionalism）　　　　出版自由（Freedom of Publication）

宗教自由（Freedom of Religion）　　　集會自由（Freedom of Assembly）

言論自由（Freedom of Speech）　　　　結社自由（Freedom of Association）

　　自由權主要目的在保障人民免於國家權力的侵害，要求政治上的民主、自由、平等、生存、財產保護諸權利，是十八、十九世紀以降，「立憲主義」（Constitutionalism）國家所欲保障的內涵，有的學者將之稱為「第一代人權」。

壹、自由與自由權

　　自由權與自由有所不同，自由是人類熱烈追求但本質上有爭議的概念。以撒・柏林（Isaian Berlin, 1909-1997）將自由界定兩層意義：第一種「自由」（Freedom or Liberty）的意義，稱為「消極的」（Negative）自由，亦即「在什麼樣的限度以內，某一個主體，可以或適當被容許，做他所能做的事，或成為他所能成為的角色，而不受到別人的干涉。」；第二種義意的自由，稱之為「積極的」自由，亦即「什麼東西或什麼人，有權控制或干涉，從而決定某人應該去做這件事、成為這種人，而不應該去做另一件事，成為另一種人」。

　　有的學者檢視國家與個人關係，進而解構消極的自由與積極的自由，認為消極自由代表傳統的個人主義，此派理論，認為自由是得到快樂的條件，自由不是權利而是各種權利的產物，自由是一種消極的東西，不受約束就是自由，自己即是自己的裁判，政府的權力，應當放在一邊，而讓個人自己去尋找他是非的標準；積極自由指涉的是德國哲學界的集團精神，此派理論，主張國家有統一性，個人是國家的一個份子，國家的目的是倫

理，離開國家，個人就不能達到他倫理的目的，他們相信人不是生而自由平等，個人的生活，能和國家目的相結合，是最自由的，而不和國家目的相結合，就不得算是自由。然而無論從國家立場或個人觀點，片面討論、定義自由都有其侷限。首先自由是一個表現主體意志獨立自主的概念，所謂「不自由，毋寧死」，即充分展現主體意志面對此一議題無所妥協的堅持。自由就是不受他人的意思所左右而決定自己的行為謂之，因此自由包含內心作用的「意思自由」與表現於外的「行為自由」，理想上內心作用之意思自由有無限空間，然而在人類社會互動過程中，完全自由是不可能的，亦即當內心自由意思行之於外在行為時，就必然受到一定的自然法則或社會規律所限制。如此，主體意志獨立自主無可迴避的將受到相當制約。

　　從歷史的發展而言，近代自由權的理論主要從洛克（J. Locke, 1632-1704）「自然法」概念的「天賦人權」以及盧梭（Jean-Jacques Rousseau, 1712-1778）的「主權在民」逐漸發展而成。十七世紀英國思想家洛克提出「人生而自由」的天賦人權，認為政府成立的目的，乃是為了保護人民根據自然法而享有的自然權利，例如：生命、自由與財產等權利；一旦政府的作為侵害這些權利，人民便有權利推翻政府。十八世紀法國思想家盧梭，繼承洛克的理念，進一步地提出社會契約論和人民主權論，主張「主權在民」。後來這些思想具體地被表現在美國憲法與 1789 年法國人權宣言，經此法制化後，各國憲法乃將人民的自由權內入憲法的規定之中。

　　因此自由權係指法律的範圍內的自由，在憲法保障之下，人民有不受國家統治權非法干涉之權利，每個公民有其人身和財產相關的自由權，依法自主決定個人精神和行為空間的權利。它具有以下屬性：（1）客觀性——自由權是一種反映客觀規律的自由；（2）普遍性——自由權是一種具有普遍意義的自由，但是須以不損害他人的合法利益為條件，一旦其行為超越了自由的界限，該自由也就不再為法律所承認和保護；其次，也意味著具有排斥外來行為（即其他個人、團體或政府行為）的不法侵害或束縛的性質；（3）體系性——自由權是一種多層次、有機統一的規範體系。

貳、自由權之內涵

　　現代國家的憲法和法律對公民在政治、經濟、文化生活方面的基本自由作了系統的規定，使自由權的涉及面十分廣泛。有關自由權的理論甚多，有認為其係「天賦人權」，或是「社會契約」。然而實際政治與民權發展歷史，「自由權」無法經由「天賦」抽象權利取得；亦不可能有如「契約」般的締結。因此自由權所論述的內涵並非哲學上的意志自由（Liberty of the Will），而是討論政治範疇內公民或社會的自由。

　　當代在論述人民與國家之關係時，德國學者耶律聶克（George Jellinek, 1851-1911）界定了四種不同的關係：1.消極自由身分關係（Negative Status），即人民可以不受國家統治權的支配，消極要求國家不要干涉，此種權利演變成各種的自由權；2.積極受益身分關係（Positive Status）：即人民可以要求國家給予種種利益與權利；3.被動受治身分關係（Passive Status）：即人民必須服從國家統治權，善盡公民義務的受治關係，例如：納稅、服役等等；4.主動參政的身分關係（Active Status）：亦即人民有權參與統治權的行使。

　　在解釋國民對國家的地位時，耶律聶克將自由權界定為對抗與排除國家公權力不當介入國民個人的生活領域，是一種消極不干預權，亦即依其見解，當個人的自由，受到國家侵害時，必須有救濟之途徑，才能稱為「自由權」。

參、自由權之內容

　　人權體系中的「自由權」，常借用耶律聶克的觀點，一般區分為：（一）人身自由，主要論述人身自由權與居住遷徙自由權；（二）經濟自由，討論工作權與財產自由；（三）精神自由等三大部分。精神自由，又可區分為：1.內部精神自由，包含思想良心自由與宗教信仰自由以及學術研究自由；2.外部精神自由，亦即表現自由，主要探討言論、著作、出版

與廣電自由；以及 3.集體表現自由，包含集會、結社自由。時至今日，自由權保障範圍因著時勢發展而更加擴大之。

一、人身自由

（一）人身自由權

　　所謂的人身自由權，乃是人民身體有不受國家權力或個人的非法侵犯，為一切自由之基礎，或稱為人身不可侵犯權（Inviobility of the Pergon）。

　　人身自由保障起源於英國 1215 年大憲章（Magan Carta）之規定，並在 1679 年制定為「人身保護法」（Petition of Right），為日後各國憲法所採納。例如：美國憲法第 1 條第 9 項第 2 款的人身保護令，法國人權宣言第 7 條對人身自由「正當法律程序」的保障措施。美國憲法有關人身自由權利，規定於憲法第 4 條：「人民有保護其身體、住所、文件與財物之權，不受無理拘捕、搜索與扣押，並不得非法侵犯。」世界人權宣言第 3 條：「人人有權享有生命、自由和人身安全」，第 9 條：「任何人不得加以任意逮補、拘禁或放逐。」

　　我國憲法第 8 條也以長文明定人民身體自由之保障。其主要內涵乃是強調不得非法逮捕人民，逮捕、拘禁、審問與處罰人民皆必須依據法定程序，而所謂法定程序包括：逮捕、拘禁的機關須以司法人員或警察機關依據法定程序為之；審問、處罰的機關則以法院為限，法院審判須依據法定程序進行之，並遵守以下原則：（1）罪刑法定主義，即我國刑法第 1 條規定：「行為的處罰，以行為時的法律有明文規定者為限。」；（2）司法一元主義：只有法院，依據刑事訴訟法所規定的法定程序，才能進行審問或處罰；（3）落實提審制度：人民因犯罪嫌疑被捕時，有權知道原因以及向逮捕拘禁之機關於偵訊二十四小時之後，主動請求司法機關向執行逮捕拘禁之機關，將被拘禁者提交法院審理；（4）冤獄賠償：人民遭受逮捕拘禁，經審判結果認定為冤獄時，可以向國家請求賠償。

（二）居住、遷徙自由權

　　所謂居住遷徙自由，是指人民有選擇其居住處所，不受國家或他人非法干預；且個人得依其意願自由遷徙或旅居各地。其目的在於保障人民有自由設定其居所、遷徙、旅行，包括出境或入境之權利。

　　居住自由之觀念源於羅馬時代，法諺有云「住宅乃最安全之避難所」。英國普通法有謂：「各人之住宅，為其堡壘」，由此可見住所屬於人身自由之範圍。時至今日，住所也是各人之隱私權，固然不容他人之非法入侵，也限制非法之窺伺（如望眼鏡）與有害環保（如聲、光、氣體）之侵犯。

　　遷徙自由是指人民有自由地在國內遷徙的權利，且依法出境或入境的自由。人類歷史上，不論東、西方國家，早期都因為政治或經濟因素，限制人民遷徙的自由，如中古歐洲封建諸侯對農奴控制，中國古代編戶齊民等。近代人權興起，遷徙自由不獨限於國內，對外移出與移入也被視為是基本人權。1948 年世界人權宣言第 13 條第 1、2 項：「人人在一國境內有自由遷徙之自由」、「人人有權離去任何國家，連其本國在內，並有權返回其本國」。

　　各國憲法也有關於居住與遷徙的保障，日本憲法第 35 條規定：「任何人就其住所、文書及所持物品，有不受侵入、搜查及扣押之權利」，第 22 條保障：「任何人只要不違反公共福祉，均享有居住、遷移及選擇職業之自由。任何人有移民國外，或脫離國籍之自由，不得侵犯之」。德國憲法第 11 條第 1 項第 1 款規定：「所有德國人在聯邦領土內均享有遷徙之自由」，並在憲法第 13 條第 1 款明定：「住所不得侵犯」。我國憲法第 10 條規定：「人民有居住及遷徙之自由。」

二、經濟自由

（一）工作權

　　我國憲法第 15 條「人民之生存權、工作權及財產權，應予保障」，論者一般咸認工作權除了是勞動基本權外，也是一種自由權，即有權決定自由所要從事之職業的自由，例如：德國憲法第 12 條第 1 款：「所有德國

人均有自由選擇其職業、工作地點及訓練地點之權利，職業之執行得依法律管理之」。日本憲法第 22 條也規定「選擇職業之自由」。

在自由權之層面上，工作權保障國民不受任意解僱之侵害，以及就業時不受差別待遇之歧視。國家應保障人民具有自由平等的就業機會，並禁止雇主對員工資格所做之不必要限制，例如：性別、年齡。若雇主欲解雇員工則須具有正當理由並遵守法定程序，此外，國家亦須提供人民職業訓練與求職的管道，達到適才適所之目的，並應立法保障工作進行之相關基準，防止勞工被剝削。至於弱勢勞工，例如：童工、女工及身心障礙者的工作條件及工作機會，亦應視情況予以特別保障。

（二）財產權

工作權之外，財產權也是被列爲經濟自由討論的範圍，財產權既是權利也是義務。十八世紀美國獨立、法國大革命自由思想風行時期，認爲財產所有權爲神聖不可侵犯的，基於自由主義憲法之「財產的私有性」，個人對其財產有自由取得、使用、收益、處分的權利，有不受政府或其他人非法干涉、侵犯。然而現代國家基於社會公益，大多認爲財產自由，仍須受到相當限制，德國聯邦憲法判決即明示：「財產權係基本權利，與人格之自由保障，固有內部關聯性，爲在基本權力架構中，財產也有相對義務。」因此財產權負有社會義務，應爲社會公益所使用，例如：人民有使用財產之義務、人民使用其財產權應注意公、私權益。所以德國憲法第 14 條第 1 項第 2 款明定「財產權負有義務。財產權之行使應同時有益於公共福利」。日本憲法第 29 條第 1、2、3 項規定：「財產權不得侵犯之。」「財產權之內容，須適合於公共福祉，以法律定之。」私有財產，在正當補償下，得爲公共利益而使用之。」

三、精神自由

精神自由分爲內在精神自由與外在精神自由，所謂內在精神自由乃指人類內心世界的思想、信仰，與外在環境或對象，例如：他人、社會與國

家無直接關涉，純為個人內心世界的活動之謂，例如：思想自由、良心自由、宗教信仰自由與學術自由。

外在精神自由是指個人將其內在精神活動之結果或精神生活方式，以語言、文字、圖畫、肢體動作或其他任何媒介表達於外，而使他人或社會得以知悉其內心意念的自由。例如：言論、出版、著作、集會、結社等自由。

（一）內部精神自由

1.思想、良心之自由

思想、良心之自由，在內部精神活動自由中，乃是最根本的自由。所謂思想（Thought）是指個人內心之精神活動透過一定的組織與推理，而形成對事物的看法或主張；而良心（Conscience）是指個人在道德上對一定行為有義務為之的意識或信念。保障思想、良心自由之主要目的在於使任何人皆不致因其所擁有之世界觀、人生觀、倫理觀、意識型態等，而受到不利益之對待或禁止，特別是國家權力不當的介入或壓迫。

一般而言，由於思想、良心自由被視為當然，為最基本之自由，因此各國憲法明文保障者不多見。聯合國世界人權宣言第 18 條規定：「人人有思想、良心和宗教自由的權利；此項權利包括改變他的宗教或信仰的自由，以及單獨或集體、公開或秘密地以教義、實踐、禮拜和戒律表示他的宗教或信仰的自由。」日本憲法第 19 條規定：「思想及良心之自由，不得侵犯之。」又如德國憲法第 4 條第 1 款規定：「信仰與良心之自由及宗教與世界觀表達之自由不可侵犯。」我國憲法對於思想、良心之自由並未有條文列舉保障，在憲法解釋上，宜應包含在基本權利保障範圍內。

2.信仰宗教自由

所謂信仰宗教自由（Freedom of Religion），乃人民有權根據自己所喜好的方法，信仰自己喜好的宗教，不受國家或他人強制、干涉或限制之自由。宗教自由的內涵尚包括宗教上的儀式、宗教的教育、宗教的傳教、宗教的集會與結社以及其他宗教活動的自由。美國憲法增修條文第 1 條：

「國會不得制定關於下列事項之法律：設立宗教或禁止信教自由；限制或削奪人民言論及出版之自由；削奪人民和平集會及向政府請願救濟之權利。」德國憲法第 4 條：「宗教儀式應保障其不受妨礙。」日本憲法第 20 條第 1 款：「對於任何人均保障其信教之自由。」第 3 款：「不得強制任何人參加宗教上之行為、慶典、儀式或其他行事。」我國憲法第 13 條明文規定：「人民有信仰宗教的自由」；且於憲法第 7 條宣示任何「宗教」在法律上一律平等。

　　基於宗教自由，人民亦有權利選擇不信仰之自由，不受國家或他人之干涉與脅迫參與任何宗教。在憲法體制下政教分離的國家，通常不得設立國教，或透過國家公權力執行宗教教育；乃至於以政治力扶持特定宗教，或以國家力量特別優待或歧視特定宗教團體。例如日本憲法第 20 條第 2 款規定：「任何宗教團體均不得由國家獲取特權，或行使政治上之權力。」第 4 款規定：「國家及其機關，不得實施宗教教育及其他任何宗教活動。」德國憲法第 136 條第 3 款規定「任何人皆無義務告白其宗教信仰。政府機關惟在人民之權利義務與其所屬宗教團體有關時，或為法定之統計調查有所需要時，有權詢問人民屬於何種宗教團體。」第 4 款規定「任何人不得被迫採取任何宗教行為或儀式，或參加宗教活動或採用宗教上之宣誓方式。」

3.學術自由

　　學術自由的定義分歧，莫衷一是。就其保障的範圍而言，日本學界，有的認為就是大學自由；有的認為學術自由也及於一般國民。我國學者多數認為是指大學自由，其內涵包括研究自由與講授自由。大法官釋字第 380 號解釋，對講學自由解釋，謂係對學術自由之保障；就大學教育而言，應包括研究自由、教學自由及學習自由等事項。第 450 號解釋，大學自治屬於憲法第 11 條講學自由之保障範圍，舉凡教學、學習自由有關之重要事項，均屬於大學自治之項目。如此看來，我國有關學術自由的保障，似未限於大學自由範圍，但以其為核心價值。

　　其次，學術自由是內在精神的思想自由，還是外部精神的表現自由？

有的認為研究自由是學術自由首要保障的，因此以何種方法、手段等研究何種議題，不受干涉或壓抑，因此探究、發現真理的研究係內部精神活動，構成思想自由的一部分。然而研究之外，發表與講授也是學術自由的表徵，發表與講授自由本質上即是表現自由，所以有的學者認為學術自由也是外部精神表現活動。

我國憲法第 11 條中的有關講學自由規定，日本憲法第 23 條：「學問之自由，應保障之。」德國憲法第 5 條第 3 款：「藝術與科學、研究與講學均屬自由，講學自由不得免除對憲法之忠誠。」都是透過憲法保障的方式，明示學術自由的宗旨。

（二）外部精神自由

1.言論、著作、出版自由

言論自由是精神自由在政治自由中的表現，居於政治自由的重要地位，乃為自由民主社會所不可或缺，它「可以對大眾提供適當的保護以對抗邪說之散布橫行，並使人民參與公開討論，消除人民對自由的消極冷漠」。換言之，沒有言論自由，是談不上其他政治自由的。

言論自由包括四層涵義：（1）表示的自由，即有說話和不說話的自由，故而沈默權是言論自由的表現形式之一；（2）內容的自由，即有說什麼和不說什麼的自由；（3）方式的自由，即有怎麼說和不怎麼說的自由，例如：可以運用話語直接交流或在講壇上發表演講，也可以透過藝術表演、通訊（如信件、網路、手機、電訊）、媒體（報刊雜誌、廣播、電視）等方式表達；（4）傾向的自由，即有說主流或多數人觀點的自由，也有說非主流或少數人觀點的自由。

如同各種自由都有其界限那樣，言論自由也不是一種言論及其選擇上的任性，它內在地包含著界限或規則的要求。除了法的界限外，它還受到其他社會規範，例如：國家政策、道德規範、宗教戒律、市場規則和各群體規範的制約。

著作、出版自由與言論自由同屬於表現自由範圍，二者存有內在關係，著作自由固為人民透過外在形式，例如：以語文、音樂、戲劇、美術、攝

影、圖形、視聽、錄音、建築、電腦程式等方式，表達內在思想與意見於外，形成個人作品與觀點，並經由出版方式以爲傳播其思想與意見，所以大法官釋字第 407 號解釋：「出版自由爲民主憲政之基礎，出版品係人民表達思想與言論之重要媒介，可藉以反映公意，強化民主啓迪新知，促進文化、道德、經濟等各方面之發展，爲憲法第 11 條所保障。」

　　著作與出版自由同樣受到法律相對約束，著作權法固爲保障著作自由同樣也約束侵權違法行爲。大法官釋字第 407 號解釋，申明出版自由之保障，同時也強調其限制：「……惟出版品無遠弗屆，對社會具有廣大而深遠之影響，故享有出版自由者，應基於自律觀念，善盡其社會責任，不得有濫用自由情事。其有藉出版品妨礙善良風俗、破壞社會安寧、公共秩序等情形者，國家自得依法律限制之。」

　　表現自由受到不少國家的憲法明文保障，也相對地受到一定程度的約束。法國人權宣言第 10 條指出：「任何人都可以發表自己的意見——即使是宗教上的意見——而不受打擊，只要他的言論不擾亂法定的公共秩序」，第 11 條規定：「無拘束地交流思想和意見是人類最寶貴的權利之一，每個公民都有言論、著述和出版的自由，只要他對濫用法律規定情況下的這種自由負責」。美國憲法第一修正案就明訂「不得制定法律……妨礙人民的言論自由」。世界人權宣言第 19 條：「人人有權享受主張和發表意見的自由；此項權利包括持有主張而不受干涉的自由，和透過任何媒介和不論國界尋求、接受和傳遞消息和思想的自由。」日本憲法第 21 條規定：「集會、結社、言論、出版及其他一切表現之自由，均保障之」。德國憲法第 5 條第 1 款規定：「人人有以語言、文字及圖畫自由表示及傳布其意見之權利，並有自一般公開之來源接受知識而不受阻礙之權利。出版自由及廣播與電影之報導自由應保障之。檢查制度不得設置。」第 2 款則規定：「此等權利，得依一般法律之規定、保護少年之法規及因個人名譽之權利，加以限制。」

2.資訊傳播媒體自由

　　資訊傳播媒體自由或稱廣電自由，最主要都是針對廣播、電視、電影、

電腦、報紙、平面媒體等等各種資訊傳播媒體自由權謂之，我國憲法並未明定資訊傳播媒體自由，但是憲法第 11 條所保障的言論自由範圍，在大法官釋字第 364 號解釋文的支持，也包含廣播電視自由。德國憲法第 5 條（參見上述）也明定出版自由及廣播與電影之報導自由應予以保障之。

　　資訊傳播自由保障的理論依據：（1）資訊傳播媒體是為國民知的權利服務；（2）資訊傳播媒體本質上是屬於國民的共同財產；（3）資訊傳播媒體基本上是言論自由的範疇，因此資訊傳播媒體的自由不僅保障個人得以透過傳媒方式表達其意見，也涉及建立與經營資訊傳播事業體之自由權，例如：廣播電視自由必然涉及電波頻率分配的問題以及創立，並經營廣播電視事業之權利。

　　然而傳播媒體自由，在科技文明幫助下，卻是最可能侵犯到隱私權，攝影機、閉路電視乃至於所謂的狗仔隊正以無孔不入之姿態在我們生活的周遭環境，如社區、學校、街道、騎樓、電影院、公園、遊樂園等等……監視著眾多公共場所，雖然治安可能因而獲得改善，但大眾個人隱私卻面臨威脅。隱私權，意指每一個對自我之表徵（肖像、姓名）、資料、私生活與其人格密切相關的事項，擁有不受國家權力及他人任意探查、利用、公開之權利。2004 年「電腦處理個人資料保護法」進行相當幅度的修正，正反映社會與個人面臨隱私權遭到侵犯的衝擊，不僅亂象叢生由此也衍生許多爭議的問題。因此，如何兼顧個人隱私與傳播自由也是重要的課題。

（三）集體表現自由

1.集會自由

　　集會自由（Freedom of Assembly）是自由權的一種，世界人權宣言第 20 條第 1 款：「人人有權享有和平集會和結社的自由。」集會、遊行乃多數人為達到特定共同目的而從事的群體活動，民主社會中，人民對於政府施政措施，常藉集會、遊行之方式表達意見，形成公意。集會具有一定之目的，如政治、經濟、社會、教育、文化或情感交流目的，多數人之偶然集合，並無一定目的者，則非集會，亦不在集會自由的保障之範圍。

　　我國大法官釋字第 445 號解釋文：「憲法第 14 條規定人民有集會之

自由，此與憲法第 11 條規定之言論、講學、著作及出版之自由，同屬表現自由之範疇，爲實施民主政治最重要的基本人權。國家爲保障人民之集會自由，應提供適當集會場所，並保護集會、遊行之安全，使其得以順利進行。」惟爲確保社會安寧秩序，憲法所保障之集會、遊行，必須以和平方式爲之，若逾此限度，法律始得加以限制，以法律限制集會、遊行之權利，必須符合明確性原則與憲法第 23 條「以上各條列舉之自由權利，除爲防止妨礙他人自由、避免緊急危難、維持社會秩序或增進公共利益所必要者外，不得以法律限制之」之規定。

集會、遊行有室內、室外之分，通常室內集會無須報備；室外集會、遊行對於他人之生活安寧與安全、交通秩序、居家品質或環境衛生難免有不良影響。爲防止妨礙他人自由、維持社會秩序或公共利益，自得制定法律爲必要之限制。因此各國相關規定，有追懲制、報備制及許可制之分。我國集會遊行法第 8 條第 2 項規定室內集會無須申請許可，同條第 1 項前段雖規定室外集會、遊行，應向主管機關申請許可，惟其但書則規定：一、依法令規定舉行者。二、學術、藝文、旅遊、體育競賽或其他性質相類之活動。三、宗教、民俗、婚、喪、喜、慶活動，則均在除外之列，可見集會遊行法係採許可制。有些國家則無須事前報備或許可，例如：德國憲法第 8 條第 1 款規定：「所有德國人均有和平及不攜帶武器集會之權利，無須事前報告或許可」。

2.結社自由

所謂結社係指不特定人民基於特定共同之政治、社會、經濟等理念結合而成爲之具有永久性之團體，依人民團體法規定，人民團體包括三類：（1）職業團體：例如：各種同業公會、各種職業工會即是；（2）社會團體：係以推廣文化、學術、醫療、衛生、宗教等或其他以公益爲目的，由個人或團體組成之團體；（3）政治團體：係以共同政治理念，以參與政治爲目的所組成的政治團體，例如：政黨即是。

集會是一群人一時性的集合，而結社則屬一群人永久性結合。我國憲法第 14 條結社自由之規定，乃在使人民利用結社之形式以形成共同意志，

追求共同理念，進而實現共同目標，為人民應享之基本權利。結社自由不僅保障人民得自由選定結社目的以集結成社、參與或不參與結社團體之組成與相關事務，並保障由個別人民集合而成之結社團體就其本身之形成、存續、命名及與結社相關活動之推展免於受不法之限制。

　　各國憲法對於人民結社權，也都經由憲法明文保障，但是結社對社會秩序及他人權益影響甚大，為防止妨礙他人自由與維持社會秩序，各國對人民結社自由（Freedom of Association）多半採相當限制，德國憲法第 9 條第 1 款：「所有德國人均有結社之權利。」第 2 款：「結社之目的或其活動與刑法牴觸或違反憲法秩序或國際諒解之思想者，應禁止之。」法國憲法第 4 條第 2 款：「政黨及政治團體得自由組織並從事活動，但須恪遵國家主權及民主原則。」

　　我國憲法對於結社權並未有任何設限，惟人民團體法第 2 條明定「人民結社不得主張共產主義或主張分裂國土」，然而，不論「共產主義」或「分裂國土」其涵義皆甚模糊，若以言論自由之角度觀之，這些限制，實無必要。幸經大法官於 2008 年釋字第 644 號解釋文，以該法「逾越必要之程度，與憲法保障人民結社自由與言論自由之意旨不符」，應自解釋公布之日起失其效力。

肆、自由權之保障與限制

　　現代國家社會權利與義務是相對的，在法律之下，權利有所保障，也須有所限制。自由權雖為基本人權的核心價值，卻非無所限制。誠然如彌爾（John Stuart Mill, 1806-1873）所說的：「在一個文明社會，唯一能合理化國家以公權力干預個人意志的考量，就是防止個人行為對他人之侵害。行為人自身的實體或道德考量，皆不足以成為國家介入的理由。」

　　我國憲法雖然未有專門條文針對個別自由權加以限制。觀諸憲法第 23 條規定：「以上各條列舉之自由權利，除為防止妨礙他人自由，避免緊急危難，維持社會秩序，或增進公共利益所必要者外，不得以法律限制之。」

換言之，爲了防止妨礙他人自由，避免緊急危難，維持社會秩序與增進公共利益，國家可以透過法律限制之。

　　德國對自由權的態度，基本上也是依據保障與限制的相對權利觀點加以規範，德國憲法第 18 條規定：「凡濫用言論自由，尤其是出版自由（第 5 條第 1 項）、講學自由（第 5 條第 3 項）、集會自由（第 8 條）、結社自由（第 9 條）、書信、郵件與電訊秘密（第 10 條）、財產權（第 14 條）、或庇護權（第 16 條之 1），以攻擊自由、民主之基本秩序者，應剝奪此等基本權利。此等權利之剝奪及其範圍由聯邦憲法法院宣告之。」

　　美國憲法增修條文第 1 條雖然針對宗教、言論、出版、集會及請願自由四種自由權，規定國會不得制定法律加以削奪，但觀諸法院判決，對上述權力使用上，若涉及危害公共安全與個人利益情況下，仍然受到限制。例如：危及公共安全的玩笑不能開。最高法院說：「最大的言論自由也不保障任何人在戲院中有狂呼失火造成驚慌奔逃的自由。」以劫機作爲取笑的言論也不受保障，在洛杉磯國際機場電檢入口處掛有「請勿開玩笑」的牌示，如果有人在此說「Hi, Jack!」可能遭到航警逮捕法辦，因爲這句話正是英文劫機（Hijack）一詞的諧音，這說明公共安全重於個人的言論自由。總之現代社會，自由與法治是相對的，在追求個人自由的同時，必須相對也保障他人權益。

參考資料

中文部分

王中江，〈自由、平等與社會正義的比較性視角－以羅爾斯、諾齊克和海耶克三人爲例的考察〉，瞿海源、顧忠華與錢永祥編，《自由主義的發展及問題─般海光基金會自由、平等、社會正義學術論文研討會 1》，台北：桂冠圖書股份有限公司，2002。

朱敬一、李念祖等著，《基本人權》。台北：時報文化，2003。

李西潭，《自由、平等與民主：約翰彌勒與孫中山的政治思想》，台北：編譯館，1999。

李建良，〈自由、人權與市民社會--國家與社會二元論的歷史淵源與現代意義〉，《憲法理論與實踐（二）》，頁 1，2000。

李惠宗，《中華民國憲法概要—憲法生活的新思維》，台北：元照出版社，2004。

林子儀，《言論自由與新聞自由》，台北：元照出版社，1999。

林騰鷂，《中華民國憲法》，台北：三民書局，2004。

阿部照哉等著，周宗憲譯，《憲法（下）基本人權篇》，台北：元照出版社，2001。

法治斌，《法治國家與表意自由》，台北：正典，2003。

法治斌、董保城，《中華民國憲法》，台北：國立空中大學印行，2002。

柴松林，〈人權與人權譜系的擴增—從天賦人權理論的提出到良好行政權利的實踐〉，《日新》，第 4 期（1 月），內政部警政署，頁 182-189，2005。

陳秀容，〈近代人權觀念的轉變：一個社會生態觀點的分析〉，《人文及社會科學集刊》，第 9 卷第 2 期（6 月），人文社會科學研究中心，頁 101-132，1997。

陳志華，《中華民國憲法概要》，台北：三民書局，2005。

許志雄等合著，《現代憲法論》，台北：元照出版社，2000。

許慶雄，《憲法入門》，台北：元照出版社，2000。

張佛泉，《自由與人權》，台北：台灣商務印書館，1993。

涂懷瑩，《憲法基本問題研究》，台南：台灣復文興業，2000。

劉阿榮，〈近代人權觀念的發展與新興人權概述〉，《台灣教育》，第 611 期（11 月），台灣省教育會，頁 8-16，2001。

謝瑞智，《憲法新論》，台北：正中書局，2000。

薩孟武，《中國憲法新論》，台北：三民書局。

蘆部信喜著，李鴻禧譯，《憲法》，台北：月旦出版社，1995。

Isaian Berlin 著，陳曉林譯，《自由四論》，台北：聯經出版社，1999。

John Stusrt Mill 著，郭志嵩譯，《論自由》，台北：城邦文化，2004。

Hayek, F. A.，鄧正來譯，《自由秩序原理》（上）、（下），北京：三聯書店，1997。

Scholler, H.，陳春生譯〈人權之變遷〉，《月旦法學雜誌》，第 80 期（1 月），元照出版公司，頁 143-153，2002。

英文部分

Pennock, J. Roland (1979), Democratic Political Theory, Princeton University Press.

 問題討論

1. 試從歷史發展，說明自由權的理論演變？
2. 何謂人身自由權，試以我國憲法第 8 條規定的內容說明之？
3. 何以人人有權離去任何國家，並有權返回其本國？
4. 何以工作權與財產權也被列為經濟自由之討論？
5. 子女出家是否須獲得父母同意？請就我國孝道文化與宗教自由權利申論之？
6. 學生於課堂上以手機錄影教師上課情形，是否構成侵犯教師的學術自由？
7. 何謂言論自由？「不允許別人表達意見」與「不允許別人不可以不表達意見」，有何不同？孰者較侵犯言論自由？
8. 何謂「個人資料保護法」？近年來詐騙集團慣用個人資料行使詐騙的伎倆，請討論如何防範個人資料外洩？為防止上述事故發生，如何因應之？
9. 校園生活中，哪些行為涉及智慧財產的保護？請討論之。
10. 何以集會結社也是表達意見自由？請說明之。

第十章

經濟、社會、文化權

關鍵字 （Keywords）

財產權（Rights to Property）

社會權（Social Rights）

工作權（Rights to Labour）

公民與政治權（CiviI and Political Rights）

生存權（Right to Life）

　　從人權概念產生以來，隨著世界人權運動的發展，人權內容發生了很大的變化，它已從公民和政治權利擴大到社會生活的各個方面。從人權概念產生以來，隨著世界人權運動的發展，人權內容發生了很大的變化，由公民和政治權利擴大到社會生活的各個方面。1948 年世界人權宣言的通過，第一次確認經濟、社會和文化權利是人權的重要內容；1966 年公民和政治權利國際公約與經濟、社會和文化權利國際公約的通過，再次肯定了人權包含公民和政治權利與經濟、社會和文化權利這兩大類權利。此後的聯合國人權文書更是一再強調這兩大類人權是不可分割和相互依存的整體組成部分，並得到絕大多數國家的承認和接受。

　　我們認為，人權是全面的和相互聯繫的，經濟、社會、文化權利與公民、政治權利是人權體系中兩個不可分割的組成部分。公民權利和政治權利是公民享有人格尊嚴和實現充分人權的基本政治保證。前者是公民享有人格尊嚴和實現充分人權的基本保證。 經濟、社會、文化權利是公民享有公民權利和政治權利的基礎條件。這兩大類權利都屬於人權的基本內容，並受到中國憲法和法律的保護。

　　綜合歸納，經濟、社會、文化權利應包括：職業自由與工作權、男女工作平等、公平之勞動條件、團體協商與行動之權利、勞工於工作中獲得資訊與諮商之權利、獲得職業介紹之權利、不當解僱事件之保護、社會福利與社會救助、家庭與職業生活、兒童權利、童工之禁止與在職青少年之保護、老人權利、殘障者之公平待遇、健康照護、環境保護、消費者保護、文化、宗教與語言多元性……等等。

壹、經濟權

　　1948 年「世界人權宣言」主要包括：一是公民與政治權（Civil and Political Rights），此等權利的內容主要包括：生命權、平等權、自由權、財產權（The Right to Own Property）、隱私權（Privacy）、宗教信仰自由、表現自由、集會結社自由（Feedoms of Assembly and Associatjon）、接受公平審判（the Right to a Fair Trial）及禁止非法逮捕（Prohibitjon of Arbitrary Arrests）、禁止奴役（Prohibition of Slavey）等自由。二是經濟、社會與文化權（Economic, Social and Cultural Rights），此等權利的主要內容有：勞工結社權、職業選擇自由、受教育權、社會福利權（The Right to Social Welfare）及享受休息及參與文化活動的權利（Participation in the Community's Cultural Life）等。

　　1966 年第二十一屆聯合國大會又通過「經濟、社會與文化權利國際公約」，有關人權的規定則有十條，就規範的內容來看，亦較趨於詳盡。其主要規範的內容包括：工作權、良好工作環境、組織工會權、社會保障權、對於母親及兒童的特別保護、健康權、受教權、參與文化生活及享受科學進步及其運用所產生利益的權利等。又在此國際公約之第 1 條開宗明義規定「所有人民都有自由權。他們憑這種權利自由決定他們的政治地位，並自由謀求他們的經濟、社會和文化的發展。」

　　「經濟權」的定義是，自由的個體享有以一種負責任的方式生活與追求利益的權利（顏建發，2006）。其權利內容除了憲法中所規定的「生存權、工作權及財產權」（第 15 條）以及憲法第十三章基本國策第三節國民經濟的相關規定之外，如環境保護、居住、家庭與婦幼之保護、勞動休閒等四項權利，亦屬經濟基本權。

一、財產權

　　財產權（Right to Property）的意義，應該包括兩種涵義：一是指人民對於自己所有之財產，有自由處分、使用、收益之權利，國家或他人均不

得非法侵犯之權利。二是私有財產權制度本身之保障。如我國基本國策有關「節制私人資本」、「土地屬於國民全體」以及「礦產、天然力國有」之規定，是對生產手段之限制（林紀東，1999：250）。

固然憲法應該保障人民財產權，而且承認其財產自由之「絕對性」（蔡志芳，2002：62-80）。但現今對財產權的保障已由「存續保障」發展到「價值保障」的概念，亦即對財產權之保障強調其「社會義務」（李惠宗，2004：107-108）。如威瑪憲法規定「財產負有義務，其利用應同時爲最佳公益服務。」（第153條）我國憲法亦規定「人民之財產權應予保障。」（第15條）惟依憲法第22條之規定，財產權之行使是不得「妨害社會秩序與公共利益」，具有「社會義務性」（林正順等，2006：106）。換言之，國家對於人民的財產權並非完全不可限制。「所有權負有義務」的規定意味所有權之保障已非絕對，因此，得爲公益上目的；徵收時須有法律爲依據或授權；並遵守程序正義之前提，加以限制或剝奪，此乃「所有權社會化」之必然歸結（許志雄，2000：172）。

二、工作權

工作權（Right to Labor）是指人民以主體地位選擇從事職業（營業）活動自由之保障，以及選擇受僱於人之職業自由保障。前者謂之「營業自由」，後者稱爲「職業選擇自由」（許志雄等，2000：174）。另依大法官會議釋字第514號文亦明文指出，所謂工作權亦包括選擇職業自由權及營業自由權。其意義包括積極行使與消極不行使三個層面，亦即：

其一是人民有選擇工作的權利，國家不得強迫之；

其二是人民選擇之工作，政府必須依法保障之；

其三是人民失業之際，政府得協助給予就業之機會，以維持其生存。

經濟活動自由內容，應包括自由選擇職業、就業與失業保障、公平獲取酬勞、安全暨衛生工作條件、平等升遷、基本休假、組織與參加工會等等之權利。我國憲法對於人民之工作權，除第15條有明文規定保障外，憲法第152條：「人民具有工作能力者，國家應予以適當工作機會。」在德

國「威瑪憲法」中表現得淋漓盡致,例如:第 151 條規定「國家經濟制度應保障每個人皆能獲得合乎人類尊嚴之生活」。第 157、159 條:「國家應特別保障勞工之權利」。第 163 條:「國民有獲得工作及失業救濟之權」,這些都是要求國家應有積極作為保障生存權之規定。

再就勞工人權的角度而言,勞工的團結權、協商權及爭議權,通常被稱為是勞工的「勞動三權」。其中「團結權」是指勞工有組織工會的權利;「協商權」是指勞方與資方有交涉薪資與工作條件的權利;「爭議權」則是指勞方與資方發生爭議時,有權採取集體暫時停止工作以爭取必要的權益。相關的法律如:勞動基準法、團體協約法、勞資爭議法、工會法、工廠法、就業服務法、基本工資審議法、勞工退休金條例(2004)等,均是在此基礎上體現對勞工權益的重視。其中「工會法」、「團體協約法」、「勞資爭議法」即所謂的「勞動三法」。

現階段我國相關工作權之法律保障尚稱周全,但就實際的運作經驗而言,在勞資關係中,勞工之工作權實質保障仍居處弱勢地位,常受到不合理的對待,而損及其工作的尊嚴。2005 年發生高捷高雄泰勞暴動事件,曝露外勞政策不但違反我國「就業服務法」的種種規範,同時也違逆了聯合國國際勞工組織多項的外勞人權條款。

三、生存權

生存權(Right to Life)是指人民為維持其生存,有向國家請求獲取必要扶助之權利,而國家亦負有相對之義務,不得置之不理。簡言之,生存權是以保護、幫助在經濟上、社會上是弱者為主要對象,在使人民維持其最基本且合乎人性尊嚴的生活。因此生存權又稱為「請求國家生存照顧的權利」。

生存權保障包括生理上弱勢者的保障及改善國民生活之保障。除了國家不得任意剝奪侵犯人民之生命權,同時人民有請求國家照顧,以維持其生存尊嚴的積極權利。因此生存權應包括:隱私權保護、自我決定權、選擇的自由等。惟隨著科技的發展,生存權的涵義亦得擴大解釋,可包括「人

民有權過著健康之生活環境的環境權」（許慶雄，1999：101-102）。

貳、社會權

　　自十九世紀資本主義蓬勃發展以後，強調自由放任和個人自由，產生勞資對立，貧富不均的現象，於是有保護社會上與經濟上弱勢人群的運動。在法國大革命之「人權宣言」聲明了自由、平等、博愛之價值，即奠定了社會權之基礎。到 1919 年德國威瑪憲法首先將社會權入憲，更列舉了許多社會權的相關規定。而後，在第二次世界大戰之後，社會權概念才逐漸受到普遍的肯定，各國憲法以及重要的國際公約中都有相關社會權內容的規定。

　　然而社會權的定義與內容，在學界也是眾說紛紜。例如：德國的威瑪憲法可說是最早將社會權入憲者，其在第二篇第二章「共同生活」及第五章「經濟生活」，以專章規定國民的受教育權和經濟權（主要是指所有權、勞動權、著作權、發明權、美術權和繼承權等），並明確規定國家為保障此權而應積極作為的要求。葡萄牙之葡萄牙共和國憲法（1982）在第三章第二節也規定「社會方面的權利與義務」，包括社會保障權、健康保護權、住宅權、生活環境權、家庭權，以及父母、未成年人、殘疾人、老年人的權利等。又如日本憲法第 25 條關於「生存權」之規定：「國民，均有營健康而文化之最低限度生活之權利。國家應就一切生活部門，努力提高與增進社會福祉、社會保障及公共衛生。」「教育權」之規定如第 26 條：「國民均有依法律規定，適應其能力而受教育之權利。國民負有依法律規定，使其所保障之子女受普通教育之義務。義務教育免付學費。」第 27 條第 1 項：「國民均有勞動之權利，並負其義務」與第 28 條：「勞動者之團結權、團體交涉及其他團體行動之權利，應受保障」，此則為關於「勞動權」之規定。我國則有學者認為社會權是「基於福祉國家或社會國家理念，為使任何人均可獲得人性尊嚴之生存，而予以保障之所有權利之總稱」（許慶雄，1991）。

　　綜上所述，一般言之，社會權是指公民從社會獲得基本生活條件的權利，主要有兩層涵義，一是公民有依法從社會獲得其基本生活條件的權利；二是在這些條件不具備的情況下，公民有依法向國家要求提供這些生活條件的權利。有關我國憲法對「社會權」的規定，主要內容是指生存照顧、工作及受教育的權利，並使社會上、經濟上的弱勢者，得以享有合乎人性尊嚴的生活。如在第二章「人民之權利義務」中第 15 條之「人民之生存權、工作權及財產權，應予保障。」和第 21 條「人民有受國民教育之權利與義務。」以及憲法增修條文第 10 條第 2 項「經濟及科學技術發展，應與環境及生態保護兼籌並顧。」惟近幾年來隨著社會環境的變遷，社會權的內涵已有擴展，諸如環境權、學習權、和平生存權等，亦包括在廣義的社會權概念與範疇中，我國增修條文第 10 條中之第 5、6、7、8 項中亦均有全民健康保險、身心障礙者就醫、社會救助、福利服務應受國家重視之規定，顯見社會權的觀念已進一步具體落實於憲法中。

　　社會權的保障，主要是要依賴於國家的積極作為，方得以實踐。亦即社會權則是希望透過國家在行政上與立法上的積極作為，來使人民都能過著有人性尊嚴的生活。社會權與自由權之間，因社會權的概念不同於自由權的保障方式，除指人民有權要求國家消極不侵犯人民所享有的自由權之外，並且以作為一個「人」之立場，有權要求國家介入人民的社會生活，為人民創設或積極形成有利於行使自由權利的空間，使人民獲得或維持特定生活之利益（葛克昌，1995：92-102）。顯見社會權與自由權的差別：（許志雄等，2000：182-183；李惠宗，2004：109-111）

1.**權利主體的不同**：自由權的權利主體是全體人民，乃指人民有權消極地排除國家權力的侵害。然而社會權的權利主體則是指具有特定社會屬性或是處於社會弱勢地位的少數人民。例如：勞動者、身心障礙者、貧窮者、少數民族等。

2.**涉及問題的不同**：自由權主要涉及的是作為人的「自由」問題，又被稱為「自由的基本權」，是透過人人醒有自由的形式上平等來達成實質平等。而社會權主要涉及的是「生存」、「死活」的問題，又被稱為「生存的基本權」。亦即社會權，是指國家必須積極介入特別照顧在生存上

有問題的弱勢族群，以保障實質的自由平等。

3.**國家義務不同**：自由權是要求國家處於消極不作爲的地位，因此國家有不干涉、不侵害人民自由權之「不作爲義務」。社會權則要求國家積極「作爲義務」。

4.**救濟的不同**：對於自由權的侵害，人民可以透過司法制度請求救濟或排除侵害。然而社會權受到國家不積極作爲，行政或立法均怠於實踐社會權，則難以透過司法途徑強制行政或立法來實現社會權。

參、文化權

　　各種文化均具有尊嚴和價值，必須予以尊重和保存。每一人民都有發展其文化的權利和義務。文化權應是衡量其他權利及朝向公益社會之核心，但是文化權卻是國際人權規範中較少被理解及發展的（International Human Rights Internship Program, 2000: 329）。「公民文化權」爲所有先進國家追求的目標，是一個重要的觀念，文化權並非只強調權利，也必須盡義務，即公民有權力亦有義務參與文化活動。「公民文化權」的第一層意義是政府如何滿足人民的文化權，即保障每個國民都有接觸文化資源的機會，第二層意義就是民眾必須參與活動，參與藝術創作是人民的權力，也是義務。（陳其南，2004）。

　　文化權之內涵尚未有共同的定論定見，不過可以依國際公約或憲法內容梳理出文化權之實質內涵。首先國際人權條約及宣言已確認文化平等原則，例如：聯合國教科文組織的「國際文化合作原則宣言」第 1 條：「一、各種文化都具有尊嚴和價值，必須予以尊重和保存；二、每一民族都有發展其文化的權利和義務；三、所有文化都是屬於全體人類的共同遺產的一部分，它們的種類繁多，彼此互異，並互爲影響。」而 2000 年「歐洲聯盟基本權利憲章」第 22 條保障文化、宗教與語言多元性：「歐洲聯盟應尊重文化、宗教與語言之多樣性。」1948 年世界人權宣言第 27 條規定：「一、人人有權自由參加社會的文化生活，享受藝術，並分享科學進

步及其產生的福利。二、人人對由於他所創作的任何科學、文學或美術作品而產生的精神的和物質的利益，有享受保護的權利。」1966 年「經濟、社會與文化權利國際公約」及「公民與政治權利國際公約」共同第 1 條規定：「所有人民都有自決權。他們憑這種權利自由決定他們的政治地位，並自由謀求他們的經濟、社會和文化的發展。」

在各國憲法對文化權之規定，例如：葡萄牙憲法第 73 條則明確保障人人有受教育及文化權。雅美尼亞（Armenia）憲法第 36 條規定：「人人有權參與社會之文化生活。」南非憲法第 30 條規定：「人人有權參與其所選擇之文化生活。」（http://www.2003hr.net/article_2.php? article_ssn=2/ visited by 2007/12/3）我國憲法增修條文第 10 條規定：「國家肯定多元文化，並積極維護發展原住民族語言及文化。國家應依民族意願，保障原住民族之地位及政治參與，並對其教育文化、交通水利、衛生醫療、經濟土地及社會福利事業予以保障扶助並促其發展，其辦法另以法律定之。」綜觀之，文化權內涵應包括文化平等權、文化保護權、文化自決權、文化參與權以及弱勢族群文化之特別保障。（http://www.2003hr.net/article_2.php? article_ssn=2/visited by 2007/12/3）

參考資料

中文部分

林紀東，1999，中華民國憲法逐條釋論（一），台北：三民書局。

蔡志芳，2002，新世紀經濟法制之建構與挑戰——論時效取得工用地役關係之國家責任與窮國抗辯，台北：元照出版社。

李惠宗，2004，中華民國憲法概要，台北：元照出版社。

林正順、揚富強、陳龍騰，2006，人權保障與實用法律，高雄：復文出版社。

許志雄、陳銘祥、蔡茂寅、周志宏、蔡宗珍合著，2000，現代憲法論，台

北：元照出版社。

許慶雄，1999，憲法講義，台北：知英文化出版社。

許慶雄，1991，社會權論，台北：眾文。

葛克昌，1995，「國家與社會二元論及其憲法意義」，收錄於謝瑞智著，國家學與國家法，台北：月旦出版社，92-102。

陳其南，2004，邁向一個審美的公民社會，傳統藝術月刊，七月，第四十四期。

英 文部分

International Human Rights Internship Program and Asia Forum for Human Rights and Development, Circle of Rights. Economic, Social, Cultural Rights Activism: A Training Resource (International Human Rights Internship Program, 2000), p. 329.

網 路資料

顏建發，2006，《2006 中國人權觀察報告》發表會摘要：http://www.chinaeweekly.com/viewarticle_gb.aspx? vid=4449

廖福特，人權論述：http://www.2003hr.net/article_2.php? article_ssn=2/visited by 2007/12/3。

http://www.president.gov.tw/2_special/2004constitution/faq15.html/visited by 2007/12/3。

第十一章

參政權

關鍵字（Keywords）

公民資格（Citizenship）　　　　　直接民主（Direct Democracy）

間接民主（Indirect Democracy）　　缺席投票（Absent Vote）

強制性投票（Compulsory Vote）　　複數選區（Multi-menber District）

秘密投票（Secret Vote）

壹、參政權的意涵

　　「參政權」（Right of Political Participation）是指人民基於主動積極的地位參與國家政權行使之權利。不過，此處所論及的參政權是只有具備「公民資格」（Citizenship）方得行使之權利。以我國為例，必須是年滿二十歲，同時無有受禁治產宣告或褫奪公權之消極條件，方具有公民之資格。因此參政權乃雖是一種「主動的權利」，同時也是一種「有條件的權利」（Conditioned Right）。

　　參政權的種類，大致可分成兩類，一種是只要具備公民資格即可享有的參政權如選舉權、罷免權、創制權與複決權（或公民投票）等。另一種則是在此資格之基礎上，須再具備特定之資格與條件方可享有的權利，如應考試之權、服公職之權等。我國憲法第 17 條：「人民有選舉、罷免、創制及複決之權。」第 18 條：「人民有應考試服公職之權。」即是顯示不論屬政權的選舉、罷免、創制、複決，或是屬治權的應考試服公職之權，人民只要具備相關之條件，皆可分別享有之。

　　不過，就民主政治的角度而言，參政權的運作，不論直接的民主（Direct Democracy）抑或間接的民主（Indirect Democracy），大體上可分成兩類：

（一）其一是屬能依據「代議政府」（Representative Government）制度化的管道表現經常性的政治行為，如寫信給政府官員，表示對公共政

策的意見、參加政黨、加入政府工作，尤其是參與候選人的競爭與投票等，顯見其行動蓋有支持性的行為（Suppotive Behavior）與影響性的行為（Influencing Behavior）兩種。

（二）其二則是在體制內以不平常的行為表示對公共問題或政策不同的意見，其中包括靜坐抗議、反戰抗爭（Antiwar Protest）、罷工、示威遊行等，此類行為顯有強烈挑戰與不滿的意義。

貳、民主政治的政治參與

「政治參與」指公民參與各種政治事務，並且以能夠影響政府官員的決策及其行為為目的。但這個經典性定義不能覆蓋「參與」的豐富內涵。政治參與通常以貫徹和影響公共生活中的特定目標為取向，並著重影響政府行為。這種影響可分為直接影響與間接影響兩類：直接影響指的是影響政策的呈現；間接影響指的是影響對政策制定者的篩選。因此，農村和社區選舉是政治參與的一個組成部分。

對於發展中的國家而言，承如學者的研究發現，民主政治畢竟是一很難創造和維持的制度（Not an easy system to create and maintain），例如：政黨政治的條件：堅實的中產階級（Middle Class）、容忍改革排斥極端變遷的國民、一定發展水準的經濟等，事實上就是新興國家無法立即擁有的。換言之，發展中國家參政權的運作，往往會由於「先天不足」與「後天失調」的影響，而使國家社會始終存在一定程度的「不確定感」與「不安定感」。

然所謂的「先天不足」，就是指該國存有許多異質性的政治文化，如政治的命定主義（Political Fatalism）、明哲保身，以不談政治為清高的政治態度等等。而所謂的「後天失調」，則是指人民有暴力的習慣（Habits of Violence）、對地方的忠誠（Loyalty）高於國家、欠缺普遍可被接受的公民程序等等。

因此，依據許多學者的研究顯示，憲政民主中的參政權要適度的發揮

其功效，不但對於下列民主的意義、民主的信仰及民主的政府有一基本的共識，對於國民民主的政治文化尤應積極建立，以利國民參政權的運作。

一、民主的基本信念

（一）信仰每個人存在的價值（A Belief in the Worth of Every Person）。

（二）信仰所有人民的平等性（A Belief in the Equality of All People）。

（三）信仰自由（A Belief in Freedom）。

（四）信仰人民可以被信任在與自身有關的共同福利上，能做最有智慧的決定（Be Trusted to Make Wise Decisions Concerning Their Common Welfare）。

二、民主的政府

（一）所有政府的權力（All Governmental Powers）均來自於人民的同意。

（二）政府所作所為均須依據人民或其選出代表所制定之法律行事。

（三）人民可透過政黨依法（By Lawful Means）控制政府並實踐其政策。

（四）絕大部分成年公民（Adult Citizens）有權投票。

（五）政府主要決策者（The Principal Policy-making Officials）均由選民定期（Regular Intervals）選出。

（六）法律制定（Law-making）及選舉均以多數決票選（Majority Vote）決定。

三、民主的政治文化

（一）國家團結的意識（A Sense of National Unity）。

（二）對他人生命尊嚴（Dignity）及自主性（Autonomy）的尊重。

（三）個人權利的信仰（Belief in Individual Rights）。

（四）信任、寬容與妥協的意願（Trust、Tolerance and Willing to Compromise）。

（五）對民主程序與價值的信守（Commitment to Democratic Procedures and Values）。

（六）具有公共的精神（Public Spirit）。

（七）參與的制度化（Institutionalization of Participation）。

（八）公開性的競爭（Public Contestation）。

（九）相當水準的知識與教育（Literacy and Education）。

（十）民主原則的基本共識（Consensus）。

參、選舉權的運作與保障

「選舉權」（Franchise, Suffrage, The Right to Vote）是具有公民資格者，可以書面或其他方式之意思表示，以選擇國家機關或團體特定人員之權利，各國憲法均有明確的肯定，如巴拉圭憲法第 118 條：「選舉為選民的權利、義務與公共職能。」俄羅斯憲法第 3 條第 2 款規定：「公民投票以及自由選舉，為人民權利最高的直接表達方式。」

選舉為民主政治之必要條件，但民主的選舉為何？卻是其核心的問題。但依據學者的經驗研究顯示，所謂民主的選舉（Democratic Election）通常或至少是必須符合以下諸項指標性的條件（Martin Harrop & William L. Miller, 1987: 5-7）：

一、選舉法規必須在民主的程序中完成，而且有一獨立的司法負責解釋。

二、辦理選務行政必須是誠實、有能力、沒有黨派關係、理性的公平（Reasonably Fair）。

三、在指定的時間能完成定期性的選舉（Regular Election）。

四、選民投票必須是自由、平等及秘密的，投票的結果也必須誠實的被公告。

五、多數決的勝利選擇（Winning Choices），必須被認真的執行。

六、參選時，政黨必須推薦候選人及公共政策，選民亦必須公平的取

得基本的資訊。

　　七、選舉過程，必須在包容性的參與（Inclusive Participation）下進行公開的競爭，而且必須依法限制權力鬥爭的介入。

一、選舉資格

　　我國憲法規定：「中華民國國民年滿二十歲者，有依法選舉之權。除本憲法及法律別有規定者外，年滿二十三歲者，有依法被選舉之權。」（第130 條）公職人員選舉罷免法第 14 條更具體規定：「中華民國國民，年滿二十歲，除受監護宣告尚撤銷外，有選舉權。」第 15 條規定：「在各該選區繼續居住四個月以上者，為各該選舉區之選舉人。」

　　顯見我國之選舉乃為普及選舉（Universal Suffrage），即除國籍、年齡、受監護宣告與被褫奪公權者外，未另設立先天之限制條件。惟依據公職人員選舉罷免法第 34、35 條之規定，亦有些消極資格，是不得登記為候選人的。

二、平等選舉

　　我國憲法第 129 條明白規定：「本憲法所規定之各種選舉，除本憲法別有規定外，以……平等……之方法行之。」顯示我國選舉是以投票效力平等之原則進行，即所謂「結果等值」的「一人一票，一票一等值」。例如：2000 年美國總統大選佛羅里達州重新計票，所以被聯邦法院判決違憲，其中的瑕疵如機器判讀選票上的洞，洞未打穿者不計，選票其他瑕疵誤導選民，甚至變成廢票或誤投，違反票票等值的民主鐵律。故平等的選舉，不僅要考慮投票權行使的平等性與結果是否等值的問題，也要進一步考慮其他足以影響選舉公平競爭的種種因素，包括性別、種族膚色、學歷財產等。依據我國公職人員選舉罷免法原來之規定，參選直轄市長、縣市長及鄉鎮市長者，均須有相當以上之學歷限制，但此項限制已於 2000 年10 月 13 日完成三讀正式取消，不但對於有能力卻沒有學歷者，無異提供了一個有利於參政的機會，更為台灣平等的選舉向前邁開了一大步。

三、秘密投票

「秘密投票」（Secret Vote）是指投票時，只須在選票上表示支持之對象，而無須標記自己之姓名者謂之，故又稱之爲「無記名投票」，最大之優點在使選舉人可眞正在無威脅的顧慮中表達內心深處眞正之自由意志（Free Will）。我國憲法規定是採「無記名投票之方法行之」（憲法第 129條）。不過在威權統治時期，我國許多政黨內部之選舉，仍有採取「公開投票」（Open Vote）的方式進行如舉手（Hand-show）或起立表決，甚或是歡呼式的選舉（Acclamatory Election），相當程度上已違反選舉秘密之原則，處理不愼，甚至也能引發日後更嚴重的政治衝突與危機。

故我國公職人員選舉罷免法第 61 條第 2 款規定：「選舉人圈選後，不得將圈選內容出示他人。」違者將可依同法第 93 條「處二年以下有期徒刑、拘役或新台幣六萬元以下罰金」。至於刺探選舉秘密者，刑法第 148條亦有規定：「於無記名之投票，刺探票載之內容者，處三百元以下罰金。」

菲律賓憲法第 5 條第 2 款規定：「應建立一種確保選票之秘密及神聖的制度，以及讓合格海外菲人缺席投票的辦法。」此處所提之「缺席投票」（Absent Vote），即是不在戶籍所在地亦能透過「通訊投票」（Vote by Post）完成投票的手續，目前國內尚未實施此一制度。

惟值得關切者，近年各國所盛行之投票所外民調，是否有違反秘密投票原則，則仍有許多值得討論的空間。蓋所謂的投票所外民調即是通稱的「出口民調」（Exit Poll），它是一般民調中心在投票所外設置的調查機制，方法是藉由投票者在投下選票步出投票所一定距離後，訪員立刻詢問其投票對象，以便即時掌握選情，並在官方公告正式投票結果前，即向外界公布預測的結果。當然，民調是一種科學方法，應該是禁得起實證的考驗，但若無成熟的民主文化相配合，其準確度往往也會受到一定程度的質疑。如選前接受賄選者，就不容易在出口民調時誠實告知。再者是選舉投票既爲一秘密無記名投票，步出投票所即自我公告，是否有違前項原則，就不無可議之處了。

四、自由投票

　　凡選舉權之行使或不行使，任由選民自行決定，國家不加以干涉者，謂之「自由投票」（Free Vote），否則稱為「強制性投票」（Compulsory Vote）。比利時 1893 年修正憲法第 48 條，即規定選舉為義務，其他如丹麥、瑞士、西班牙、荷蘭、阿根廷、保加利亞、希臘、羅馬尼亞等國，早年亦採用強制性投票。惟世界之趨勢已邁向自由化之方向，故絕大多數國家均尊重選民投票之意願而採自由投票制。

　　不過，在採取自由投票的同時，是否必然會導致投票率偏低的現象，事實上大部分民主國家的平均投票率，情況仍然良好。但假如出現投票率偏低，選民放棄投票權的原因，如政治冷默（Political Alienation）、候選人太差、選舉不公平、政治效能感（Political Efficacy）不足……等因素，均有探索改善的必要與空間，否則持續惡化致使選舉失去意義時，民主政治自將有隨之衰敗的危機。

五、直接選舉

　　所謂「直接選舉」（Direct Election）是指選民透過投票的動作，能直接選出最後之當選人。換言之，直接選舉是在選民與當選人之間，是不存有體制內中介的機制。我國憲法雖規定採直接選舉，但過去相關的條文對監察院長、委員、總統、副總統之選舉，均採間接選舉產生。例如：憲法本文第 27 條：「國民大會之職權……選舉總統、副總統……罷免總統、副總統。」

　　不過，憲法增修條文對總統、副總統之選舉，現已改為直接選舉產生，如第 2 條規定：「總統、副總統由中華民國自由地區全體人民直接選舉之，自中華民國八十五年第九任總統、副總統選舉實施。」。

　　直接選舉與間接選舉雖各有優劣，如直接選舉的優點：1.選民直接投票較容易真正反應民意；2.選舉過程可增強或訓練人民政治參與之智能；3.選民眾多，非法之賄選或威脅較不易發生；4.候選人受制於一人一票，會更關切所有選民民意的動向。直接選舉的缺點：1.當選民民主認知或涵養

不足時，易受威脅利誘；2.選務行政會因選區遼闊而倍增壓力，弊端也不易全面防止。但就民主的理念而言，直接選舉當然較爲理想，但至少當選民民主涵養日趨成熟，選務行政日漸精確與科學化之後，直接民選還是必須具體落實。但目前仍有不少國家某些選舉仍採間接選舉，如法國憲法第 24 條規定：「國民議會議員依直接選舉選出，參議院議員依間接選舉選出。」

六、地域代表制

凡代表之產生是以一特定之省、縣、市區爲選舉單位者，是爲「地域代表制」（Geographic Representation）。但若以職業團體之區分如工會、農會、商會、漁會、教師團體爲選舉單位而產生代表者，是爲「職業代表制」（Professional Representation）。甚者也有族群代表者，以維護弱勢族群的權益。原來我國憲法國民大會代表及立法委員之選舉，原則上是除採取地域代表制及職業代表制外，仍有邊疆族群之代表。但在中華民國增修條文中，除已揚棄職業代表、蒙藏邊疆民族代表，另增加自由地區平地及山地原住民外，尚有全國不分區之名額，以容納各政黨推薦之學者專家或精英之參與。

七、單一選區兩票制

通常所謂「複數選區」（Multi-Menber District）即是每一選區可以選出兩名代表以上者謂之，通常是採取比例代表制的方式產生。另則爲「單一選區」（Single-Member District System, SMD），即一選舉區只能當選一人，換言之，將全國劃分成與當選議員等數之選區，候選人只要在該所屬選區贏得多數，即可宣告當選，故每個政黨通常只推薦一位候選人，以贏得選戰。

單一選區兩票制即屬兼容多數決制與比例代表制之混合選舉制度，是近年來許多民主國家或民主化國家選舉制度改革之重要趨勢。選民一票在區域選舉中選候選人，一票在比例代表制中選政黨，就是兩票制之意。而

此兩票制，我國是採取「並立式兩票制」（Separated Two-Vote System）。

　　所謂單一選區「並立式兩票制」，即「單一選區與政黨比例代表制」，各政黨在區域選舉中的當選席次加上各政黨依其政黨得票率來分配比例代表席次之總額。以國會立委選舉為例，若甲黨在區域立委贏得 25 席，在政黨票部分獲得 40% 的選票，可分得的政黨比例代表席次，為所有不分區立委的席次（34 席）乘以 40%，即得 14 席，甲黨席次為不分區立委 14 席加上區域立委 25 席，合計 39 席。目前採行此制之國家包括日本、韓國、俄羅斯、匈牙利、亞塞拜然、克羅埃西亞、立陶宛、烏克蘭等。此制度的好處在於：1.當選席次之分配較為簡易；2.選民可同時表達其政黨偏好與候選人偏好；3.政黨選票之名單候選人與單一選區之候選人平行競爭，彼此無排擠效應；4.防賄效果較佳；5.無超額當選問題。此制度之缺點包括：1.政黨得席率與得票率易形成落差；2.有利於大黨與既有政黨，較不利於小黨或新興政黨（龔意琇，2002）。

八、選舉訴訟

　　我國憲法第 131 條：「本憲法所規定各種選舉之候選人，一律公開競選。」第 132 條：「選舉應嚴禁威脅利誘。選舉訴訟，由法院審判之。」顯見選舉若有違法情事，如刑法第六章妨害投票所列諸行為——偽造選民名冊、賄選、脅迫、欺詐、計票虛偽等，均得依法究辦。

　　而所謂選舉訴訟，依「公職人員選罷法」第六章之相關規定可提出「選舉無效之訴」，經法院判決確定，可再行全部或局部重行投票。其次就是提出「當選無效之訴」，判決確定即行定期再行投票。不過選舉訴訟案件，我國是委由普通法院管轄處理，不似巴西是交由特別選舉法院處理之。

肆、罷免權的必要與限制

　　所謂罷免權（Right to Recall），是指人民對其所選出之人員，在其任

期屆滿前，以投票之方式決定其去留的權利。就民主的邏輯推理而言，人民既有選舉權，對於不適任者或一再侵害人民權益者，依法採取罷免的方式，不論對政治本身或公共利益而言，均有其優點，至少在制衡的機制上會有其正面的警惕作用。

　　不過罷免權之使用，若沒有理性的規範而至濫用之程度，亦可能導致民選代表無法勇於負責行事，甚至可能在明哲保身中委曲求全。因此罷免權之行使，各國均有不同程度之限制，至少我國的規範是有其具體之措施。

一、時間上的限制

　　當選人是否賢能，事實上並非短時間可能完全表現出來，因此一般國家對於罷免權之行使，通常必須歷經就職法定時間後方可提出。我國國民大會代表、立法委員及其他民選官員之罷免案提出，亦都有時間限制。例如：國民大會代表對於就任未滿十二個月之正副總統，不得提出罷免案（總統副總統選舉罷免法第 8 條）。早期國大代表、立法委員，就職未滿六個月亦不得提出罷免案。民國 95 年修正公布之「公職人員選舉罷免法」則有規定，即「公職人員之罷免……就職未滿一年者，不得罷免。」（第 69 條）但自從民國 94 年修憲後，總統副總統之罷免案，按增修條文第 2 條之規定，已改由立法院提出，即：「總統、副總統之罷免案，須經全體立法委員四分之一之提議，全體立法委員三分之二之同意後提出，並經中華民國自由地區選舉人總額過半數之投票，有效票過半數同意罷免時，即為通過。」

二、提議人與連署人的限制

　　為避免罷免案之輕率提出，提議人與連署人未達一定之數額，仍不得成立。相關規範依據公職人員選舉罷免法第 70 條的規定：「罷免案應附理由書，以被罷免人原選區選舉人為提議人，其人數應為原選舉區選舉人總數百分之二以上。前項罷免案，一案不得為罷免二人以上之提議。」公職人員選舉罷免法第 71 條的規定：「現役軍人、警察或公務人員不得為罷免

案提議人。」

　　同時依據前法第 73 條之規定，選舉委員會收到罷免案提議後，應於十五日內查對其提議人；如合於規定，即通知提議人之領銜人於十日內領取連署人名冊，並於一定期間內徵求連署。前項提議人有不合規定者刪除，並即通知提議人之領銜人於五日內補足。若經查明合於規定後，選委會應為罷免案成立之宣告。若經查明不合於規定且宣告不成立者，原提議人對同一被罷免人，自宣告不成立之日起，一年內不得再為罷免案之提出。至於連署人數之限制，同法第 74 條亦有明確規定：「罷免案之連署人，以被罷免人原選區選舉人為連署人，其人數應為原選舉區選舉人總數百分之十三以上。」

三、罷免案進行之限制

　　罷免提案人，於徵求連署期間，得設立罷免辦事處，置辦事人員。但除徵求連署之必要活動外，不得有罷免或阻止罷免之宣傳活動。罷免案如經否決，對於同一人員，原申請人不得再為罷免之申請，如過去我國總統副總統及監委之罷免。惟現行公職人員選舉罷免法第 85 條則明文規定：「罷免案否決者，在該罷免人之任期內，不得對其再為罷免案之提議。」即欲改變當選人只有待任期屆滿改選時才能處理。

四、罷免通過票數之限制

　　依據公職人員選舉罷免法第 83 條之規定，罷免案投票人數不足原選舉區選舉人總數二分之一以上，或同意罷免票數未超過有效票數二分之一以上者，均為否決（1997 年）換言之，罷免案投票人數必須是原選舉區選舉人 50% 以上，才可稱為有效之投票，且投票結果，有效票數亦必須同意罷免票數高於 50% 以上，罷免案始正式通過。

　　罷免案通過者，被罷免人自解除職務之日起，四年內不得為同一公職人員候選人；其於罷免案成立後辭職者亦同。

　　被罷免人因案去職之後，繼任之方法通常有二：

1. 其一是候補制，即由候補人依次遞補，如我國總統經罷免後，由副總統繼任。
2. 其二是重選制，即罷免通過後，公告之日起三個月內完成選舉，但若有罷免訴訟者在罷免訴訟終了前，不予補選。

伍、公民投票的發展與運作

一、公民投票的意義

　　「公民投票」（Plebiscite）一詞最早出現在羅馬共和時代，它是由拉丁文 "Plebiscitum" 而來，是指由普通之平民（Plebs）直接來議決的意思。學者對於「公民投票」與「複決」（Referendum）也有許多不同的解釋與區分，如有學者認為公民投票是屬非常政治狀態下，人民機動、集體的政治抉擇。而所稱的 "Referendum" 才是常態政治下大眾對於公共議題所進行的投票，或說是選民對於政府的提案、既存的法律或法規提出贊成或反對的意思表示（David Bulter & Austin Ranny, 1994: 1-4; Thomas E. Croin, 1989: 2；張正修，1999：160）。至於一般所稱的創制（Initiative），基本上它是屬「前瞻性」較強的政治參與，即人民可主動依據公意投票議決法律，並交由政府去執行。如此，不但可提醒政府不得輕蔑民意，更可防止國會的「立法怠惰」。

　　由此顯見，不論是 Plebiscite、Referendum 或是 Initiative，均是一種公民投票的形態，只是 Plebiscite 通常是在特殊的狀態（非常態）下運作，是屬非建制性的超越憲法層次如獨立、自決等議題的投票，具有高度的政治性。而 Referendum 及 Initiative 則是在常態下運作，有國家較為制度化的機制（Mechanism），即創制是對人民主動提案所進行的投票，複決則是對一般公共政策或法律所進行的投票，三者各有不同的意涵。

二、世界各國公民投票的趨向

　　西方國家公民投票行之有年，最早可追朔至十八世紀 1780 年美國麻薩諸塞州（Massachusetts）憲法的公投，隨後十九及二十世紀的法國、瑞士、瑞典、丹麥、德國……等均相繼實施。尤其是二十世紀中葉以後，公民投票幾乎已成為各國落實「國民主權」與「直接民主」的指標。公投的次數，更是相當頻繁。依據學者統計，1900 年前至 1993 年，國際間公投的次數就高達 799 次，其中單單瑞士就舉行 414 次（51.8%）（David Bulter & Austin Ranny, 1994: 5）。同時若比較「第一世界」（The First World）與「第三世界」（The Third World）國家每年公投平均次數，有學者統計發現，前者是遠多於後者，例如：1980-1986 年，第一世界是 12.5 次，第三世界則只是其三分之一左右的 4.3 次（John T. Rourke, Richard P. Hiskes & C. E. Zirakzadeh, 1992: 5）。進一步統計，截至目前為止，世界各國已經舉辦過 1,523 次全國性的公民投票，將重大公共政策與法案交由全體人民來做決定，由此可知公民投票是一種普世價值，已經是世界上相當普遍的民主機制（http://www.gov.tw/referendum/pamphlet.htm#05）。

　　但無論如何，第三世界在政治快速「民主化」（Democratization）與「自由化」（ Liberalization）之後，除了為主權領土自治的民族自決（Self-determination）而公投外，跟隨先進民主國家之公民投票，至少有三種趨勢是極其明顯的發展：

1.其一是公民投票逐漸的「制度化」（Institutionalization）與「法治化」，即為確保政局的穩定及社會秩序的維持，公民投票的政治參與勢必透過健全的制度系統來運作，尤其是其制度的正當性（Institutional Legitimacy），更成為重大爭議或政策是否可能解決的關鍵，否則其所引發的政治暴動或社會脫序（Social Disorder）之種種現象，更將成為不可不嚴重關切之政治風險。

2.其二則是公投已成為各國政府與人民主動解決重大爭議事件或政治危機之工具，事實上依據各國採行公民投票的經驗及案件性質來瞭解，除憲法明文之規範外，全國性公投內容大多為政府及人民透過溝通仍無法解

決，且又不願以暴力或武裝衝突來處理之難題。至於對沒有全國性公投的美國而言，各州創制性公投的議題，仍以與政府有關之市政、司法、稅賦、社會福利問題為最大宗。同時，隨著時代之變遷，人民關切之公投議題仍有不同。如早期之焦點為勞工、兒童、婦女人權及賭博、禁酒、娼妓等之道德爭議；1930-1960 年代則偏重社會福利、種族歧視、死刑等等問題；到 1970 年代以後，環保、課稅、建核電廠、資源回收問題之爭議迅速增加。（H. Hahn & S. Kamieniecki, 1987: 2-3）由此顯見，隨著民主多元社會的出現，尤其是人權意識覺醒，以公投來處理問題的模式仍是一無法逆轉之趨勢。2000 年 9 月 24 日法國更舉行總統任期的公投，這是第五共和 1958 年以來第九次的公投，讓法國人民在重大問題上能直接表達決定性的意見。丹麥也在 2000 年 9 月 28 日公投是否加入歐元區，結果政府屈服於選民的決定（53.1%）而對歐盟說不。2000 年美國總統大選，全國各州亦有 200 多項創制性公投，同步在進行。

3. 其三是除了涉及憲法的公投外。公投參與率通常是較低於公職人員選舉之投票率。其主要的原因，乃在於國會民意機關在正常的運作中，平時已能在代議的功能上履行人民所委任的責任。以公投最頻繁的瑞士為例，參與公職人員選舉及公民投票之投票率來比較，前者的平均投票率為65.9%，比後者公投之 50.7%，足足高出 15.2%。同時每年平均投票率也都呈現出公投投票率較低於公職投票率之狀況。

　　惟就世界各國公投結果觀察，有許多國家有共識的公投贊成票，比例仍有超過 80% 者，甚至高於 90%。據學者統計，1900 年至 1993 年，全世界公投同意票比例超過 80% 以上的至少有 34 次，例如：瑞士增加官方語言的公投（1938 年，同意票 91.6%）、匈牙利處理共產黨黨產的公投（1989 年，同意票 95.4%）、立陶宛加入歐盟的公投（2003 年，同意票91.1%）、斯洛伐克加入歐盟的公投（2003 年，同意票 92.5%）等。（http://www.gov.tw/referendum/dispute_explanation.html）

三、公民投票的類別

就各國實行的經驗來觀察，公民投票深受各國相關條件如政治文化、制度化、政治生態⋯⋯等因素的影響，效果及褒貶均不一而足。但就台灣地區不論創制或複決公民投票之實施，由於國內外及兩岸政治生態的特殊，所要顧慮的因素仍多，實不宜草率行事，現僅就相關重要的問題探究如次。

（一）依性質區分公民投票

公民投票雖然是直接民主最適切的表現，但各國由於政治等相關因素的顧慮，仍然將之區分為「諮詢性複決」（Referendum of Consultation）與「批准性複決」（Referendum of Ratification）等兩種的公民投票。由於性質不同運作功能亦有所差異，因此就制度建立的角度而言，均應給予必要思考的空間。

1.以諮詢性複決探究民意

「諮詢性複決」的公民投票，它是指法律或憲法案在未修改或制定前，國會立法機關須事先透過公民投票以徵詢人民之意見，以為是否修改或制定之參考。此種性質的公民投票，雖沒有必然的強制性，至少可以事先清楚民意的主要趨向，亦可避免有「瞎子摸象」的現象發生。同時若公投對象是屬高度「敏感性」或「風險性」的議題，亦可由此諮詢性複決的公民投票而獲得緩衝及理性再討論的時間與空間。

不過，為使公投能健康的凸顯其意義，依據西歐的經驗顯示，應有一嚴謹之配套措施，以防止因受控制而淪為特定機關或個人宰制民意之工具。蓋如學者 Gordon Smith 從功能的觀點所言，公民投票是否能真正發揮人民直接的影響力，主要在於控制於否（郭秋慶，1998：159）換言之，諮詢性公投若變成一所謂「控制／支持霸權」的公投，實為民意政治最大的諷刺與侮辱。

2.關鍵性重大議題採批准性複決

「批准性複決」的公民投票，是指法律或憲法案在未修改或制定後，

國會立法機關仍須透過公民投票以最後確認修改或制定之內容。換言之，缺乏人民公投程序的批准，國會立法機關任何法律或憲法之修改與制定，均視為是無效的。進一步來分析，批准性複決公投最大的特點，就是在彰顯人民主權的重要性及莊嚴性，並非少數「權力精英」（Power Elites）或「專家」就能全盤壟斷或主導，最後終仍須依照「主權在民」的「價值理性」來完成最後最高的確認，以凸顯其「不可讓性」（Inalienability）。因此攸關國家及人民重大規範或命運的事務，採行強制性且深具約束力的批准性公投，事實上也即是一種以「全民總意志」（General Will）來背書及解決爭議的方法，或可說也是人民主權的一種直接負責的體現（Vernon Bogdanor, 1981: 26-27）。

（二）依議題類別實施公投

在既存的法律中，已有明文規定由公民投票來決定國家重大之爭議者，依其議題之範圍與內容概可分為「憲法性公民投票」（Constitutional Referendum）、「立法性公民投票」（Legislative Referendum）、「政策性公民投票」（Policy Referendum）及「高度政治性的公民投票」（Plebiscite）四種。前述法國、日本、奧地利、瑞士憲法之修訂，均須以公民投票為必要之法定程序，即是此憲法性公民投票類型者。而立法性的公民投票，可如 1992 年愛爾蘭所舉行的公民投票，決定墮胎合法案，即是一個例子。其中也包括針對議會未制定的法律，由法定人數公民連署後交付公民投票決定是否制定法律，此又可稱之為「創制公投」（Initiative Referendum）。而所謂政策性的公民投票，就如日本過去曾舉行的是否同意興建核能電廠、是否縮小美軍基地……（蔡秀卿，1998：431-439），基本上皆非關憲法及法律之制定與修改，而係屬動態性或策略性的公共事務，亦有其因地、因時而制宜之特點。最後所謂高度政治性的公民投票，即如領土、主權或獨立的自決性投票，例如：聯合國所主導的東帝汶（E. Timor）獨立之公民投票、加拿大魁北克（Quebec）獨立之公投、澳洲是否脫離英國而從君主立憲改為共和體制之公投等，在在都具有高度的政治敏感性，且與國家之領土、主權有密切之關係。

四、公民投票的運作與限制

（一）準確區分公民投票的層級

　　公民投票的層級，通常是以議題的歸屬來區分。即議題是屬全國性的範圍，是為國家層級，其公民投票自然是以國家主權所在之法定公民來進行公投。例如：憲法性的公投，其所以採「強制」且「批准」性的公投，事實上是因為「制憲」及「修憲」均屬全國性的議題，有其「普遍性」，故該採全國性的公投，以彰顯其政治的正當性。依據公民投票法第 2 條之規定，全國性公民投票適用事項如下：

1.法律之複決。

2.立法原則之創制。

3.重大政策之創制或複決。

4.憲法修正案之複決。

　　至於若議題只是地方性的爭議，則公投只限當地之公民才有資格或權利投票，是屬地方層級之公民投票。以公投法為例，直轄市、縣（市）政府若對於公民投票提案，是否屬地方自治事項有疑義時，就應報請行政院認定。地方性公民投票適用事項如下：

1.地方自治法規之複決。

2.地方自治法規立法原則之創制。

3.地方自治事項重大政策之創制或複決。

　　再如至今尚未有全國性公投之美國，屬地方自治的公投即在各州自行舉辦，特別有爭議的問題，均由自州的選民公投解決，他州選民是不得參與的，故有其「特殊性」。1994 年奧勒岡州（Oregon）公投是否廢除「安樂死法」，結果在 60% 反對的情況下，奧勒岡州即繼續實施該法，他州選民無權參與公投。

（二）尊重公民投票發動之主體性

　　公民投票的發動主體，依據議題性質、重要性、範圍均有所不同。不

過一般說來可分成以下幾種：

1.政府行政部門主動發起

此係由執政者主動對於懸宕未決或不敢貿然推動的政策或法案，以此方式訴諸民意的支持，作爲施政之依據。我國公投法第 16 條有規定，立法院對於重大政策之創制或複決第 2 條第 2 項第 3 款之事項，認爲有進行公民投票之必要者，得附具主文、理由書，經立法院院會通過後，交由中央選舉委員會辦理公民投票。立法院之提案經否決者，自該否決之日起三年內，不得就該事項重行提出。第 16 條又有規定，當國家遭受外力威脅，致國家主權有改變之虞，總統得經行政院院會之決議，就攸關國家安全事項，交付公民投票。顯然我國的公民投票，政府行政部門是可主動發起。不過，依據學者的研究顯示，政府主動發起的公投，有些是在政府有穩操勝算時才舉辦。例如：德國希特勒 1938 年及蘇俄 1939 年分別爲合併奧國、波羅的海三小國所辦理的公投，皆爲當權者始終操控下的公投。當然也有一些公投雖是在政府有限的控制中，結果卻是不利於霸權的決定，充分顯示人民理性的自主（Rational Autonomy）。無論如何，公投假如是在政府有意的掌控下辦理，便容易失去公投在民主上的意義。

2.國會立法部門主動發起

如法國憲法修正案及特定範圍之法律，方法之一可由國會議員主動提出，經國會兩院表決通過後交由公民投票決定。又如西班牙之憲法第 92 條規定，在眾議院授權下可就特別重要之政治決定交由公投來瞭解民意之走向。又如 1793 年法國國民議會所制定之憲法第 10 條亦規定：「法律必須由國會提議，經國民之認可。」亦屬此類之公投。惟就修正主義之民主而言，國會發起之公投，除憲法有硬性規範，應屬特別需要徵詢民意下才提出，因此企圖在全盤掌控民意下舉行，可能性及機會較少。

3.憲法規定者

即憲法已有明文規定某些特定事項如法律、憲法的修正案，最終仍須要完成必要的公民投票方可以決定是否採行。例如：奧地利、西班牙及瑞

士等國的憲法均有此類規定。惟 2005 年我國增修憲法已規範，修憲須交由全民公投決定，原增修憲法規定，國民大會來行使複決立法院的憲法修正案，是有其問題存在。因為國民大會畢竟是間接的代議機關，誠不宜代行有直接民意屬性的創制複決權。

4.人民主動發起

　　即依法規定在一定人數之連署與申請後對法律或政策進行之公民投票。例如：瑞士公民有創制、複決法律的公民投票，對於政府怠忽職守或失職時，人民可以依據自己之意志來創制、複決法律，以確保人民自身之權益。

　　依公民投票法第 9 條至第 17 條及第 27 條的規定，我國提出方式可分為「人民連署」、「立法院提案」、「總統交付」等三種。至於創制權之行使，一般而言，可分為「直接創制」（Directive Initiative）與「間接創制」（Indirect Initiative）兩種，前者是指一般之創制，係由人民在主動積極的地位完成法案之立法通過。後者則是指公民提案後須交由議會投票，如果議會未通過，則交由公民來投票，以為最後之定奪（謝復生，1997：6）。例如：日本所實行的「住民投票制」，以議會制定之條例為請求制定者，一定數額選民連署，以議會受理審議，若遭否決仍由住民投票來決定（蔡秀卿，1998：429）。

（三）公民投票的限制

　　公民投票雖然是「主權在民」及「直接民權」最具體的體現，但基於主客觀因素的影響，公投也不是隨時隨地就可任意舉行。尤其是各國的政治生態頗大，即使實施公投，仍然有其特殊的條件有待考量。

1.理論與經驗的差距

　　就理論與經驗的差距而言，「代議民主」或「精英民主」（Elite Democracy）之所以成為修念，基本上就是因為人民在事實上不可能對任何政策作為直接或親自處理所產生。因此在正常的狀態下，國會或立法民意機關，自然就成為人民的「代言人」，而人民只在「有限授權」下透過「定期改選」於以監督或檢驗。可是依據學者的研究，在以下幾種情況發生時，

人民也才透現眞正的人民主權來處理爭議或種大的問題：
(1) 其一是當政府或民意立法機關不被信任或失去政治正當性的時候；
(2) 其二是當政府或民意立法機關不願或不敢負責的時候；
(3) 其三是當政府或民意立法機關自認爲沒有能力解決問題的時候；
(4) 其四則是當議題重要到只有人民親自解決才有正當性之時。

　　由此顯見，公民投票是採「正常不運作，例外才實施」的原則，且非經常性的政治作爲。例如：台灣核四的爭議，在大法官做出解釋之後，仍然引發行政院與立法院強烈的衝突，即使總統出面協調也易引發其他不公正的聯想，在如此狀況下，若公民投票法或創制複決法業已完成法制化的程序，以公民投票來解決爭端，乃稱是較爲恰當的時機。換言之，代議制民主雖不可能爲公民投票所完全取代，但在特殊的狀況下，它卻不失爲一處理爭議可供選擇的途徑。

2.議題的限制

　　就議題的限制而言，即使實施公投，不論是創制或複決性的公投，依據各國的經驗，議題仍有被限制者，甚者更在憲法中有明白之規範，如：法國憲法第 89 條規定：「共和體制不得爲修憲公投之議題。」義大利憲法第 75 條也規定：「國家財政預算、條約批准同意，均不得舉行公民複決。」

　　其他如美國各州緊急之立法，也多禁止人民複決（謝瑞智，2000：437）。顯見，爲了政府正常的運作或政治安定與秩序之必要，公民投票議題之限制仍有其可能，而此端賴其人民與政府如何取得必要的共識。以台灣地區的公投議題而言，也不是可以毫無限制的，依據公投法的規定，預算、租稅、投資、薪俸及人事事項均不得作爲公民投票之提案。其他如台灣獨立的問題，以及與其有關更改國號、國旗、國歌、領土主權及兩國論入憲的問題，由於有高度政治的敏感度，雖然公投法未明確列入，卻在在都可能引發兩岸陷入戰爭之危險狀態，自然不可不愼（黃錦堂，1999：11）。但委實而言，一次公投若足以造成國家憲政體系明顯而立即性癱瘓之後果，適度的規範實有考慮的必要。

3.連署人與行政區數的限制

　　就連署人或行政區數的限制而言，為防止公投之濫用，各國對連署人或行政區數均有基本之門檻限制，如議員在國會法律案之提出，須經一定人數之連署或附議相同，如瑞士對憲法公投須有十萬選民之連署（憲法第120條），對一般性聯邦法令，如有五萬以上有選舉權公民或八個邦以上之請求（憲法第89條），即可提交公投決定。至於美國各州公投連署人數或者郡數，因州而有所不同，最低如 North Dakoda，連署門檻為前次州長選舉投票總數之 2%，而 Wyoming 則高達 15%，且是須經三分之二郡以上 15% 之連署，有些州如 Maine、Michigan、Oregon、S. Dakota 則只須一定比例之選民連署即可，不限連署之行政區數。當然，其中連署之資料，若有不實或強迫連署等不法情事，有關的公投審議委員會或司法檢調單位，勢必得一併介入查察，以準確保障公投的合法性。

　　依我國公民投票法規定，有關提案、連署人數及程序，分別如下：

（1）提案：全國性公民投票提案人數，應達提案時最近一次總統大選選舉人總數的 5‰ 以上；地方性公民投票提案人數，應達提案時最近一次直轄市、縣（市）長選舉選舉人總數 5‰ 以上。

（2）連署：全國性公民投票連署人數，應達提案時最近一次總統大選選舉人總數的 5% 以上；地方性公民投票連署人數，應達提案時最近一次直轄市、縣（市）長選舉選舉人總數 5%。

4.公民投票時機的限制

　　就公民投票時機的限制而言，即如葡萄牙憲法雖有規定，修憲必經公民投票決定，但若恰逢憲法第116條所稱之警示、緊急或戒嚴狀態，不但不得公投，連憲法修改之提議也被禁止。再如葡萄牙憲法第167條規定：國會通過修正案後，若有兩議院之一院十分之一議員十五天內提出要求，即應立刻提交公民投票認可。顯然國會通過修正案後，未有兩議院之一院十分之一議員十五天內提出要求，公民投票就無時間之迫切性。顯見公投時機之限制，仍包括時限的因素在內。

5.公民投票的效果

　　就投票的效果而言，以我國公民投票法第 30 條規定，公民投票案投票結果，投票人數達投票權人總數二分之一以上，且有效投票數超過二分之一同意者，就是通過。法律、自治條例之複決案，原法律或自治條例於公告之日算至第三日起，失其效力。重大政策之創制案或複決案，應由權責機關爲實現該公民投票案內容之必要處置。但於民國 93 年 3 月 20 日總統交付舉辦有關「強化國防」與「對等談判」公投：「台灣人民堅持台海問題應該和平解決。如果中共不撤除瞄準台灣的飛彈、不放棄對台灣使用武力，你是不是同意政府增加購置反飛彈裝備，強化台灣自我防衛能力？」、「你是不是同意政府與中共展開協商談判，推動建立兩岸和平穩定的互動架構，謀求兩岸的共識與人民的福祉？」結果根據中選會的開票結果顯示：第一題的強化國防公投，結果投票人數只有 745 萬 2,340 人，只達到擁有投票權人數：1,649 萬 7,746 人的 45.17%，至於第二題「對等談判公投」，領票數爲 744 萬 4,148 票，投票率爲 45.12%，雙雙均未及二分之一。根據公民投票法第 30 條第 2 項規定：「投票人數不足前項規定數額或未達有效投票數超過二分之一同意者，均爲否決。」換言之，不論是「投票人數未達門檻」或是「同意票未過有效票半數」，該法均定爲「否決」，但政府對此案仍未正面處理，似以爲只是「諮詢性複決」而已。

　　總而言之，公民投票既不是洪水猛獸，也不是民主政治的萬靈丹（陳隆志，1999：25）。它除必須密切配合我國的政治生態外，也不應該明顯的偏離民主之憲政原理。也許台灣是有其特殊的「準憲政習俗」，但也應有一周延或全方位的思考與研究，方才可能避免種種的弊端與缺點（吳烟村，1999：6-7）。尤其是制度化與公民教育的政治工程，更有待積極且紮實的完成系統的奠基，否則若仍然是挾帶民粹主義式或暴民政治的公投，必然會迫使國家在惡性循環中面臨衰敗或腐化的厄運。1999 年 8 月 30 日東帝汶獨立公投前後血腥暴亂，事實上就是最明顯的例證（陳鴻瑜，1999：28-30）。

陸、應考試與服公職之權

一、應考試權

所謂「應考試權」，是指人民具有某種法定資格，無分男女、宗教、種族、性別、階級、黨派之別，均得參加考試。各國憲法上，甚少明文規定，主要是考試得具有法定資格始能報考，並非人人皆可參與。

我國憲法第 18 條規定：「人民有應考試……之權。」

憲法第 85 條又有規定：「公務人員之選拔，應實行公開競爭之考試制度，並應按省區分別規定名額，分區舉行考試，非經考試及格者，不得任用。」

顯然「公開競爭」之「考試」，乃是其基本標準，同時「考試成績之計算，不得因身分而有特別的規定。」至於按省區分別規定名額，依據目前之政治環境，尤其是大陸未統一之前，實有違公平之原則，故民國 86 年中華民國憲法增修條文第 6 條，已明文規定「停止適用」。

應考試權既非人人無條件可參與者，其所謂的法定資格又爲何呢？依據公務人員考試法（民國 99 年修正公布）第 7 條之規定，仍有消極及積極的限制。

所謂消極的限制，即有下列各款情事之一者不得應考：

1.動員戡亂時期終止後，曾犯內亂外患罪，經判刑確定者，或通緝有案尚未結案。

2.曾服公務有侵占受賄行爲，經判刑確定。

3.褫奪公權尚未復權。

4.受監護或輔助宣告，尚未撤銷。

所謂積極之條件，即年滿十八歲且有應公務人員高等考試、普通考試、初等考試、特種考試、分類分科考試或退除役軍人轉任公務人員考試等相關資格者，皆屬應考之積極條件。如應公務人員高等考試，須具備下列資格之一者：

1.公立或立案之私立大學研究院、所，或經教育部承認之國外大學研究院、所，得有博士學位或經公務人員高等考試二級考試相當類科及格者，得應公務人員高等考試一級考試。

2.公立或立案之私立大學研究院、所，或經教育部承認之國外大學研究院、所，得有碩士學位或經公務人員高等考試三級考試相當類科及格者，得應公務人員高等考試二級考試。

3.公立或立案之私立專科以上學校，或經教育部承認之國外專科以上學校相當系科畢業者，或普通考試相當類科及格者，得應公務人員高等考試三級考試。

　　不過，仍須關注者，即依大法官會議第 429 號之解釋，公務人員高等及普通考試筆試及格後，仍須經訓練期滿及格，始完成考試程序。故訓練既為法定考試程序之一部分，除法令另有規定者外，自不得抵免。同時，民國 88 年 7 月 26 日正式在考試院公務人員保障暨培訓委員會下設置國家文官培訓所，掌理公務人員考試錄取者之相關訓練事項。

二、服公職權

　　所謂服公職之權，即凡具有法定資格之公民，有依法令從事於公職之權利，其範圍不限涉及人民之工作權及平等權，國家也應建立相關制度，用以規範執行公權力及履行國家職責之行為，亦應兼顧對公務人員權益之維護。故公務人員依法取得之官等俸級，非經公務人員懲戒機關依法定程序之審議決定，不得降級或減俸，此乃憲法上服公職權利所受之制度性保障。但公務人員因違法失職依法受懲戒者，是國家對其違法失職行為之制裁，依大法官會議釋字第 433 號解釋，與憲法並無牴觸。

　　至於何謂公職，依據司法院大法官會議釋字第 42 號解釋：「凡各級民意代表，中央與地方機關之公務員，及其他依法令從事於公務者皆為之。」由此可見，服公職之法定資格，除按前項應考試而取得外，亦可由人民依法定程序選出民意代表出任公職。但無論如何，不管是經由考試或選舉產生之公職人員，均須經過公開、公平、合法的「考試競爭」或「競選」程

序，平等取得「法定資格」出任公務員（徐正戎，2000）。但如發生類似政府精簡人事而產生可能失業的窘境，政府就必須給予市安排轉任其他單位，因為畢竟當事人具公務人員資格並仍在公職任內。

　　當然，有服公職之權，並不表示人人在不具備相關條件下就可擔任公職，同時也不表示具備相關之條件，國家就有義務給予公職，只是表示國家不能非法剝奪其任公職之權利而已。憲法第 18 條：「人民有應考試服公職之權。」即是表示只要具備法定資格，人民就有服公職之權利，但並不表示國家一定要給予其所要求之職務。但如考試及格人員因故應分發而未分發者，依據「考試及格人員分發辦法」之規定，仍得由分發機關編列選用名冊，遇缺才依序分發，或送由各機關逕用之。

參考資料

中文部分

陶百川等，2000，最新綜合六法全書，台北：三民書局。

國民大會秘書處資料組，1996，新編世界各國憲法大全，三冊，台北：國民大會秘書處。

曾繁康，1983，比較憲法，台北：三民書局。

管歐，1991，憲法新論，台北：五南圖書出版公司。

葉保強，1991，人權的理念與實踐，香港：天地圖書公司。

董云虎，劉武萍，1991，世界人權約法總覽，成都：四川人民出版社。

劉慶瑞，1982，比較憲法，台北：大中國圖書公司。

游伯欽等，1998，權利自助手冊，台北：月旦出版公司。

管歐，1969，法學緒論，台北：自印。

龍寶麒，1995，邁向廿一世紀的聯合國，台北：三民書局。

徐正戎，2000，「平等擔任公務員原則之理論與實踐」，簡資修、李建良主編，憲法解釋之理論與實務，中央研究院中山社會科學研究所。

許宗力，1999，憲法與法治國行政，台北：元照出版公司。

謝復生，1997，公民投票（創制複決）制度之比較研究，台北：行政院研考會。

柴松林，2000，2000 年台灣地區政治人權指標研究報告，台北：中國人權協會，P.13。

謝復生，1997，公民投票（創制複決）制度比較研究，台北：行政院研究發展考核委員會。

黃錦堂，1999，「現階段公民投票問題」，政策月刊，第四十三期，台北：中國國民黨中央委員會政策研究工作會。

蔡秀卿，1998，「從日本國民投票、住民投票之理論與實踐檢討我國住民投票法制化之課題」，城仲模教授六秩華誕祝壽論文集編輯委員會編，憲法體制與法治行政，台北：三民書局。

游盈隆，1997，「民主鞏固與台灣憲政體制的選擇」，游盈隆主編，民主鞏固與崩潰，台北：月旦出版社。

台南市政府民政局，1998，台南市政府辦理台灣前途、在台南七股外海興建南部國際機場市民投票總報告，台南：台南市政府。

吳煙村，1999，「公投與民主」，政策月刊，第四十三期，台北：中國國民黨中央委員會政策研究工作會。

吳煙村，1994，「公民投票平議」，中山社會科學期刊，第三卷第一期，台北：中山學術與國家發展研究所。

陳鴻瑜，1999，「從東帝汶公民投票論其對台灣的意義」，政策月刊，第五十一期，台北：中國國民黨中央委員會政策研究工作會。

謝瑞智，1999，「公民投票」，政策月刊，第四十三期，台北：中國國民黨中央委員會政策研究工作會。

謝瑞智，2000，憲法新論，台北：正中書局。

謝瑞智，1995，比較憲法，台北：文笙書局。

郭秋慶，1998，「西歐公民投票的執行及其功能之分析」，空大行政學報，第八期，台北：空中大學公共行政系。

林嘉誠，1999，「公民投票的意義與可行之道」，政策月刊，第四十三期，

　　台北：中國民黨中央委員會政策研究工作會。

中眞砂泰輔著，古登美譯，1970，「地方自治團體的創制與罷免－人民的直接請求制度」，憲政思潮，第十期，台北：憲政思潮雜。

朱一鳴，1979，「日本地方自治與本屆地方選舉」，憲政思潮，第四十六期，台北：憲政思潮雜誌。

蔡彥廷，1996，西方國家公民投票之研究－就法制規範與政治裁量類型析論之，淡江大學歐洲研究所碩士論文。

林爇奇，1998，公民投票：社會選擇理論之分析，中山大學政治研究所碩士論文。

張建中，1998，公民投票與議會投票之比較研究－以理性抉擇論分析之，政治大學中山人文社會科學研究所碩士論文。

葉俊榮，1999，「公民投票在台灣的實賤」，陳隆志主編，公民投票與台灣前途，台北：前衛出版社。

陳永芳，1999，公民投票與民主政治之發展，東海大學政治學研究所碩士論文。

張正修，1999，「公民投票法誰是誰非－立法院公民投票法各版本評析」，陳隆志主編，公民投票與台灣前途，台北：前衛出版社。

李明俊，1999，「國際法上的公民投票問題」，陳隆治主編，公民投票與台灣前途，台北：前衛出版社。

江明修，1999，「論公民投票之入憲立法與階段性漸次實行之道」，政策月刊，第四十三期，台北：中國國民黨中央委員會政策研究工作會。

英文部分

Janda, Knneth, J. M. Berry, J. Goldman, 1995, The Challenge of Democracy, Boston: H. Mifflin Company.

Brownlie, Ian (ed.), 1994, Basic Documents on Human Rights, Oxford University Press.

L. Berman, B. A. Murphy & Oliver H. Woshinsky, 1998, Approaching

Democracy, Prentice-Hall.

James Q. Wilson & John J. Dilulio, 1997, American Government: Institutions and Politics ,D. C. Heath and Company.

Zoro, D., 1992, Democracy and Complexity: A Realist Approach, Polity Press.

Blackburn, R., 1993, "The Right to Vote," in Robert Blaclburn (ed.), Rights of Citizenship, Mansell Publishing Company.

Dahl, Robert A., 1986, Democracy, Liberty, and Equality, Norwegian University Press.

Arthur, J., 1992, Democracy: Theory and Practice, California: Wadsworth Publishing Company.

Ranny, A., 1996, Governing: An Introduction to Political Science, New Jersey.

Butler, David & Austin Ranny, 1994, Referendums Around the World, The AEI Press.

Brownlie, Ian (ed.), 1994, Basic Documents on Human Rights, Oxford University Press.

Cronin, Thomas E. (1989), Direct Democracy—The Politics of Initiative, Referendum and Recall, Cambridg e: Harvard University Press.

Bogdanor, Vernon (1981), The People and The Party System—The Referendum and Electoral Reform in British Politics, Cambridge: Cambridge University Press.

Scott, Mainwaring (1992), "Transition to Democracy and Democratic Consolidation: Theoretical and Comparative Issues" S. Mainwaring, G. O'Donnell & J. S. Valenzuela (eds.), Issues in Democratic Consolidation, Indiana: University of Notre Dame Press.

Butler, David & Ranney Austin (1980.), Referendums: A Comparative Study of Practice and Theory, Washington: American Enterprise Institute for Public Policy Research.Kobach,

Kris W. h (1993), The Referendum: Direct Democracy in Switzerland, England: Darrmouth Publishing Limited.

Magleby, David B. (1984), Direct Legislation: Voting on Ballot Proposition in the United States, Baltimore & London: The John Hopkins University.

Farley, Lawrence T. (1986),Plebiscites and Sovereignty—The Crisis of Political Illigitmacy, London: Westview Press.

Cranston, Maurice, 1973, What are Human Rights?, London: The Bodley Head.Feinberg, Joel,

Donnelly, Jack, 1985, The Concept of Human Rights, New York: St. Martin's Press, Lodon: Croom Helm.

Feinberg Joel, 1973, Social Philosophy, New Jersey: Englewood Cliffs.

Benn, Stanley I., 1978, "Human Rights-for Whom and for What?" in E.Kamenka (ed.), Human Rights, London: Edward Arnold Ltd.

He, Baogan, 1997, The Democratic Implications of Civil Society in China, New York: St. Martin's Press, Inc.

Migdal, Joel S., 1988, Strong Societies and Weak States: State-Society Relations and State Capability in the Third World, New Jersey: Princeton University Press.

Donnelly, J., 1993, International Human Rights, Oxford: Westview Press.

Richards, D. A. J., 1993, Conscience and the Constitution, Princeton University Press.

Greenberg, D., et. al. (eds.), Constitutionalism and Democracy: Transitions in the Contemporary World, New York: Oxford University Press.

Harrop,M. & William L. Miller, 1987, Elections and Voters: A Comparative Introduction, London: Macmillan Education.

http://www.npf.org.tw/PUBLICATION/CL/091/CL-B-091-054.htm

Exit Poll

http://en.wikipedia.org/wiki/Exit_poll

http://www.cpbae.nccu.edu.tw/tra/CRND/papers/speech_2.pdf

http://www.gov.tw/referendum/pamphlet.htm#05

http://www.gov.tw/referendum/dispute_explanation.html

問題討論

1. 請說明參政權的意義與種類。
2. 請說明民主政治的政治參與的條件有哪些？
3. 我國憲法與法律所規定選舉權的積極資格與消極資格有哪些？
4. 我國憲法與法律對於選舉的方式有哪些規定？
5. 請論述直接選舉的優點與缺點。
6. 何謂「複數選區」，何謂「單一選區兩票制」，何謂「並立式兩票制」，試比較其優缺點。
7. 依我國法律的規定，罷免案提出的限制有哪些？
8. 罷免案通過後，繼任的方法有哪些途徑？
9. 請問公民投票與創制、複決三者有何差異？
10. 請舉例說明世界各國公民投票發展的趨勢。
11. 請說明公民投票實施的時機。
12. 公民投票的類別有幾種？
13. 公民投票的發動有哪幾種方式，請舉例說明。
14. 公民投票運作的限制有哪些，請簡要說明。
15. 我國公民投票法關於全國性與地方性公投事項的規定為何？
16. 我國應考試權的積極條件與消極條件為何？
17. 我國關於人民服公職權的限制有哪些？

第十二章

人民的義務

關鍵字（Keywords）

義務（Obligation）	納稅義務（Obligation to Pay Tax）
服兵役（Military Service）	替代役（Civilian Substitute Service）
義務教育（Compulsory Education）	所得稅（Income Tax）
比例平等（Proportional Equality）	

壹、義務的概念

　　基於權利與義務相對應關係，所謂「有權利即有義務，無權利即無義務」。亦即權利義務是相輔相成之連帶關係。政府為保障人民權利而存在，人民亦應該盡種種之義務。所以，現代國家之憲法，除了規定保障國民的權利之外，同時亦規定了國民應有的義務。

　　人民之義務，是指人民與國家居於被動的關係，而必須服從國家統治權之支配，而有作為與不作為之義務，倘有違反者亦應受到制裁。

　　然而民主憲政國家，要課人民以義務，必須基於正當理由、合乎民主程序。並以落實人權保障為最終目的，才具備正當性。人民之義務，並非可任國家權利強制人民作為或不作為，要課予人民義務必須符合法律規範。亦即法律未明文規定，或是未有法律授權者，不得課以人民義務。如日本憲法第 30 條：「國民依法律之規定，負有納稅之義務。」我國憲法第 19 至 21 條規定，人民依法有納稅、服兵役、受教育之義務。然而這些義務概念，會因憲政體制的不同而有差異。（表 12-1）

表 12-1　義務概念在不同憲政體制的差異

納稅	• 限制個人經濟自由、財產自由。 • 個人勤勞所得由國家徵收。 • 為君主或統治階級奉獻服務。	• 保障每個國民過著具人性尊嚴的生活（生存權保障），推動社會福利政策。 • 對經濟強勢者，課予較高稅率，以符合實質平等權的規定（取之於社會，用之於社會）。
受教育	• 否認國民思想自由。 • 控制國民思想的手段工具。 • 形塑忠君愛國的順民，以方便統治。	• 在自主獨立體系下，培養對國家事務有其判斷力的主權者（已確立屬權利性質，而非義務）。
兵役	• 限制個人生命及人身自由，並且灌輸為國犧牲、效忠領袖的錯誤觀念，動輒成為國家權力違反國際法（發動戰爭）或國內政爭工具。	• 防衛立憲主義憲法體制。 • 排除強制服兵役概念。 • 盡可能以兵役之外的方式來維護國家安全（發展外交關係、參與國際事務、確立和平生存權的保障）。

資料來源：許慶雄，2000，憲法入門，56 頁。

貳、人民義務之內容

　　義務之內容，各國可能有所差異，但大體而言，以下幾項是任何國家所共同接受者，如人民有效忠國家之義務、人民有遵守法律之義務、人民有維護公共秩序之義務、人民有納稅之義務、人民有捍衛國家之義務等（曾繁康，1983：172-173）。然依據學者的研究調查發現，在 142 個國家的憲法中，所規範的義務及其比例，如表 12-2 所示，仍然有其一定程度的差異。

　　我國憲法明文列舉納稅、服兵役、受國民教育的義務。此三項義務也是在各國憲法中，是規範最高之前三項，第一是服兵役（58.5%），第二是義務教育（51.4%），第三是納稅（40.1%）（享利・馬爾賽文 & 格爾・范

表 12-2　世界各國憲法所規範的義務比例

憲法規範的義務	百分比 %
人民有服從或遵守國家憲法或法律的義務	70.4%　（N=100）
納稅的義務	40.1%　（N=57）
服兵役的義務	58.5%　（N=83）
參與選舉的義務	14.1%　（N=20）
義務教育	51.4%　（N=73）
勞動的義務	33.8%　（N=48）
參加社會國家建設而勞動的義務	19.0%　（N=27）
參加職業組織的義務	2.10%　（N=3）
必須參加工會	0.70%　（N=1）

資料來源：享利‧馬爾賓文 & 格爾‧范德唐著，陳云生譯，1990。

德唐著，陳云生譯，1990）。然而本國憲法所列舉人民三項義務，僅是例示規定，非謂僅此三項義務。

一、納稅的義務

　　國家有保護人民之責任，而各項政務措施的推動，所須經費支出，由人民共同負擔。其中租稅是國家財政的主要來源，經由議會通過，向人民徵收。因而人民應盡納稅的義務（Obligation to Pay Tax），憲法第 19 條規定：「人民有依法律納稅之義務。」所謂「依法律納稅之義務」，依釋字第 367 號解釋案之解釋，是指「人民僅依法律所規定之納稅主體、稅目、稅率、納稅方法及租稅減免等項目，而負繳納義務或享受減免繳納之優惠。舉凡應以法律明定之租稅項目，自不得以命令做不同之規定，否則即違反租稅法律主義。」

　　不過，納稅雖為人民法定的義務，依法課稅及公平的租稅負擔兩項原則，仍為納稅必要的前提。

二、服兵役之義務

　　服兵役的義務（Obligation of Military Service），是指防衛國家生存的義務。至於世界各國服兵役的方式，主要有募兵制及徵兵制兩種，另有採行折衷制者。其中採徵兵制者，仍兼採社會役者如德國、奧地利、瑞典、捷克、義大利、荷蘭、匈牙利、西班牙等國，採募兵制之法國、英國亦有此社會役之配合措施。美國以募兵制為主，但仍接受選役之徵兵制。韓國、中共及中華民國，原則上以徵兵制為主，志願為輔之制度。

　　我國憲法第 20 條：「人民有依法律服兵役之義務。」（1993 年）依法律，是指憲法授權法律規定兵役制度，即指「兵役法」為我國兵役制度之法源。 依據我國兵役法（2000 年）第 1 條之規定：「中華民國男子依法皆有服兵役之義務。」此處，男子即指，年滿十八歲之翌年 1 月 1 日起役，至屆滿四十歲之年 12 月 31 日除役，稱為役齡男子。換言之，其積極條件是為年滿十八歲，經徵兵檢查合格者，即將入營服役一段法定的時間（目前法定的時間為一年十個月）。但凡身心障礙或有痼疾達不堪服役者，免服兵役，稱為免役。同時若有下列情形之一者，禁服兵役，稱為禁役：

1.曾判處五年以上有期徒刑者。
2.執行有期徒刑在監合計滿三年者。
3.經裁定感訓處分者，其感訓處分期間計入前項期間。

　　另則有所謂之補充兵役，即是適合服常備兵役，但因家庭因素，或經行政院核定之國家體育競技代表隊者，或替代役體位未服替代役者，由國防部依軍事需要，以二個月以內之軍事訓練，合格後列管、運用。

　　因為憲法並未明定服兵役的主體，但是依兵役法第 1 條規定，中華民國男子有依法服兵役義務，女子並非兵役義務的主體，是否違反男女平等原則？關於此，乃有大法官會議釋字第 490 號之解釋，「立法者鑑於男女生理上之差異及因此種差異所生之社會生活功能角色之不同，於兵役法第 1 條規定：中華民國男子依法皆有服兵役之義務，係為實踐國家目的及憲法上人民之基本義務而為之規定，原屬立法政策之考量，……男子服兵役之義務，並無違反人性尊嚴亦未動搖憲法價值體系之基礎，且為大多數國

家之法律所明定，更為保護人民，防衛國家之安全所必需，與憲法第 7 條平等原則及第 13 條宗教信仰自由之保障，並無牴觸。」此外防衛國家義務，不應僅限於兵役義務，凡是危及國家生存，人人有責，國民即有不應為的義務。但是對於女子因體力、生理機能不適合兵役，則考慮女子服社會役，以符合兩性權利義務之對等。

　　所謂替代役者，是指役齡男子於需用機關擔任輔助性工作，履行政府公共事務或其他社會服務，故又稱兵役替代役（Substitute Service）或社會役（Civilian Service）（陳新民，2000：2-3）。民國 89 年立法院通過「兵役法」修正案以及「替代役實施條例」，規定替代役的類別包括社會治安類、社會服務類，其役期較常備兵役長四至六個月，但各國社會役期均比一般役期長。

三、受國民教育的義務

　　國民教育是人民充實知識、品德以及厚植國家發展之基礎。因此，各國憲法中大多數會規定人民有受國民教育的義務，如墨西哥憲法第 31 條：「應強迫子女或受監護人進入公私立學校，接受小學及中學教育。」泰國憲法第 56、40 條分別規定：「人民有依法接受教育和訓練之義務」、「依義務教育之法律規定，人民享有初級教育之平等權利。」我國憲法第 21 條：「人民有受國民教育之權利與義務。」依據我國憲法中對國民教育的規定，國民教育既是人民的受益權，也是人民應盡的義務。

　　憲法第 162 條規定，「全國公私立教育文化機關，依法律受國家之監督。」就國民教育權利觀點，學生與教師是教育的主體，其監督是必須立足於保障教育權利的落實，而非國家的監控。因此，本條文所指之「受國家之監督」，應該是行政上的監督，方為合理。總而言之，國民有應盡的義務，並非說是國家可以任意強制人民作為，而應該定位為實現基本人權的義務。亦即在憲法上，要求國民盡義務，必須為保障人權體系的更完整運作，並以更落實人權保障為最終目的，才具備正當性（許慶雄，2000：52）。

參、人民義務之執行

　　人民義務之執行，是指人民納稅、服兵役、受國民教育等「公義務」之執行，公義務之實踐，對國家、社會之影響至深且鉅。因此，人民違反基本義務時，國家得以強制力擔保人民基本義務之履行。為讓人民確實執行其義務，有行政之強制執行、行政之處罰及刑事上之處罰，作為制裁方法。

一、行政強制執行

　　人民不履行法定義務時，得依行政執行法或其他法律規定，強制人民履行，或以罰鍰代執行之方式促使達到與人民已履行義務之同一狀態，此謂之行政上之強制執行。民國 87 年通過「行政執行法」，是行政強制執行的基本法。該法第 2 條規定：「本法所稱行政執行，指公法上金錢給付義務、行為或不行為義務之強制執行及即時強制。」可見其強制執行的種類、處罰：

（一）公法上金錢給付義務之執行

　　乃因義務人依法令或本於法令之行政處分或法院之裁定，負有公法上金錢給付義務，逾期不履行，經主管機關移送者，而由行政執行處就義務人之財產執行者（行政執行法第 11 條）。

（二）行為或不行為義務之強制執行

　　依法令或本於法令之行政處分，負有行為或不行為義務，經於處分書或另以書面限定相當期間履行，逾期仍不履行者，由執行機關依間接強制或直接強制方法執行之。（行政執行法第 27 條）其處罰方式：

1.**直接強制**，包括：（1）扣留、收取交付、解除占有、處置、使用或限制使用動產、不動產；（2）進人、封閉、拆除住宅、建築物或其他處所；（3）收繳、註銷證照；（4）斷絕營業所必須之自來水、電力或其他能

源；（5）其他以實力直接實現與履行義務同一內容狀態之方法。

2.**間接強制**，包括：「代履行」與「科處怠金」：代履行指由第三人代替履行之作為義務而設。代履行的費用，由違反行政義務之人擔負。怠金指依法令或本於法令之行政處分，負有行為義務而不為，其行為不能由他人代為履行者，所處以經濟上的制裁。

二、行政罰

人民不履行其法定之義務時，行政機關得依法律規定予以科罰，以使其履行法定義務。如人民違反社會秩序時，依社會秩序維護法第 63 至 91 條之規定，分別科以妨害安寧秩序、妨害善良風俗、妨害公務及妨害他人身體財產之處罰。又如人民違反財政上納稅者，可依各種稅法之相關規定科處財政罰。又在教育義務上，人民違反受國民教育義務者，可依強迫入學條例第 9 條規定處罰。

三、刑事處罰

人民不履行其法定義務時，對於較嚴重之違反基本義務者，尚得施以刑事處罰之手段。亦即構成刑法或其他行政法律所規定之犯罪行為時，國家得由法院依法科人民刑罰，以迫使其履行法定之兵役或遵守法律之義務。如人民不履行應盡之兵役義務時，得依「妨害兵役治罪條例」，科以各種刑事上之處罰。譬如後備軍人遷居無故不申報，導致召集令無法送達履行兵役義務，大法官釋字第 517 號解釋處以刑罰。又如違反依法納稅之規定，依其構成犯罪要件，有一定之刑事處罰。如稅捐稽徵法第六章罰則規定。

參考資料

中文部分

溫源興，1992，世界各國兵役制度概論，台北：內政部。

陶百川等，2000，最新綜合六法全書，台北：三民書局。

國民大會秘書處資料組，1996，新編世界各國憲法大全，三冊，台北：國民大會秘書處。

享利‧馬爾賽文 & 格爾‧范德唐著，陳云生譯，1990，成文憲法的比較研究，台北：久大 & 桂冠聯合出版。

許慶雄，2000，憲法入門，台北：元照出版公司。

陳新民，2000，社會役制度，台北：揚智出版公司。

曾繁康，1983，比較憲法，台北：三民書局。

李惠宗，2004，中華民國憲法概要－憲法生活的新思維，台北：元照出版社。

問題與討論

1. 實施替代役之利弊得失如何？與他國替代役制度比較之。
2. 討論人民除了納稅、服兵役、受教育等義務之外，應該有哪些義務？
3. 試說明受教育是權利亦是義務的理論基礎何在？
4. 應該以何種態度面對人民之權利義務之行使？

PART 3

權力分立與政府

在政治體系中，行政機關所扮演的角色，往往是：1.國家的首腦（Chief of State）；2.總指揮（Commander-in-Chief）；3.主要政策決定者（Chief Policy-Maker）；4.主要行政事務執行者（Administrator）。行政機關除了必須依法行政之外，亦須兼負政治成敗的責任，尤其在民意的基礎上，如何有效率的統合官僚體系，並逐行政策目標，至少已是現代憲政民主國家行政機關發展的必要條件。

「內閣制政府」（Cabinet Government）通常又稱之為「議會政府」，主要的原因是因為內閣總理通常是國會多數黨領袖出任，而內閣則由其選任的閣員（可兼任國會議員）共同組成。但由於標榜議會主權及議會至上，內閣且須受國會之監督。換言之，內閣成員來自於國會議員，又須對國會負責受其制衡，所謂的「議會政府」自有其意義。

總統制（Presidentialism）是以總統為核心的政府組織型態，他不但是國家實權的行政首長，且獨立於國會之外不受立法權之宰制。除非遭受彈劾或主動請辭，不會因國會的不信任而去職，即不對國會承擔政治責任而直接對人民負責。

雙首長（Two-Head System）或半總統制的政府體系，概括主要條件有三：其一是總統由全民直選產生；其二是總統擁有憲法賦予的「相當權力」；其三則是總理及內閣對國會負責，但其任免由總統依國會之生態變遷來決定。

國家的立法機關普通稱之為國會或議會，英國為 Parliament，美國為 Congress，但主要可區分為一院制與兩院制二種。其中一院制是指民選之議員單獨組成一個行使議會職權者謂之；兩院制則是指由民選、任命或世襲的議員，分別組成兩個團體個別行使議會職權，且當兩院議決一致時方產生效力。

司法機關的基本功能，是在藉司法審判，以維護社會正義（Social Justice）及國家的法律秩序。但若進一步來研析，其具體之功能，亦可分成下列三種：其一是「確定犯罪行為」，其二是解釋法律與司法性之立法，其三是可監督政府執法效能，以提升政府施政能力。

第十三章

權力分立的概念

關鍵字（Keywords）

制衡原則（Check and Balance）　　　水平的權力分立（The Level Separ-

分權（Separation of Powers）　　　ation of Powers）

　　「權力」（Power）在社會科學領域中是政治科學、國際政治學重要的核心概念。本篇探討現代民主憲政制度下之政府論，而權力的概念自然著重在行使之主體，亦即在政府體制內，然而權力之產生、轉變與分化並非一開始就如同今日民主政治所展現之態樣，而是由早期之神權政治轉化成中世紀君主王權政治，再由極端王權轉化成十七世紀之民權政治；至此權力分立觀念才逐步發展成今日之民主政治，因此要瞭解現代民主憲政制度，必須從權力概念與分立理論開始。

壹、權力的概念　　　　　　　　　　　　　

一、權力與政治學

　　「權力」的定義透過不同研究範疇有不同面向之解釋，截至目前為止難有一權威性的定論，在政治學與國際關係研究中，對「權力」只少有四種以上的定義：

（一）「權力」作為個人或國家的追求目標（Power as a Goal）。

（二）「權力」作為影響力（Influences）的度量（Measurement）尺度，即資源的內容與多寡。

（三）「權力」作為政治鬥爭的結果（Results）。

（四）「權力」作為一種宰制（Domination）與被宰制關係的表述。

　　關於上述四種定義，屬於一般性常見的概念界定，由於個別研究者研

究領域各有側重，因此不同的文獻和學者，可能使用不同的定義。再者，
權力作為人類社會的普遍現象，在東西方古代哲學文獻即被廣泛探討。在
柏拉圖、亞里斯多德、馬基維利（Nicolo Machiavelli）、霍布斯（Thomas
Hobbes）、孔子、韓非等人的言論或著作中，都曾直接或間接討論到權
力的要素、正當（Legitimate）或非正當權力的評價、權力的取得與喪失
等倫理與現實問題。例如：柏拉圖認為，哲學性的知識或公民制定的法
律，都可為政治權力的來源。其「理想國」（The Republic）是以哲學家
領導作為至善之最高境界，以德化萬民，無需乎制定法律。其「法律篇」
（The Laws）則認為，由於「哲君」可遇不可求，不如推行法治，使人人
有一客觀準則，道德墮落的社會或許更容易得到再生的機會。孔子在《論
語》曾提出「足食、足兵、民信」三項統治者的權力基礎，即經濟條件、
軍事實力、和政治正當性。韓非則以「勢」的概念定義權力資源，區分了
「天造之勢」（如國土資源等物質性資源）與「人設之勢」（如政體、法
令、統治策略的優劣等非物質性資源）。

二、權力與國力

　　從國家的角度來看權力，就涉及國力的問題。何謂國力，首先，國家
的權力可看作是一種手段、工具，常以資源與交涉能力衡量之，但卻非國
家最終目的；其次，國家的活動必然涉及權力，因為政治活動的本質就是
權力爭取、行使與控制；再次，而一國的經濟條件、軍事條件與政治力量
就是吾人所熟知的有形國力，至於文化影響力與意識型態這就是所謂的無
形國力。因此在此我們已經初步劃分國力為有形國力與無形國力了。

　　然而有形與無形的劃分在概念上並不精確，政治學者約瑟夫・奈伊
（Joseph S. Nye Jr.）將國家權力分為「硬性權力」（Hard Power）與「柔
性權力」（Soft Power）兩種，「硬性權力」在理解上較為容易，它是屬於
一個國家傳統軍事武力、經濟力量與外交強權之談判交涉能力，也就是所
謂的「砲艦外交」（Gun-Boat Diplomacy）；相對於「硬性權力」就是所
謂的「柔性權力」。奈伊特別強調「柔性權力」，認為柔性權力「是一種

懷柔招安、近悅遠服的能力，而不是強壓人低頭，或用錢收買，以達到自身所欲之目的。一國的文化、政治理想及政策為人所喜，柔性力量於焉而生。」因此，「柔性權力」乃是相對於武力的一種力量，是一個國家的價值、意識型態、生活方式等的「吸引力」（Attractiveness）。一個國家透過「硬性權力」所展現的就是「硬性國力」，透過「柔性權力」所展現的就是「柔性國力」。

　　根據奈伊等人的觀點，從柔性國力來檢視美國國力，我們可以發現目前學界仍普遍接受美國擁有相對較強的柔性國力。這一柔性國力表現在美國的自由經濟體制和民主政治制度，以及此一體制所支持的發展創新環境。另外，美國式的、自由放任型資本主義的生活方式，鼓勵個人追求財富與發展，也是各國優秀人才不斷流入美國，幫助美國維持經濟增長、科學領先和軍事優勢的重要原因。從以上敘述我們可以界定柔性權力是一種無形的能力，其可以透過一國文化、意識型態、制度、政治思想、價值觀和政府政策的正當性或道德威信等來形塑他人的偏好，透過設定國際政治方面的議題，使自己的目標變成他人的目標；透過吸引、說服和溝通來感動他人，且能帶來默認或模仿的效果。

三、行使權力之主體

　　權力之主體是指權力行為的發出者，也就是支配力量的擁有者；權力客體是指權力行為的接受者，也是支配力量的作用對象，從這一定義來看，關於行使權力的主體，一般性的看法可以是個人或團體。團體性的權力單位最大的是「國家」（State），合理化其權力行使的理由是主權理論。然而從個人到國家中間，仍存在大小不同的權力單位，包括若干具有跨國力量的組織與團體，如：

（一）官方性的國際組織（如聯合國、北約、東盟、歐盟、大英國協、獨立國協、石油輸出國家組織和已經解體的華沙公約……等）。

（二）跨國企業（如：IBM、微軟、波音、英國石油公司、AT&T 美國電話電報公司、艾克森美孚石油公司、美國通用電力公司（奇異）……等）。

表 13-1　權力與國力分析表

	國力分類	特徵
權力	硬性國力	軍事力量
		正面經濟力量（經濟制裁）
		外交干預力
	柔性國力	正面經濟力（經濟合作）
		意識型態影響力
		文化吸引力
		形塑他人之影響力

（三）國際非政府組織（NGOs，如：國際特赦組織、無國界記者、PES 歐洲社會主義政黨組織、綠色和平……等）。

（四）大型國際媒體（如：CNN、紐約時報、英國廣播公司……等）。

（五）主流宗教團體（如：天主教廷、美國福音教派、全美猶太人協會……等）。

（六）大型國際金融機構、基金（如：摩根大通、匯豐）。

（七）階級、政黨、利益團體、工會。

　　在全球化時代的國際政治中，國際組織與跨國企業的影響力往往較多數中小型國家為大。例如：亞洲金融風暴中，熱錢背後的跨國性對沖基金的力量就比許多東盟國家的中央銀行為大。而蓋達組織的武裝力量和政治影響力，也遠超過某些中小型的中東國家。即使大國也必須畏懼三分。

　　從上述我們可以知道，行使權力的主體從個人到團體，也從個人擴大至國家，更包含了許多中介機構，如國際組織與國際企業，因此權力此一概念可說隨時體現在政治學與國際關係學之中。

貳、權力分立理念的形成

一、國家主權觀之建立

　　從十六世紀開始，近代發展之國家主權理論（Sovereignty）與人民主權理論，皆深刻影響今日民主國家之樣貌，如大家所熟知之分權理論、選舉代議制度、公投理論……等，都是反映國家要有一個至高無上的主權，對內至高無上，對外自由平等。

　　十六世紀首先提倡將主權至上理論的是布丹（Jean Bodin, 1530-1595），他定義國家主權至上論指出：「主權就是高於公民或人民的一種權力，主權本身是不受法律拘束的」。（Sovereignty is the power over citizens and subjects, itself not bound by the laws.）

　　繼布丹之後，主張君王主權最力的則是十七世紀的霍布斯（Thomas Hobbes, 1588-1679）。十七世紀各國君主專制政體大抵奠定，當時歐洲逐漸展開與君主對抗的民權運動，霍布斯所處的時代就是英國民權運動展開而發生內亂的時代，霍布斯的名著《利維坦》（Leviathan, 1651）就是擁護當時君王以對抗國會，竭力宣傳無政府狀態之可怕，藉以證明人民在任何情況之下都不應該反抗政府。對於主權來源問題，霍布斯以「自然狀態」（State of Nature）與「社會契約」（Social Contract）來答覆，他認為所謂「自然狀態」是指在社會形成之前的無政府權威時期或原始政治情境；在自然狀態中，人受到自身情慾的支配，而且相互之間可謂是平等的，但是，「因為沒有令人敬畏的公共權威的存在，人們乃處於一種彼此對立的戰爭狀態（State of War）之中」。自然狀態中不會有工業、文化和貿易等，更可怕的是，因為「持續的擔憂和對死亡的恐懼，人們的生活將是孤獨、窮困、險惡、粗野和短暫的」。所以當人無法忍受自然社會中恐怖殘暴的生活之後，乃覺悟安全最為可貴，而獲得安全的方法，惟有人人互相結約，在他人放棄自然權利的條件之下，自己亦放棄自然權利，而把所有權利讓渡給主權者，使他成為社會中共同的制裁者，由是國家乃得成立。

　　由此可以瞭解主權的概念在布丹以來，經過霍布斯的詮釋可說是已經

完成君主主權理論的建立；自洛克、盧梭（Jean J. Rousseau, 1712-1778）以降，對於主權觀念之修正也逐漸開啓人民主權之時代。

二、近代人民主權理論

對近代人民主權理論有重要影響的有洛克的社會契約論、盧梭的全意志論，茲分述如後。

（一）社會契約論

約翰‧洛克（John Locke, 1632-1704）是英國「經驗主義」（Experiencism）的代表人物，在社會契約理論上做出重要貢獻。他發展出了一套與霍布斯的自然狀態不同的理論，主張政府只有在取得被統治者的同意，並且保障人民擁有生命、自由和財產的自然權利時，其統治才有正當性，而這三種自然權利乃成爲十七世紀政治上的重要基石，同時洛克相信只有在取得被統治者的同意時，社會契約才會成立，如果缺乏了這種同意，那麼人民便有推翻政府的權利。由此可知，洛克的社會契約論與霍布斯的最大不同在於與，他認爲自然權利不可剝奪，縱使是君主亦然，而霍布斯在維護君主主權時，認爲社會契約一旦訂定，權利一經讓渡就無法收回，即使君主剝奪人民權利，人民亦沒有權力推翻政府權利。

（二）全意志論

盧梭生處的時代就是法國大革命前夕，也是法國啓蒙運動（Enlightenment Movement）最盛的時候，因此其學說對於法國大革命亦有重大深遠之影響。在盧梭心目中，主權依舊是至高無上的，與前人不同的是主權者從君主移轉到全體人民之手。人民如何運用主權？盧梭在《社約論》中提出「全意志」（General Will）概念，由全意志來運用主權。所謂的全意志的構成要件有三：第一、人人必須參與討論；第二、討論的對象必須爲全國公共議題；第三、個人發表意見時必須處於公的立場。事實上，依照目前的社會環境來看，我們知道所謂全意志的概念很難實行，然而透過盧梭的

理論，其爲了全意志的施行也認爲民主國家的形式應具備下列四要件方可成立：第一、民主國家必須是一個小國，小國較易產生全意志；第二、民主國家應爲直接民主而非間接民主，間接民主違反全意志的理論；第三、民主國家中不應該有政黨，因爲黨的意志是屬於私的，並不是國家公共事務；第四、宗教應在國家管理之中，盧梭認爲多種宗教容易造成私意志，只有一個宗教則可以加強全意志的產生。因此強調全意志的盧梭也就等於強調人民主權的觀念，爲了便於人民主權的運作，小國、直接民權與去政黨就成了盧梭民主國家理論主張。

三、權力分立概念的提出

　　人民主權思想的發展就是西方早期自由主義思潮的開端，自由主義的思潮一開始是爲了反抗中世紀階級化體制以及君主專制之統治，人民先要求不受國家、君主專制之自由，於是建立國家權力基礎並非來自自然或是超自然力量上面，而是來自人民的意志的理論，因此盧梭的全意志就是確立人民主權之地位。隨著自由而來的就是民主，因爲既然國家主權歸屬人民，人民就要有一個有效的方法來管理政府，讓政府爲人民做有利人民之事情，定期選舉以及代議政治則是有效產生政府與避免長期專政之方法。然而這樣還不夠，爲了避免政府在有限的任期內擴權與侵犯人民權利，導致民主無法展現其功能，孟德斯鳩則提出權力分立的概念，亦即政府權力分權與制衡的原則。

　　孟德斯鳩（Baron de Montesquieu, 1689-1755）是法國思想家，其著作《法意》（*The Spirit of Laws*）與盧梭的《社約論》都是影響法國大革命的重要著作。孟德斯鳩所提出行政、立法、司法三權分立理論，是目前各民主國家憲政的典範，美國聯邦憲法中關於政府行政、立法、司法部門的職權與相關規定更是依據三權分立原則所訂立，足見其影響之大之廣。孟德斯鳩在討論政府與自由的關係時，認爲自由就是法律之內的自由權利，而政府的組織要如何才不會侵犯人民之自由，就是要透過「法治」（Rule by Law），即政府與人民接受法律統治，執政者不可任意行事不得濫權才可

以保障自由；而要避免政府濫權，孟德斯鳩提出「權力分立」原則（Sepa-ration of Powers）與「制衡原則」（Check and Balance）。他說，「長久經驗告訴我們，無論誰掌握了大權都會濫用職權，都會把他的威權施用到極點……若想制止職權濫用，必須使權力來牽制權力。」

　　孟德斯鳩的三權分立與權力制衡的主張，是當時日益強大起來的法國第三等級與封建階級分權的政治要求，他們爭取對立法權和司法權的控制，限制由國王和貴族掌握的行政權。孟德斯鳩提出分權制衡論的初衷是想在法國建立英國式的君主立憲政體。分權制衡理論受到後世很多西方思想家的推崇、繼承與發展。在實踐中更成爲西方國家普遍的政府組織原則，對近代西方政治民主化進程產生了深遠的歷史影響。

參、權力分立的形式

　　在民主憲政實踐的過程中，權力分立逐漸形成了水平的權力分立與垂直的權力分立兩種不同層次的形式。水平的權力分立是指中央政府的權力之分立情形，垂直的權力分立則是指中央與地方的關係而言。

一、水平的權力分立

　　近代民主國家成立的類型，主要是爲防止政府的專擅，而將政府的基本組織依權力分立原則以及相互制衡原則，而分成立法權（Legislation）、行政權（Administration）、司法權（Justice），三者的內涵及相互關係分述如下。

（一）立法權

　　行使立法權的部門稱爲立法機關，各國立法機關的主要功能有：制憲與修憲、制定法律（Statute Making）、選舉功能與財政功能，茲分述如下：

1.制憲與修憲

多數民主制度中，立法部門都有若干制定與修改憲法的權力。世界上的許多國家，其憲法原先是由立法部門草擬，而且每個立法機關都有權可對憲法作程度不一的正式修正，例如：英國與紐西蘭，全國性的立法部門乃是唯一有權修改憲法的機關。

2.制定法律

立法功能專指正式的「法律」，而不是一切的「法」，以我國來說，立法院三讀通過制定之法律其位階上就高於行政機關所自行制定的「法規」與「行政規則」，因此立法機關主要權力即在對於法律案的提出、審議與議決。

3.選舉功能

多數民主國家，其高級行政官員的任命過程當中，立法部門扮演著重要的角色。內閣制民主國家，其首相與內閣官員乃是由國會間接選舉產生。總統制國家，以美國為例，如果總統候選人或是副總統候選人都無法得到選舉人團（Electoral College）的過半數票，則眾議院將應得票數最高的前二或三名總統候選人當中投票選舉一人為總統，而副總統則由參議院選出，雖然自 1842 年以來就未曾有總統與副總統候選人透過此選舉方式產生，但是美國國會仍舊保留此項選舉權。

4.財政功能

「為人民看緊荷包」（Power of the Purse）以及決定租稅與預算分配的性質和數額，乃是每一個現代民主國家立法部門都擁有的基本權力。經立法部門同意的預算，政府方能動支。不過，大多數立法部門只是審查與刪改預算計畫，並不草擬預算。我國立法院每年亦分兩個會期，一個會期就是審查法案，另一個會期則是中央政府總預算之審查。

（二）行政權

行使行政權的部門稱為行政機關，行政部門旨在履行政府種種的任務。

執行行政工作一般區分為政務官與事務官，傳統的說法認為政務官決定與監督政策，而事務官執行政策，只是今日行政事務繁瑣與專門技術複雜性，政策訂定不能僅靠政務官決定，高級事務官勢必提供政策建議。依據行政機關的性質可分為政務機關和事務機關。

1.政務機關

各國政務機關不一，現代政治變遷趨勢之一是行政權擴大，因此透過下述行政首長的各種角色與任務可劃分為：（1）國家元首：總統制國家即是總統，內閣制國家則為總理；（2）政府行政機關最高領導人；（3）外交首長；（4）軍隊統帥；（5）經濟部門首長等。其次，政務官的任務主要有：（1）制定或決定政策：民主國家的執政者有義務訂定各項政策，履行競選承諾，以符合選民期待；（2）監督政策執行：政策制定後由事務官執行，政務官必須監督政策的落實以及相關政策性宣導之解釋性工作；（3）公共關係：政府政策之執行有賴立法部門與人民之支持，因此政務官必須將政府形象與政策執行，有效地與外界溝通以利政策執行。

2.事務機關

事務官的任務可以分為兩大類，視職位不同，任務重心也不同：（1）協助政務官制定政策：此為高級事務官的任務，一般高級事務官在公務體系資歷較深，且有足夠專業性，對於政策之制定較可以明確瞭解可行性與其缺失；（2）執行政策：狹義上的行政執行，針對政策性之工作具體落實與執行之任務。

（三）司法權

行使司法權的部門稱為司法機關。立法機關是過去君主專制時代所沒有的，而處理犯罪、裁決民間權利糾紛的司法機關卻是很早就有的，只是過去司法人員的角色未必是獨立角色。現代國家則都有一個掌理民、刑事訴訟與處理法律仲裁的獨立司法機關。而司法機關主要功能可分為三項：即裁判、新法的創造、司法審查（Judicial Review）。茲分述如下：

1.裁判

　　司法機關最主要的功能乃是定息止紛，透過法律規定與法律程序來解決。司法糾紛的原告與被告任一方或雙方，都有可能是私人、企業、工會、壓力團體、公務員或是政府機關。任何案件在法律上的本質是：原告控告被告在案情內容上的爭議，紛爭的解決惟有透過司法裁判才能達到原告、被告與社會三方最大利益公約數。在我國司法糾紛按其涉及的事實與性質，可分為民事、刑事與行政訴訟三種。

2.創造新法

　　司法機關的主要任務是對訴訟案件依據現存的法律進行裁判，然而隨著時代變遷，法律的更新緩不濟急，因此司法機關必須具備某種限度的創制新法的技術以應付新的情勢。此外，現今社會具有高度複雜性，立法者僅能訂下一些「原則」性法規，在適用法規時，細節性的解釋必須由司法機關為之，此種解釋實質上即構成「新法」。當然司法機關不能任意創制新法，在英美等習慣法制的國家，法院首重判例，如有必要創制新法，也須循判例推演之；若無判例可循，也必須自其他權威性來源中推演合理原則。然而在大陸法系國家，因為裁量重視法典，司法機關創制新法的功能極為有限。

3.司法審查

　　司法審查意指違憲審查，其內涵是法院針對立法與行政機關是否違憲而宣布其作為失效的權力。根據美國法律學者亞伯拉罕（Henry J. Abraham）指出，司法審查權的定義，至少應陳述如下：「司法審查係任何法院擁有終局的權力（Ultimate Power）來宣告：（1）任何法律；（2）任何基於法律的公務行為（Official Action）；（3）任何其他由公務員（Public Official）所為，而被認為與憲法有所牴觸的行為，皆因違憲而無法據以執行（Unenforceable）。

二、垂直的權力分立

　　權力的水平分立有助於遏止權力過於集中於個人或單一政府部門，然而卻無法遏止中央集權，造成地方自治團體或是居民權利的被漠視。為了填補傳統權力分立的缺陷，引申出「垂直的權力分立」（The Vertical Separation of Powers）的觀念，中央與地方之關係應走出傳統之窠臼，而以民主原則與法治國為準據，再建立彼此間的關係。一方面經民主化的要求，使得人民有權參與與自己密切關係之地方事務，並有自我形成與決定之自治權利，另一方面地方自治團體與上級監督機關或自治團體內部，藉由監督與制衡，形成「權力的垂直分立」。

　　就中央與地方之關係，權力的垂直分立有三種形式：

（一）中央集權制

　　所有的權力皆為中央政府所有，地方政府為中央政府之派出機關。以法國為例，地方議會議員之決議尚須經過上級機關的核准，例如：市的概算要經過上級廳的核准，省的概算要經過中央財政部的核准。而行政單位亦在中央控制之下，例如：省長可以對市長做停職一個月之處分，內政部長可以對市長做三個月停職處分，總統則可以免職市長，從行政與議會之控制，則可以瞭解法國之中央集權制。

（二）地方分權制

　　大體上聯邦制國家均採地方分權制。以美國為例，美國聯邦政府與各州政府各有其憲法上保障之權利與賦予之執掌，在各自執掌範疇內所做的決定不受他方干預，所以分權制度並沒有產生縱貫的系統，只是兩級政府互不侵犯各自的職權而已。

（三）均權制度

　　以中華民國為例，均權並不是平均的意思，而只是按事權的性質來決定事權的歸屬，以憲法第 111 條規定「事務有全國一致之性質者屬於中

央，有全省一致之性質者屬於省，有一縣之性質者屬於縣」，即對均權做最好之註解。

　　另就地方自治實施之基本原則，一般而言，係指地方自治的實施及運作，除應恪遵「制度保障」（Institutional Guarantee）的基本理念之外（即憲法要求國家對地方自治之保障，應設定其核心領域，且禁止中央恣意掏空），尚應確立分權原則（Principle of Decentralization）、輔助原則（Principle of Subsidarity）、住民自治原則（Principle of Self-Election）、團體自治原則（Principle of Group-Personality）、制衡原則（Principle of Checks and Balances）、禁止越權原則（Principle of Ultra Vires）等。

參考資料

中文部分

呂亞力，政治學（台北：三民書局，民國 84 年）。

呂亞力，政治學方法論（台北：三民書局，民國 89 年）。

呂亞力、徐精一譯，James C. Charlesworth 著，當代政治分析，（台北：正中書局，民 64 年）。

李聲庭，「美國司法審核制的檢討」，東海學報，第四卷第一期，1962 年。

沈清松，物理之後：形上學的發展（台北市：牛頓出版股份有限公司，民國 76 年）。

周陽山著，監察與民主（台北：監察院出版，民國 95 年）。

林碧炤，國際政治與外交政策（台北：五南圖書出版公司，民國 79 年）。

高德源譯，Jack Donnely 著，現實主義與國際關係（台北：弘智文化，民國 91 年）。

倪達仁譯，Austin Ranny 著，政治學（台北：雙葉書廊，民國 82 年）。

徐百齊譯，盧梭著，社約論（台北：商務出版，民國 92 年）。

桂宏誠，「美國司法審查權之探討」，國政研究報告，中華民國 92 年 8 月 21 日。

袁頌西，當代政治研究，（台北：時英，2003 年）。

國立編譯館編著，西洋政治思想史（台北：正中書局，民國 85 年）。

黃德福主譯，Georg Sorensen 著，民主與民主化（台北：韋伯文化，民國 87 年）。

華力進，政治學（台北：五南圖書出版公司，民國 84 年）。

鄒文海，西洋政治思想史稿（台北：三民書局，民國 83 年）。

鄒文海，政治學（台北：三民書局，民國 82 年）。

英文部分

David G. Smith, "Political Science and Political Theory," America Political Science Review, Vol. LI, No3, September, 1957.

George H. Sabine, A History of Political Theory, (New York: Holt, Rinehart and Winston, 3rd Edition, 1961).

Harold D. Lasswell and Abraham Kaplan, Power and Society, A Framework for Political Inquiry (New Haven, 1965).

Henry J. Abraham, The Judiciary: The Supreme Court in the Government Process (Wm. C. Brown Publishers), 1991.

Jean Bodin, On Sovereignty: Four Chapters from The Six Books of a Commonwealth, trans, Julian H. Franklin (Cambridge: Cambridge University Press, 1992).

Joseph S. Nye, Soft Power: The Means to Success in World Politics (New York: Public Affairs, 2004).

Robert K. Carr, The Supreme Court and Judicial Review (N.Y.: Rinehart & Company Inc.,1942).

Stefano Guzzini, "Structural Power: The Limits of Neo-Realist Analysis," International Organization (Summer 1993).

Thomas Hobbes, Leviathan (New York: Macmillan Publishing Company, 1958).

 問題討論

1. 在政治學中權力的定義主要有哪些？
2. 權力與國家的關係如何，國力可以如何來描述與解釋？
3. 與權力分立理念形成有關的西方思想家有哪些？
4. 權力分立的形式有幾種，請略作描述？
5. 何謂垂直的權力分立，其主要表現的內容為何？

第十四章

政府的型態

關鍵字（Keywords）

政府（Government）　　　　　　政治系統（The Political System）

內閣制（Cabinet）　　　　　　　虛位元首（Titular Head）

總統制（Presidential System）　　雙首長制（Two-Head System）

副署（Countersign）

　　政府是什麼？初民的社會如同愛斯基摩人的政治體系，屬於最簡單的形式，每個愛斯基摩人社群大約百名居民，其間只有酋長與巫師具有特殊的政治上角色。農業社會中的政府型態，主要是傳統父權體制與「民族國家」的一種結合方式。進入工業社會，政府組織出現了層級概念，這些「科層制」（Bureaucracy）具有權威分級、專業分工、明文規定、全職員工、生產工具公有等特徵。當進入現代民主國家之後，政府所負責的部門愈來愈廣，而政府本身也因為因應不同的狀況產生不同的行政措施，例如：中立的政府、掮客型的政府（Broker）。然而當進入全球化網際網路之電子化政府時代，政府的存在依舊在為人民提供永續的服務。現今民眾對於公共事務的參與漸趨熱絡，面對民眾期盼舊有體制改革與創新效能之需求，政府不再是傳統威權式要求人民納稅盡義務的政府，而是當「社會能力」（Social Capacity）與「社會自主性」（Social Autonomy）相對強大時，政府作為服務人民的職能，得重新調整其角色與功能。

壹、政府的意義

一、政府的涵義

　　「政府」一詞的意義，有時指涉一個特定的人群的集合體，有時指涉一些特定的機關，在特定社會和特定的時間下，執行某些功能。美國政治

學者大衛·伊士頓（David Easton）認為，政府乃是指一組建制與一群人員，這組建制與這群人員配合起來，執行的任務係為社會做「權威性價值分配」。所謂「權威性價值分配」，是指政府擁有的權力被用來履行其主要之功能，而這些功能統稱對社會之價值分配，故不論是法律之規範，或是非法律範疇，只要是具有價值性的都包含。

　　政府擁有權力，權力被用來做社會價值的分配，這裡就產生權力運作上之問題，倘若政府權力不足，就無法適當的履行某些功能，例如：管制與服務功能；然而若是政府權力過大，將導致濫用權力或是誤用權力。因此憲政的政府是以制度上之設計來規範權力運作，政府濫權的可能性比較小，而非憲政的政府，政府運作缺乏權力分立與制衡機制，政府就可能因領袖個人或是機關集權而濫權。一般討論憲政政府對於政府權力之限制可分為兩方面，一方面是人權條款所加的限制，即政府不得侵犯人民的一些基本權利，如個人自由權；另外一些領域，政府不得不採取行動，對政府決策者加以約束，就像對於國家教育經費之比例下限之限制。第二方面的政府權力限制，往往透過權力分立與制衡原則蘊涵於政府建制當中，以避免政府濫權與擴權。

　　一個國家中當然不可能只有政府的存在，除了政府尚有許多社會組織，政府與其他社會組織的差異如下：

（一）廣泛的權威

　　政府所制定的規則，廣泛的適用於每一個人，且政府決策有拘束力與強迫性之命令。

（二）非自願性成員

　　不論採用「屬人主義」或「屬地主義」，大部分的人從一出生就自然成為該國國民，在無法自我做決定時就已臣服於該國的法律。

（三）權威性規則

　　政府制定的法規是具有權威性的，這些規則一般都被認定為比其他社

會組織更具有成員的約束力。

　　在瞭解政府的定義與其跟其他社會組織之差異後，吾人須說明的是，在憲政政府的類型中，各國政府體制在功能履行上都可分為行政、立法與司法之功能，然而按照行政與立法的關係區分，則政府體制可分為總統制、內閣制與行政權雙首長制，有關立憲政府類型的這一部分，我們會在下面作一詳細說明。

二、政府之功能

　　政府透過行政、立法與司法機關建置，可以將人民之意見彙整並且制定成為政策予以施行。因此關於政府之功能，可分為行政、立法、司法、利益表達與利益匯集等。

（一）行政功能

　　政府主要的行政功能是政策的制定與執行，同時行政組織官僚化發展也成為現代政府組織之趨勢。德國社會學家韋伯（Marx Weber）認為近代文明的核心概念是理性化，「理性化」促使社會的各類組織的「官僚型態」（Bureaucracy）之出現與發展。現代民主國家之行政部門便屬於官僚體制，也稱作「科層制」，此種行政組織與行為是最適於行使法制型權威的組織形式。科層制被視為是職位（Positions）的組織而非人的組織，科層組織所涵蓋的職位，其權力和職務都已明確規範，其活動乃以書面記錄並保留存檔，其職位之間的安置是層級性的。職位是以才幹為基礎，透過學位文憑、考試或專業資格等標準評定充任的。

（二）立法功能

　　代議政府是民主政治中重要的一環，代議士是人民代表，代議士代表人民表達意見，影響政府之政策。代議政府之精神有四項原則：（1）政治上的掌權者接受定期改選的挑戰；（2）掌權者的決策相對於選民期望，多

少仍然保持著自主性；（3）受治者可以自由表明各種意?和政治期望，不必擔心受到掌權者的控制；（4）各項政府決策始終受制於輿?公議的裁判。實際上，立法機關在民主政府中一直扮演重要角色，因為立法機關仍然具有憲定之制定法律的正式權力與功能，行政部門想要通過的政策及預算，仍須立法機關同意。

（三）司法功能

　　民主政治亦是法治政治，所謂「法治」具有兩種意義：第一，法治是與人治相對的。在法治國家政府權力的行使，必須根據法律，即依法行政，並在法律規定的限度內以法定程序為之；在人治國家，一位或數位執政者或其代理人的意志構成政府權力的基礎。第二，所謂法治是指社會的政治關係必定是由法律（尤其是指憲法）釐定的，因此有規可循，關係的各方對另外一方或數方的行為可以正確的預期，因此權利與義務才能落實，此一關係的維護，則依賴公正而獨立的司法機關的存在。

（四）利益表達

　　「利益表達」意指政治利益團體形成和表現其需求的過程，並且傳達這些需求給政府權威當局。現代民主國家所遇到的利益表達方式有遊說、宣傳、抗議、大眾傳播、民意測驗、競選活動……等。而政府在面對不同利益團體之意見表達時，必須協助他們完成願望以滿足人民之需求，如果政府不能解決最緊迫與最廣泛為人民所支持之意見時，則政府就會面對被其忽視的利益團體之憤怒、疏離甚至背叛之情勢，最終導致政治系統之不穩定。

（五）利益匯集

　　需求只有在以某些方式「被匯集」的情況下，政府方能適切的處理這些需求。「利益匯集」意指將不同利益團體的需求被整合成公共政策的過程，所以匯集的過程包括了修正與組合一些需求，使其不至於相互抵銷並盡可能滿足各個利益團體之需求。同時許多利益匯集是發生在正式的政府

部門外，比如說人與人之討論，以及壓力團體與政黨之內和之間的談判與
諮商。

貳、內閣制政府

一、內閣制之特徵

英國是議會內閣制（Cabinet）之代表，以內閣總理為首與其他國務大
臣所組成之內閣擁有實際行政權，國家元首不過是形式上擁有虛位，其所
公布之法律，或發布之命令均須內閣之「副署」（Countersign）始能生效，
因此國家元首並不負責實際政治責任，所有國家政策與行為都由內閣直接
對國會負責，通常內閣總理與國務大臣是兼任國會議員，也是由多數黨領
袖擔任，而不論內閣閣員是否兼有議員資格，都應出席國會接受質詢，並
可發言參與討論，如兼有議員資格，並可參與表決，因此行政與立法權是
緊密結合在一起，並保持兩者間之調和為目的。茲歸納內閣制之特徵如下：

（一）內閣總理與閣員原則上由議員擔任

在閣員兼任國會議員的制度下，領導立法與領導行政是同一組人，對
領導人而言是不分權的，但立法機關與行政機關在組織上是明確分立。英
國首相居行政首長的地位，按照慣例，首相的產生是經由大選中獲得下議
院多數席次之政黨領袖所擔任，但形式上還是由君主所指定的，首相必須
是議員，且自 1902 年以來，首相由下議院議員擔任已成慣例。

（二）虛位元首制度

英國國王是虛位制，為國家主權統一象徵，其任命首相及閣員均無自
由，須依照一定方式為之，例如：英王任命多數黨黨魁為首相，並由首相
組閣。再者，內閣總辭或提請解散國會時，英王不得拒絕，自然英王也沒
有政策決定權。這裡所提的虛位元首制度，並非所有內閣制國家皆然，然

目前仍保有王位設置的一些內閣制國家，大都採行虛位元首（Titular Head）制。

（三）責任內閣

內閣對國會集體負責，內閣能否在位以能否獲得國會多數議員支持爲準，內閣所爲均應向國會報告，由國會評斷其功過以示負責。此外，閣員由閣揆提請元首任命，內閣無一定任期。這裡所指的「集體負責」，即全體閣員同進退之意，屬於一種政治責任。原則上在內閣會議各個閣員可以有不同意見，但一旦向國會以法案形式提出後，閣員均須在辯論或表決上予以支持，如有閣員不願負此政治責任，則應個別辭職。

（四）內閣與國會可相互對抗

即國會可以提出不信任案，內閣可以解散國會。當內閣與國會在重大政策上產生歧見無法解決時，國會可以提出對內閣之不信任案，此時內閣可以選擇總辭，由能獲得國會支持的人重新組閣；或是選擇第二條路就是訴諸民意，重新舉行國會選舉，當國會改選結果如內閣獲得國會多數支持，即可繼續執政；如改選結果內閣爲新國會所反對，則必須總辭且不能再度解散新國會。另外，上述內閣與國會所遭遇重大衝突的情況一般可以歸類爲：（1）國會否決內閣所提重大法案或預算案；（2）國會通過內閣所不能接受之重大法案；（3）國會否決內閣所提之信任案；（4）國會通過對內閣之不信任案。

二、內閣制之優點

（一）行政與立法相互結合，使法律平易可行

因爲內閣成員常是國會議員，閣員即得出席議會提出施政報告，參與立法活動，使政府的政策能順利完成立法手續，付諸實施。尤其近代的內閣制，多有秘書處的設立，事先安排議事日程，編列各種參考資料，在開會前送達有關閣員，閣員有意見或有對事實不明瞭者，亦可徵詢內部常任

文官，開會時不至徒手空談，因此內閣會議乃成為草擬法案最合適之處。

（二）能充分實現民意政治

內閣直接對議會負責，間接對選民負責，如內閣不得議會之信任，議會得以不信任投票，迫使內閣辭職，而內閣亦得以解散議會，訴之選民以最後之審判。在這樣的機制設計之下，無法獨行其是，惟有合作才可得他人尊重，發揮民主精神。

（三）內閣制較能適應環境

內閣無一定任期，在平時政績卓越的首相或總理，至國家非常時期，其表現不一定同樣卓越。又善任經濟成長期之經濟部長，至經濟蕭條時，亦不一定能克服困難。此時當可針對時代需要，選任適當人選，隨時更易內閣，這與固定任期的總統制國家相比，較有彈性。

整體來說，內閣制下的勝利者不是集中在單獨的一個人身上，而是由多數的當選者共同享有。固然，在內閣制下，只有贏得多數議席的黨派才可能組成政府掌握實權，但執政黨的勝利本身就是一批人的勝利，而非僅僅一個人的勝利。更何況，有了政府的有效運作，多數黨還常常需要和少數黨建立某種聯盟。因而對少數派議員來說，首先他們會把當選視為一種勝利，其次他們又會對在國會中發揮較大的作用寄予更多的期望。這就會減緩競爭中的尖銳性，並使其結果更加公平。

再者，由在國會取得過半數的政黨來組成內閣，行政與立法的互動良好，政策一致性高，有利政治穩定以及政治效率。而即使沒有任何一個政黨在國會選舉中過半，也還是可以透過聯合政府的方式，來解決少數政府的問題。加上閣揆或內閣閣員多由連任多年的資深議員出任，政治資歷與行政經驗都相對較為豐富，比較不會產生新手上路，跌跌撞撞的情況。

此外，在選舉方面，一次的國會議員大選，就決定了內閣總理或首相的人選以及執政黨的歸屬。因此選舉比較少，制度也比較單純。在內閣制的選舉中，成本既低，效果通常也更好，而且因為選區小，選民對競選者

的瞭解也可望更深入一些。議員是分區直選產生，因而較易進行，反之總統制裡的總統須由全國直選，因而選舉的成本更高。國家愈大，選舉的難易程度、成本高低的問題就愈明顯。

三、內閣制之缺點

（一）破壞分權原則

因內閣閣員由議員兼任，所以內閣事實上成為議會之行政委員會，使行政立法之分權原則，徒成具文。此外，國會選舉獲勝的政黨便是內閣總理，執政黨支配國會多數，使得少數在野黨難以制衡，監督效用不大。因為多數黨控制國會，同時也組成內閣、控制政府，行政與立法合一，而有可能發生多數黨控制的內閣獨裁濫權的情形。

（二）內閣與議會之相互對抗，有時難以調節

內閣之解散權與議會之不信任投票權，雖可發揮相互抗衡之作用，但如未能適當調節，如解散議會權有縮水現象，或對政府之不信任投票權被限制時，均使真正之議會內閣制喪失功能。前者將使議會自我膨脹，內閣將變得軟弱無能。反之，不信任投票受到限制時，則將形成強勢內閣。此種情形，將因政黨構造，多黨制或兩黨制，以及黨員遵守黨內紀律之程度而有不同之結果。

（三）內閣制較適合兩黨制

在政黨政治下，議會議員常是政黨黨員，如議會之內，只有兩個政黨，則一黨執政，一黨在野，最能發揮政黨政治之長處。惟在近代社會，因思想理念與利害之不一，常形成各種黨派階級，確難造成兩大政黨。倘議會之內，小黨林立，則內閣只能成立於數黨妥協之下，往往因政見與利害之不同，翻雲覆雨，致內閣時遭更迭，使政局動盪不定。如法國在第三共和及第四共和，就是典型的短命內閣。

參、總統制政府

一、總統制之特徵

所謂的「總統制」（Presidential System），一般均以美國三權分立的憲政模式為代表。此種制度迥異於英國以「國會至上」（Supremacy of Parliamentary）為特色的內閣制。它強調的是行政機關與立法機關分立，由總統任命及直接掌控內閣成員，負責行政部門的決策與監督。總統由民選（間接選舉或直接選舉）產生，任期固定，身兼行政大權，除非遭受彈劾或主動請辭，不因國會不信任而去職。在此一制度之下，行政、司法、立法三權之間，各有清晰執掌，彼此制衡。行政權與立法權相互獨立，不相統屬。茲歸納總統制特徵如下：

（一）總統大權獨攬，亦負全部政治責任

總統係國家元首，兼任行政首長，對人民負責，而且大權在握，既係國家主權象徵，亦負責實際政治成敗責任。但因任期固定，除任期屆滿不再當選連任外，一般而言，民意無法迫其提前去職；雖然有些國家設有罷免機制，但通常不易實施。此外，總統制下各部會之首長為總統之幕僚，內閣會議只供總統參考，閣員僅對總統負責，亦不得兼任國會議員。一般而言，總統有充分權力任命閣員，閣員雖不對國會負責，但其任命在有些國家則須經由國會的同意，此與內閣制下，閣員集體負責，決策由內閣會議共同決議，其功過亦同擔不同。

（二）行政與立法相互牽制

在總統制下，行政、立法、司法等權各自獨立，以保持相互制衡作用；例如：法律由議會制定，行政部門負責執行，故國會的立法權對總統的行政權也頗能發生作用以牽制行政機關。國會可透過人事同意權和條約批准權來監督總統，也可透過法案議決和預算審核來牽制總統。同樣的，總統對於經議會通過移請總統署名公布之法律案，得於未公布前，將原案及反

對理由退回議會覆議，此即所謂總統之否決權（Veto），雖然總統無權解散國會，但可否決國會所提法案，國會除非以特別多數（通常係三分之二）再行通過，否則無法推翻總統的否決。

二、總統制之優點

（一）嚴守三權分立

採用分權制衡之原則，防止權力被濫用。茲將美國行政、立法與司法間的權力制衡關係分述如下：

1.立法對行政

（1）總統各機關組織設置及經費，須經國會同意。

（2）國會有人事任命同意權，總統任命大使、特使、最高法官及重要官吏等，須經國會同意。

（3）國會具有條約批准權。

（4）美國總統有軍事權，但宣戰權在美國國會。

2.行政對立法

（1）覆議權。

（2）針對人事同意權，美國總統可採「休會任命」（Recess Appointment）。

（3）對抗條約批准權：

　　A. 行政協定（Executive Agreement）：總統與他國元首所定之協定，其具有條約之效能，卻可規避國會之杯葛。

　　B. 兩院聯合決議（Joint Resolution）：美國總統締約只須參、眾兩院全部人數總和一半以上同意即可。

　　C. 總統常利用軍事權，造成戰爭狀態，迫使國會宣戰，為了避免總統用兵過度，戰爭頻繁，並有用兵不得超過某一時間之限制。

3.司法對行政、立法

（1）大法官由總統提名，經國會同意任命後，各級法院組織之設立由國

會為之。

（2）行政立法受制於司法，即「司法審查」。

（二）事權集中，責任分明

總統為國家元首，行政的職權與責任，均集中於總統，一切政策均由總統決定，議會不得對總統行使不信任投票，迫其辭職，因而政局穩定，可以貫徹其政策，不至於敷衍議會能事而減低政府的功能。

三、總統制之缺點

（一）容易造成無能政府或獨裁專制無法監督

總統制在實際的實踐經驗上，往往不是出現強權總統，威脅到憲政民主的成長；就是因國會掣肘，造成「跛腳總統」，形成政府效能不彰的現象，因此除了總統制的創始國美國外，其實際實踐經驗多不成功。在拉丁美洲國家中，僅有中美的哥斯大黎加一國表現較佳，其他均不理想。目前除了拉丁美洲國家外，實施總統制的國家還包括菲律賓、南韓及部分亞、非國家。一般學界多認為，總統制比較不利於民主體制的鞏固與發展。因為如果總統個人威望甚隆，又得到國會同黨議員的全力支持，則其權力極大，甚至使制衡機制無法落實運作，造成獨裁局面，進而壓抑反對力量，形成民主的倒退。這在許多拉丁美洲國家尤為常見之現象。然而相反的，如果執政政績不佳，則易造成選民寄望的幻滅，甚至引發政治動盪或軍人干政。

（二）行政與立法不能協調時，亦使政治陷入僵局

就總統與國會任期固定而言，因為總統制之下，總統與國會任期皆為固定，因此當總統與國會多數不同黨，而對重要政策的看法有重大歧異時，彼此並無不信任制度來化解僵局，而必須靠總統以「遊說」國會反對力量的方式，來推動其所主張的政策或法案。在一般長達四年以上的總統任期中，行政、立法部門隨時都可能出現因為權力分立而互相制衡的僵局。雖

然孟德斯鳩的三權分立理論，主張行政、立法、司法部門終究會因考量國家利益、人民福祉而彼此既制衡又合作，但從世界各國總統制實施的情形來看，此一想法難以實現。

整體而言，總統制最大的問題在制度上呈現責任不清、僵硬性、民意衝突的弊病，違反民主政治的原則，可能形成極端脆弱的政體。施行總統制的國家，其總統不是因能力不足而遭遇政變，就是濫權、過度強勢而形成獨裁統治。總統制的脆弱亦可從拉丁美洲國家的修憲頻繁得到佐證。因此，總統制確實是不易推行的憲政制度。

肆、雙首長制

一、雙首長制之特徵

「雙首長制」（Two-Head System），或稱為「半總統制」（Semi-presidential System）或「行政權雙軌制」，是以法國的憲政制度為代表。嚴格的說，「雙首長制」並非 1958 年法國第五共和以來的常制，它是 1986 年以後才出現的。1986 年起至今，出現了三次「左右共治」（Cohabitation），呈現明朗的總統與總理分享行政權的局面，是名副其實的「雙首長制」。在使用上，「雙首長制」不如「左右共治」之普遍而重要。「雙首長制」似與「左右共治」有密切關聯；「左右共治」原是法國政府體制的「變體」，不是常態，但出現三次的「左右共治」政局，已成為憲法慣例。

根據法國第五共和的經驗，透過政黨政治運作的結果，當總統與國民議會多數黨同黨時，制度偏向總統制，總理行政權受制於總統。換言之，政黨必須同時掌握總統與國會多數席次，取得「二元正當性」（Dual Legitimacy）基礎，總統才得以具有實權；不同黨時，則總統根據憲法擁有國防外交專屬權，制度換軌為雙首長制，而非一般所認為的內閣制。當政府體制屬於總統制時，行政權呈現一元化現象；屬於雙首長制時，行政權則

呈現二元化現象。法國第五共和憲法關於總統、總理與政府關係之規定，仍有不明確甚至相互衝突之處，惟三次「左右共治」的出現，則證明法國政府體制中存在的換軌機制，仍能有效運作。另外根據朱雲漢教授的看法，法國之所以能順利換軌，有四個機制：一、國會有倒閣權；二、行政立法互動主角是總理與國會，總統無直接角色；三、所有行政機關皆屬於總理府；四、總理對總統行文有廣泛副署權。茲說明雙首長制特徵如下：

（一）總統和總理，分掌實權

總統主導國家安全、國防外交等重大政策；總理則負責內政、文教、經濟、社會福利等一般行政，茲分述如下：

1.總統權力

按法國總統具有行政上實質的權力，除經由選民過半數（絕對多數）支持外，重要者有：

（1）主持部長會議（相當於我國行政院會議）。

（2）得要求國會所通過的法律之全部或部分條文予以覆議，國會不得拒絕。

（3）於諮詢總統及國會兩院議長後，得宣告解散國民議會（有主動解散權的特性）。

（4）簽署總統行政命令及部長會議所決議之行政命令。

（5）為三軍統帥並主持國防最高會議及委員會。

除以上實質上權力，總統尚有不須總理副署的職權，包括任命總理，將重大之議案交由公民複決，得宣告解散國民議會，採取緊急措施，向國會提出咨文等。此外，依 1962 年與 1964 年兩項有關國防組織的行政命令，總統被授與指揮作戰及發射核武的權力。總統的權力重要而且具獨立性。

2.總理權力

（1）副署總統簽署之法令權；

（2）身為政府首長制定並執行國家政策，並支配行政機構及軍隊；

（3）指揮政府行動、負責國防，並確保法律之執行；

（4）法規制定權，任命文武官員；

（5）代理總統主持國防會議及部長會議；

（6）提議部會首長之人選由總統任命；

（7）法律提案權。

　　從以上總統與總理的權限分述可知兩者頗為相當，總統擁有許多實質上的行政權，甚至在法定上總攬大權。而總理是政府首長（法國之「政府」是指各部會），負責推行政務並對國會負責。總統與總理間關係密切，相互制衡。惟二者皆有尊重體制考量現實的認知及心態，憲政得以推行不輟，政局雖有「異常」，亦不致造成社會不安。

（二）分權原則

　　計分兩方面，一是行政權的分化，由總統和總理分擔行政權；另一是行政和立法的分權，即行政權由總統和總理掌握，立法權由國會掌握。總統是民選產生，須向人民負責；總統任命總理，總理依法向總統和國會負責。總理所提請總統任命的內閣閣員，不得由國會議員兼任；但內閣閣員得列席國會有關會議，報告施政，並接受質詢。此外，他們也可向國會提出法案。

（三）集體負責與信任制度

　　總理協助總統處理日常行政。當總統和國會之間產生衝突時，總理充當協調人，或為總統承擔指責和攻訐。總統公布法律和發布命令，須有總理的副署，由總理為其負責。不過在總統任免總理、提請公民複決、解散國會和發布緊急命令等事項上，則不須總理的副署。總理得向國會負責，當國會通過對總理的不信任案時，總理必須率同閣員向總統提出總辭，以示負責。同時總理也可呈請總統下令解散國會，以資制衡。

二、雙首長制之優點

　　（一）總統制下行政與立法運作常意見不一致，以致行政與立法之間不能作有效配合導致憲政僵局，雙首長制可以規避總統制之行政立法部門制衡可能造成分裂政府。基本上，就總理與總統的互動關係而言，總統有提議權（如任命部會首長、行使公民複決案、修憲案、召開國會臨時會等）以及副署權來制衡總理。同時，總理因掌握國民會議多數可以立法的方式來積極推動各項施政（法國憲法第 15 條規定，總統應於國會將所通過之法律送達政府後十五日內公布）。不過，總統也可以採取拒絕總理的提議權、拒絕簽署部長會議所決議之行政命令或總統行政命令，以及要求國會將通過之法律加以覆議等作為來予以反制。換句話說，總統與總理雖然有「硬幹」的籌碼，但惟有相互妥協才會達成雙贏的局面。

　　（二）總統制總統任期一定，大權獨攬，易形成個人獨裁；且總統選舉是一種「贏者全拿」（Winner Take All）的競爭方式，總統並沒有義務延攬在野人士來入閣。即使執政黨未能取得國會過半席次，產生所謂的「分裂式政府」（Divided Government），總統還是能運用立法否決權來制衡國會的杯葛，不用以職位交換來作安撫，因此總會有贏者全拿、輸者全無之感，雙首長制則可避免此一缺失。

　　（三）總統由公民直選，採任期制，具民主性及安定性：在總統方面，總統由全體公民選出，並且必須經過兩輪投票，獲得過半數選票方得以當選；就此而言，法國總統所具有的代表性以及政權正當性，與我國的「少數總統」確實不可同日而語，因而更有資格與能力成為超然各黨之外的仲裁者。與我國政治現實較為接近者，則是國會無法對總統提出不信任案，總統也不必因在國會中敗選而辭職，但卻擁有解散國會的最後王牌。

三、雙首長制之缺點

　　整體來看，以法國為例，雙首長制最明顯的缺失是在角色的扮演和權責之間的模糊。總統既統且治，易陷角色矛盾，而且總統的權力與責任之間不很一致，常成為總統有權無責，總理有責無權。所以總統與議會分裂，

造成政府權責不一，行政權二元化，無法維持指揮監督的統一性。另外，行政首長之間的職權區分也是不易釐清。此外，若是總統和內閣出現了摩擦，意見產生極大的不同，這在施政上會造成困難，又或是形成惡鬥，這對國家都將造成不好的影響。

參考資料

中 文部分

呂亞力，政治學方法論（台北：三民書局，民國 89 年）。

呂亞力，政治學（台北：三民書局，民國 84 年）。

國立編譯館編著，西洋政治思想史（台北：正中書局，民國 85 年）。

倪達仁譯，Austin Ranny 著，政治學（台北：雙葉書廊，民國 82 年）。

陳坤森譯，Arend Lijphard 著，當代民主類型與政治（台北：桂冠，民國 82 年）。

陳思澤編譯，當代比較政府（台北：風雲論壇出版社，民國 85 年）。

謝瑞智，比較憲法，（台北：文笙書局，民國 81 年）。

陳健民，「總統制修憲研究初探」，國家政策論壇，第二卷第二期，民國 91 年 2 月。

張台麟，法國政府與政治（台北：五南圖書出版公司，民國 84 年）。

朱雲漢，「法國憲政體制對我國憲改的啓示」，國家政策雙週刊，第七十三期，民國 82 年 11 月 16 日。

張台麟：「從法國共治經驗看我國未來聯合政府之走向」，國家政策論壇，第一卷第五期（民 90 年 7 月）。

彭錦鵬，「總統制可取嗎」，國政評論，民國 91 年 6 月 4 日，取自財團法人國家政策研究基金會網站，http://old.npf.org.tw/PUBLICATION/IA/091/IA-C-091-117.htm, visited on September 16, 2007.

歐洲聯盟研究協會，http://eusa-taiwan.org/. Visited on September 18, 2007.

英文部分

David Easton, A Framework for Political Analysis (Englewood-Cliffs, N. J., 1965).

David Easton, A Framework for Political Analysis (Englewood Cliffs, N. J., 1965).

David Easton, "Limits of the Equilibrium Models in Social Research," in Heinz Eulau, et al. (eds.), Political Behavior: A Reader in Theory and Research (Glencoe, III., 1959).

David Easton, The Political System (New York: Knopf Ltd., 1953); David Easton, "An Approach to the Analysis of Political Systems," World Politics, Vol. 9, No. 3 (Apr., 1957).

G. Almond and G. B. Powell, Jr., Comparative Politics: A Developmental Approach (Boston, 1966).

Murray Edelman, The Symbolic Uses of Politics (Urbana, III., 1964).

Morton R. Davies and Vaughan A. Lewis, Models of Political Systems (New York, 1971).

Marx Weber, The Theory of Social and Economic Organization (New York, 1947), From Marx Weber: Essays in Sociology (New York, 1947).

 問題討論

1. 何謂政府，政府與一般社會組織有何不同？
2. 世界上民主憲政的政府型態主要有哪些？
3. 請說明內閣制的特徵，其優缺點如何。
4. 請說明總統制的特徵，其優缺點如何。
5. 請說明雙首長制的特徵，其優缺點如何。
6. 比較各種政府體制之後，你認為我國適合哪一種體制？

第十五章

行政權

關鍵字（Keywords）

行政權（Executive Power）

依法行政（Administration of Law）

公共行政（Administration of Law）

法理（Jurisprudence）

電子化服務型政府（E-Service-Government）

　　人民與國家之間關係的演變當中，立法是最早由國家統治權所分流出來的，隨後司法也相繼分支形成法官獨立審判權，將立法與司法兩項排除，剩下的國家機關相對於人民的種種活動，我們統稱為「行政」的作用範圍。由於人類社會的高度發展，政府在人民生活當中的角色也有所轉變，特別是政府專業行政能力與多元化的功能逐漸被要求與擴張。例如：在我們一早起床，供應各項電器的電力來源、盥洗所使用的水、開車或乘坐各項運輸工具上班上學、家中垃圾的傾倒、主婦到菜市場買菜、學生自學校畢業後如何就業、投入社會生產行列、營業、提供勞務，生病就醫、健保給付、年老退休制度、死亡埋葬等等都是屬於行政範圍內，它不但界定政府政策，同時也是分配資源而且實際執行。

　　因此，對於行政的意義，可以簡單的來說，就是國家經由政府施政以追求積極目標，並尋求社會福祉的規則化活動。

壹、行政權的意義

　　在前言當中提到行政的界定是在排除立法與司法的概念下來釐清的，一般來講，政府的基本組織可以分為行政、立法與司法三個部門，在這裡所講的行政權包括了兩個概念，一是 The Executive Power，第二是 Public Administration。前者是從政治學方面來看的，專指憲法法理上的權力而言（見本章行政機關與運作），後者是從公共行政來看，它包括了憲法上所涉及的行政權力以及其他政策執行的種種活動。

　　本章基於本課程教學目的而言，所關注的焦點是基於憲法法理上的行政權而言，包括行政組織的架構以及權力範圍，至於行政機關相對作用在人民生活領域種種行為，不在探討範圍內。

貳、行政權的內涵

　　行政活動的範圍也是政府機關管理統治作用所及的範圍，範圍的大小隨著社會實際需求而有所改變，行政的作用必須經過行政權力而達成目標，那麼什麼是行政權？基本上它可以概括領導決策之權、發布法律與命令之權、指揮與推動行政之權、緊急應變之權等四個類型：

一、領導決策之權

　　指的是在國家決策過程當中，行政部門的領導人（如內閣的總理、總統制的總統）承擔了領導的責任。（憲法第 35、36、43 條等）、為了推行國家各項政策制定與運作，該領導人相對的擁有領導決策的權力。

二、發布法律與命令之權

　　指的是國家法律經立法機關審議表決通過後，必須經行政部門以正式程序發布才能生效。（憲法第 37 條）

三、指揮與推動行政之權

　　指的是行政機關基於任務與責任之實，有權指揮下屬機關、成員與相關特定對象下達指揮命令之權力。（憲法第 107 至 111 條）

四、緊急應變之權

　　指的是人民社會生活當中出現重大危機災難時，有權行使各項緊急避

難措施，這些措施往往會限制人民基本的自由權利，如總統宣布戒嚴（憲法第 39 條）。

參、行政權運作的基本原則

　　根據美國國務院出版的《民主的原則》一書中，認為民主國家行政權的運作必須具備下述的原則：

　　一、民主政府的領導人經本國公民同意而執政。這些領導人的巨大權力不是來自對千軍萬馬或經濟財富的控制，而是來自對參加自由、公正選舉的選民為他們所設立的種種限制的尊重。

　　二、通過自由選舉，民主制度下的公民賦予他們的領導人法律所規定的權力。憲政民主制度實行分權制──立法機構制定法律，行政機構貫徹執行法律，司法機構獨立運作

　　三、民主政府的領導人既不是民選獨裁，也不是「終身總統」。他們有固定任期並接受自由選舉的結果，即使這意味著失去政權。

　　四、在憲政民主制度下，行政權通常受到三種限制：將國家政府的行政權、立法權和司法權分立的分權制衡制度；在聯邦政府同州／地方政府之間實行權力分工的聯邦制；以及憲法規定的基本權利。

　　五、國家政府的行政機構受到憲法賦予立法機構的權威及獨立的司法體制的限制。

　　六、民主制度只對政府施加限制，而不將其架空。因此，在民主體制下，就全國性問題達成共識的過程可能緩慢；但一旦達成共識，政府領導人能夠享有採取行動的巨大權威和信心。

　　七、憲政民主制度下的政府領導人自始至終都在由法律確定和限制的權力範圍內依法行事。

　　簡而言之，民主國家行政機關的運作即便有許多不同的體制和方式，但仍不能脫離前述章節所述之民主規範，亦即在組織和運作方式上，仍必

須堅守「主權在民」及「依法行政」等民主基本原則，才能符合民主政治的標準。

肆、行政機關的組織與運作

一、行政組織與機關

　　所謂的行政組織，泛指一般治理事務的團體，並具有內部結構人員同時有其運作關係之規範，均構成行政組織。政府的行政組織具有一定的特色，例如：明確的層級關係（科層制），指揮統一與複合組織等特色。

　　就法理來說，行政組織主要是指國家統治權基於權力分立的原理，所劃分出來的行政權之各級組織而言。但是有些學者也認為除了行政權的單位之外，其他如司法院、立法院其內部也有行政組織之運作，因此，所謂的行政泛指國家機關之整個作用，舉凡政府所有的活動、運作皆可稱之為行政。從這個定義來看，它包括了行政、立法、司法、考試與監察各院機關的種種運作，不過，這個概念對於行政範圍過於積極，雖然可以表達行政概念的多樣性與複雜性，但是也容易失焦，對於行政的核心概念（Core Concepts）不易掌握，在分界上亦難期周全。

　　基於法理原則，以及權力分力的觀念上，在現今的憲政國家，大都以行政部門（憲法上的行政權），例如：內閣、聯邦政府及邦政府等所代表的機構，所執行的行為，作為行政行為。換句話說，採「組織機關」的方式來界分，這是以實行（或代表）國家行為的主體，來作為辨識行政行為（Administrative Behavior）之標準（請參考本章行政權之意義一節），依這種劃分法，在我國的憲法體制中，只有行政院及所屬機關（及地方行政機關）之行為，是屬於行政行為，而最高的行政機關為行政院（憲法第 53 條）。

　　因此，憲法上所謂的行政，應是專指行政機關基於職權所為之作用，並不包括立法、司法、考試與監察之作用在內。換句話說，凡採權力分立

之憲政國家，其所行政，均應採後者的說法，以符合法理（Jurispru-dence）。

　　此外，對於行政機關的意含，主要所指的是，國家或地方自治團體所設置之獨立組織，依行政之管轄分工，有行使公權力並代表國家從事公共事務（Public Affairs）稱之。

二、行政院之組織與運作

（一）機關組織構成

　　我國行政院組織之構成，其法源依據為憲法第 54 條，主要構成組織為院長、副院長、主管部會首長之政務委員、不管部會之政務委員及院內秘書處等幕僚機構人員；另依憲法第 58 條規定，行政院設行政院會議，由院長、副院長、各部會首長與不管部會之政務委員組成。我國行政院目前組織可分為 8 部、2 會及 29 個局、處、署、委員會及其他單位（可詳參行政院網站：http://www.ey.gov.tw/mp?mp=1）

（二）院長及部會首長產生

　　根據憲法增修條文第 3 條第 1 項規定，行政院院長是由總統直接任命，無須經立法院同意，但立法院亦可對行政院提出不信任案，以符合行政院對立法院負責之憲法法理設計。

　　行政院院長向總統提請任命行政院副院長、各部會首長與不管部會政務委員。（憲法第 56 條）

（三）行政院院長之職權

　　依憲法規定，行政院院長主要的職權可概分為以下幾項：

1.提請任命權

　　前述，行政院副院長、各部會首長及不管部會之政務委員，是由行政院院長提請任命，由總統任命。（憲法第 56 條）

2.綜理院務、主持行政院會議

　　行政院院長爲全國最高行政機關首長，依行政院組織法第 6 條規定，行政院院長綜理院務，並兼督所屬機關。

　　其次，爲協調行政院內部各部、署、處、會因組織運作順利，以及制定施政方針、議決重要事項，設置行政院會議（憲法第 58 條）；該會議之主席爲行政院院長，議決事項通常以多數決爲主，不過最後決定權爲行政院院長所掌握。

3.副署權

　　總統所頒布之法律及命令須經行政院院長副署（憲法第 37 條），但是經過修憲後，行政院院長的副署權有所限制，也就是排除總統提經國民大會或立法院同意任命人員之任免命令以及解散立法院之命令等條件（增修條文第 2 條第 3 條），這裡講的副署一詞，所指的是負責任的意義，未經副署的法律或命令，在法律上不發生效力。

4.代理總統職權

　　總統、副總統均缺位或因故不能視事時，由行政院院長代行其職權；另，總統於任滿之日解職。如屆期次任總統尚未選出，或選出後總統、副總統均未就職時，由行政院院長代行總統職權（憲法第 49、50、50 條），但代理期限不得超過三個月（憲法第 51 條、增修條文第 2 條）

5.向立法院報告與提案權

　　行政院院長代表行政院向立法院提出施政方針與施政報告，並在院會期間答覆立法委員所提出的質詢（憲法第 57 條）。此外，行政院院長對立法院的提案可以包括法律案、預算案、戒嚴案、大赦案、宣戰案、媾和案（憲法第 58 條第 2 項）。關於這一點是行政院特有的職權，其他院並無此提案權力。

6.參與總統因院與院之間爭執所召集的協商會議

7.呈請總統解散立法院

　　我國憲法條文內並無不信任案與解散立法院之規定，但是在修憲時，在增修條文當中，立法院如果通過不信任案時，行政院院長必須辭職，此時行政院院長亦可向總統呈請解散立法院（憲法增修條文第 3 條第 2 項）。

（四）副院長與政務委員

1.行政院副院長的職權

　　行政院副院長主要職權在於代理行政院院長的職務，其主要代理情形如下兩種：

　　（1）行政院院長辭職或出缺時；

　　（2）行政院院長因故不能視事時。

2.政務委員

　　基本上，行政院的政務委員可以分為兩類，一是兼掌部會的政務委員，二是不管部會的政務委員（各部會首長原則上均兼任政務委員）。政務委員主要的職權是出席行政院會議並在議會當中提案與表決議案（憲法第 58 條第 1 項），當然，除了在行政院會議上提案與表決議案之外，這些政務委員也是部會首長，因此他們也必須遵照院長指示，監督其自身機關與職員。

伍、公務員制度

　　所謂的公務人員所指的是為國家任用，與國家發生公法職務關係的人員（司法院釋字第 430、433 號）。整體而言，在國家行政機關內服務的人員除了依據民主程序所選舉或是依責任政治而由政黨推舉的人員之外（如總統及各部會首長），還包含人民透過參與國家考試而取公務人員任用資格，進而擔任國家公務工作的人員。但是要再精確一點將公務人員與其他身分的人劃分出來，就必須從公務人員的特質與法律兩方面的觀點來加以討論。

一、公務員的類型

公務員類型可概分為兩類，一是政務官，第二是事務官。前者所擔任的角色在於政務領導與政策決定，後者所擔任的角色是政府在從事的活動與執行政策，如表 15-1。

二、公務員的定義

對於公務員的定義，在法律上有許多不同的解釋，主要是因為不同的法律有著不同的觀點，若以定義廣狹程度來區分，大致可以分為以下幾種，詳如表 15-2。

三、公務人員的特質

公務人員與其他一般私人團體、公司行號的上班族不同的地方，可以從公務人員服務法來看。公務員為國家執行行政任務的主體，並且與國家或地方自治團體發生公法上職務的關係，因此構成公務人員的必要條件有四：

（一）公務人員須負忠誠義務

公務人員任用法第 28 條規定：未具或喪失中華民國國籍者、具中華民國國籍兼具外國國籍者，不得任用為公務人員；公務人員服務法第 1 條規定：公務員應遵守誓言，忠心努力，依法律命令所定，執行其職務。該法第 2 條，長官就其監督範圍以內所發命令，屬官有服從之義務。但屬官對

表 15-1　公務人員類型

類　　型	性　　質	產　　生	升　　遷
政務官	制定與決定國家政策人員	選舉任命，官等為政務官特任簡任	無
事務官	依政策執行之人員	考試任用，簡薦委任	依法保障，有升遷退休制

表 15-2　我國法律當中對公務人員定義之比較

法　　　　　條	主　要　定　義	對　　　　　象	特　　　　　色
刑法 （第 10 條第 2 項） 國家賠償法 （第 2 條第 1 項）	依法令從事公務之人員	任何從事公職人員	範圍最廣義
公務人員服務法 （第 24 條）	經任命領取「俸給」之人員	國家各文武官員、從事公營事業人員	範圍較狹義（不包括聘任教師）
公務人員保障法 （第 3 條）	法定機關編制內之有給職專任人員	政府機關與公營事業機構編制內人員、地方民選首長與中央民意代表	範圍較狹義
公務人員任用法 （公務人員任用施行細則第 2 條）	有職等的文職事務官	中央與地方政府所屬各機關、各級民意代表、各公立學校、公營事業機構	範圍最狹義（不包括政務官與武官）

參考資料：刑法、國家賠償法、公務人員服務法、公務人員任用法、公務人員保障法。

於長官所發命令，如有意見，得隨時陳述。

（二）公務人員的地位受到法律上的保障與限制

　　公務人員保障法第 9 條規定：公務人員之身分應予保障，非依法律不得剝奪；公務人員懲戒法第 1 條：公務員非依本法不受懲戒。公務人員服務法第 13 條第 2 項規定，公務員非「依法」不得兼公營事業機關或公司代表官股之董事或監察人。

（三）公務人員任用必須經過法定程序

　　公務人員任用法第 9 條：公務人員之任用，應具有下列資格之一：依法考試及格、依法銓敘合格、依法升等合格。

（四）公務人員與國家或地方自治團體發生公法上之職務關係

依我國現行法制，各種公務人員法均一體適用於全國公務人員，國家及各級地方自治團體均為公法人，就法理上來說，這些機關團體自然是屬於公務員法律關係中權利主體之一方，而公務員與其他民法上僱傭關係的不同就在於發生公法上之職務關係（請參照公務人員保障法與公務人員懲戒法）。

四、公務人員的職等與運用

前述，我們已經將公務員的特性、類型以及在法律上的定義逐一討論，至於我國現今公務人員制度主要的法源是來自於公務人員任用法，該法將公務人員依官等與職等任用，所謂的官等意指任命層次及所需基本資格條件範圍之區分（公務人員任用法第 3 條第 1 項），分委任、薦任與簡任三種；職等所指的是職責程度及所需資格條件之區分（同前法第 2 項），分為第一至第十四職等，十四職等為最高：

（一）委任為第一至第五職等；

（二）薦任為第六至第九職等；

（三）簡任為第十至第十四職等（公務人員任用法第 5 條）

基本上，我國公務人員的任用途經是以考試為主要評量標準，例如：經由普考取得委任資格，高考取得薦任資格以及特考取得簡任資格。茲依官等、職等、任用途徑分類如表 15-3 與表 15-4。

表 15-3　我國公務人員制度與任用方式

官　等	職　等	任　　用　　途　　徑	相　關　法　規
委任	一至五	1. 普通考試或特種考試之四等考試及格者，取得委任第三職等任用資格。初等考試或特種考試之五等考試及格者，取得委任第一職等任用資格。 2. 雇員升委任考試及格者，取得委任第一職等任用資格。	公務人員任用法第 13 條第 4、5 項；第 15 條
薦任	六至九	1. 高等考試之一級考試或特種考試之一等考試及格者，取得薦任第九職等任用資格。高等考試之二級考試或特種考試之二等考試及格者，取得薦任第七職等任用資格。高等考試之三級考試或特種考試之三等考試及格者，取得薦任第六等任用資格。 2. 委任升薦任考試及格者，取得薦任第六職等任用資格。	公務人員任用法第 13 條第 1 至 3 項；第 15 條
簡任	十至十四	1. 特種考試之甲等考試及格者，取得簡任第十職等任用資格。 2. 薦任升簡任考試及格者，取得簡任第十職等任用資格。	公務人員任用法第 5 條、第 15 條

表 15-4　職位分類與歸級表

職等	一	二	三	四	五	六	七	八	九	十	十一	十二	十三	十四
職位	書記	書記	辦事員	辦事員	科員	科員	股長	專員	科長	專門委員	副司長	司長	署長	常務次長

資料來源：趙其文，中華民國銓敘制度，正中書局，1990 年 1 月，頁 233。

參考資料

中 文部分

薩孟武，2007，中國憲法新論，台北：三民書局。

張治安，2006，中國憲法及政府，台北：五南圖書出版公司。

管歐，2006，憲法新論，台北：五南圖書出版公司。

蔡良文，2006，人事行政學，論現行考銓制度，台北：五南圖書公司。

謝瑞智，2005，中華民國憲法精義與立國精神，台北：文笙書局。

張潤書，2004，行政學，台北：三民書局。

陳新民，2002，1990 年～2000 年台灣修憲紀實，台北：學林文化事業有限公司。

任德厚，政治學，台北：三民書局。

趙其文，1990 ，中華民國銓敘制度，台北：正中書局。

 問題討論

1. 什麼是行政？是否可以列舉三項有關行政機關與自己最具相關的行政事務？
2. 公共行政與憲法上的行政有何不同？
3. 行政機關的特色是什麼？
4. 我國最高行政機關為何？其組織可分為哪些？
5. 什麼是提請任命權？是誰的職權？
6. 行政院會議的功能是什麼？由誰主持？由誰參加？由誰決議？
7. 所謂的副署權指的是什麼？我國憲法上在修憲前與修憲後行政院院長的副署權是否相同？
8. 行政院內的政務委員可分為哪些？有何不同？
9. 公務人員與一般上班族有何不同？在法律上有哪些特別的限制與規定？
10. 我國公務員制度可分為哪些？委任、簡任與薦任的取得途徑有哪些？

第十六章

立法權

關鍵字（Keywords）

委任代表（Delegate System）　　　　法定代表（Trustee System）

一院制（Unicameral Legislature）　　兩院制（Bicameral Legislatures）

委任立法（Delegated Legislation）　　依法行政（Administration of Law）

並立式兩票制（Parallel System）　　連記投票法（BV：Block Vote）

單記讓渡投票法（STV：Single Trans-
ferable Vote）

　　現代民主憲政學理當中，權力的相互制衡是最爲核心的基本觀念。在
這方面，立法權占有舉足輕重的地位，就權力分立的觀點來看，立法權是
人民防止政府獨裁、避免政策錯誤相當重要權力，同時也是衡量國家民主
化主要指標之一。

　　作爲一個現代公民，瞭解自身所應有的立法權也是應具備素養之一。
因此，本章探討的重點與目的就是在於透過現代民主政治原理來看立法權，
並以我國立法院爲主要討論對象，共分爲立法權的意義、立法機關的類型、
立法機關的組織與職權、國會選舉與立法機關倫理等四大部分。

壹、立法權的意義

一、立法權的主要意義

　　立法一詞主要有廣狹兩義，狹義之立法所指的是制定、修正或廢止法
律的權力，廣義所指的是除制定法律之外，其他如議決（預算案）均屬立
法之意涵。

　　現今各國一般均設有國會，也就是立法部門，這個部門是由議員（立
法委員）所組成的，就民主憲政學理來看，議員是由人民所選出的，代表

民意，主要任務在於立法（憲法第 62 條與第 63 條），監督政府（憲法增修條文第 3 條第 2 項）與對其他國家機關行使人事同意權（憲法增修條文第 5 條第 1 項，第 6 條第 2 項，第 7 條第 2 項），並且行使立法權。

　　因此，在民主制度當中，議會是民意匯聚之所在，監督審查政府各項政策之制定、考核政府運作以及表達社會利益等功能，除此之外，立法權的存在也有制衡行政權，避免獨裁政府形成的目的。

二、立法機關的演進

　　立法機關起源於歐洲的英國，期間大致經過了四個階段，十三世紀以前，英國建立了由貴族、領主、僧侶代表組成的等級會議，作為國王處理政務的諮詢性機構，到了 1688 年「光榮革命」後，英國資產階級在同王權的鬥爭中取得了決定性勝利，英國立法機關通過「權利法案」和「王位繼承法」，賦予立法機關立法、決定財政預算、決定王位繼承、監督行政管理等權力。英國議會形式的成熟隨即傳往歐洲各國仿效，美國獨立運動後，也藉英國議會之經驗，成立國會。至今，立法機關漸成為建立現代民主國家不可或缺的元素之一。

貳、立法機關的類型

一、立法機關的類型

　　在各國立法機關制度演變當中，先有兩院制，再有一院制，其成因與特點分述如下：

（一）兩院制

　　指立法機關設兩個議院，並由兩院共同行使立法機關職權的制度。兩院制起源於英國，大都流行於歐美國家，十四世紀英王愛德華三世（1327-1377 年在位）時，由於利益和地位的差別，立法機關中大貴族、大

僧侶的代表與騎士、平民、小貴族、下層僧侶的代表分別集會,逐漸形成貴族院和平民院兩院(亦即上院與下院)。隨後,到了 1787 年美國制定憲法時,原本規定大州主張國會依人口比例產生,小州認為應該以州為代表單位,最後採取兩院制作為妥協。

(二)一院制

　　指立法機關只設一個議院並由它行使立法機關全部職權的制度。一院制最早是出現在法國,在 1789 年法國大革命時,由當時的三級會議改組而成的「國民議會」(Assemblee National),後自法國第三共和起,改採兩院制。除法國之外,拉丁美洲、非洲與亞洲地區均以一院制居多;另外,由兩院制改變為一院制的國家有丹麥(1954)、紐西蘭(1950)、瑞典(1971)、斯里蘭卡(1971),我國自民國 94 年修憲後,立法院也成為一院制的國會。表 16-1 為現今世界各主要民主國家之立法機關類型。

表 16-1　世界各國立法機關類型

國　　　　家	立 法 機 關 類 型	國　　　　家	立 法 機 關 類 型
中華民國	一院制	芬蘭	一院制
盧森堡	一院制	丹麥	一院制
愛爾蘭	兩院制	以色列	一院制
紐西蘭	一院制	瑞士	兩院制
挪威	一院制	奧地利	兩院制
瑞典	一院制	加拿大	兩院制
比利時	兩院制	英國	兩院制
澳洲	兩院制	義大利	兩院制
荷蘭	兩院制	法國	兩院制
德國	兩院制	美國	兩院制
冰島	一院制	日本	兩院制

二、一院制、兩院制的優劣

議會到底應採用一院制抑或兩院制？在學理上多有爭議，茲分別討論如下：

（一）兩院制

1.相互制約防止專權

主張兩院制以孟德斯鳩為代表，孟氏是從權力分立的觀點來看立法機關的，他認為立法機關應該由兩部分組成，如此才可以通過相互制約，防止立法機關專制。

2.立法較周延

由民眾所選出的眾議院（下議院），議員受到民意與任期的壓力，表現上比較極端，立法易於倉促；而由特殊階級所組成的參議院（上議院），能夠防止眾議院輕率的立法行為。

3.避免衝突

設置兩院有利於緩和立法機關和行政機關之間的矛盾衝突，當其中一院和行政機關不能協調時，另一院可從中斡旋，不至發生激烈衝突。

4.分工需求

現代國家的立法任務繁重，非一個議院所能承擔，需要另設一院分擔工作；隨著社會的發展，職業團體日益興盛，立法機關在實行地域代表制的同時，必須實行職業代表制，因而也必須分設兩院以適應形勢發展的需要。

（二）一院制

1.單一公意

主張一院制的學者以盧梭為代表，盧氏的觀點是從全意志的學理而來，他認為實行兩院制勢必導致分裂國家主權，國家主權為單一，且不可分割，

因此國家意志應屬單一，民意也應該經由單一院表達。這類學者的觀點是，如果兩院意見一致，其中必有一院屬於多餘，如果兩院意見分歧，必有一院不能代表公意而不應設立。

2.現今上院逐漸萎縮

在現今國家政治發展趨勢上，許多國家的上院（參議院）已經逐漸萎縮，不僅不能適切地代表民意，同時也失去立法的功能。

3.效率較高

兩院制易引起立法機關內部的矛盾而被行政機關利用，兩院制使立法程序繁瑣，法案拖延不決，通過較難，阻礙社會的改革與進步，不僅造成時間與金錢的浪費，更使立法機關喪失牽制行政機關的能力。他們認為一院制可以消除上述理論上的缺陷和實踐中的弊端，且具有行動敏捷，容易通過法案，機構簡化，避免浪費人力和財力等優點。

參、立法機關的組織與職權

一、立法機關之組織

一般立法機關可以概分為議長、秘書處與所屬行政機構，我國立法院組織大體上可以分為以下六大部分：

（一）院長和副院長

立法院設院長、副院長各一人，由每屆立法委員於第一會期報到首日之預備會議中互選產生，任期與該屆委員同（憲法第 66 條）。

院長擔任院會及全院委員會議之主席，綜理院務，若因事故不能視事時，由副院長代理（立法院組織法第 13 條）。

（二）秘書長和副秘書長

　　立法院置秘書長一人，特任，承院長之命，處理本院事務，並指揮監督所屬職員；副秘書長一人，職務列簡任第十四職等，襄助秘書長處理本院事務；秘書長、副秘書長均由院長遴選報告院會後，提請任命之（立法院組織法第 14 條）。

（三）立法委員

　　立法院主要是由人民所選舉出來的立法委員所組成的，代表人民行使立法權（憲法第 62 條）。 依憲法增修條文第 4 條規定，我國立法委員自第七屆開始，為一百一十三人，依下列規定選出：
　　（1）自由地區直轄市、縣市七十三人。每縣市至少一人。
　　（2）自由地區平地原住民即山地原住民各三人。
　　（3）全國不分區及僑居國外國民共三十四人。

　　前項第 1 款依各直轄市、縣市人口比例分配，並按應選名額劃分同額選舉區選出之。
　　第 3 款依政黨名單投票選舉之，由獲得百分之五以上政黨選舉票之政黨依得票比率選出之，各政黨當選名單中，婦女不得低於二分之一。
　　立法委員任期為四年，並連選得連任；同時依憲法增修條文第 2 條第 5 項規定，立法委員選舉於每屆任滿前三個月內或解散後六十日完成之。
　　同時依選舉罷免法第 69 條規定，區域選出立法委員之罷免由原選區選舉人向選舉委員會提出罷免案，但是在立法委員就職尚未滿一年者不得罷免。其此，不分區立法委員如果喪失其所選出之政黨黨員資格時，即喪失立法委員之資格。另依憲法規定，立法委員不得兼任官吏，這裡講的官吏泛指有給職的公務員、國營事業董事、監察人、總經理等。若立法委員擔任官吏，應即辭去立法委員職務（憲法第 75 條）。

（四）黨團

　　黨團主要的功能在於整合立法院內部不同的政治立場與政治意見，依

規定可以允許同一政黨或理念相同彼此不互相競爭之政黨的黨員在國會內組成黨團，並賦予黨團其他程序上的權利（立法院組織法第 33 條）如：提案權（立法院職權行使法第 75 條，立法院議事規則第 59 條）、質詢權（立法院職權行使法第 19 條）、決定委員會委員名單之權、協商權（立法院職權行使法第 68 條以下）。

（五）委員會

　　一般來講，立法院當中的委員會在立法過程中扮演著相當重要的角色，在美國立法部門裡委員會甚至有「小議會」（Little Legislatures Arrsid）之稱。委員會主要的功能在於立法委員人數眾多，背景也有所不同，對於廣大的各式法案不可能詳細討論、審查每一項法案，於是透過各委員會的審查、行政與立法部門間的政策辯論能夠更深入貼切，達到專業立法的目的。至於立法委員參與委員會的方式，除了尊重個人的興趣與專業外，民主國家的國會中，各政黨的黨團在委員會成員的選任過程中往往扮演著重要的角色，而委員會中成員的組成與選派，也多半傾向以政黨比例的原則來分配。例如：英國的常設委員會之委員是由院內遴選委員會依各政黨比例選派；美國則是由政黨設置選任委員會，選拔所屬適當議員，參加兩院所設的各種常設委員會。選任委員會擬定各議員參加各委員會的名單，交由院會通過；我國立法院委員會則是立法院各委員會委員人數以二十一人為最高額。每一委員以參加一委員會為限，若參加委員超出前項所定人數時，由各該委員會登記之委員抽籤決定之。但經黨團同意者，委員得互換之。（立法院組織法第 11 條）

　　目前我國立法院委員會分為 12 個常設委員會與 4 個特種委員會兩大類，這兩大類所屬各委員會如表 16-2。

（六）立法院所屬之行政組織

　　依立法院組織法規定，現今我國立法院共設秘書處、議事處、人事處、會計處、公報處、總務處、資訊處、法制局、預算中心、中南部服務中心、國會圖書館、議政博物館等十二個單位（立法院組織法第 15 條）。此外，

表 16-2　立法院所屬各委員會

常設委員會			
科技及資訊委員會	國防委員會	內政及民族委員會	外交及僑務委員會
經濟及能源委員會	財政委員會	預算及決算委員會	教育及文化委員會
交通委員會	司法委員會	法制委員會	衛生環境及社會福利委員會
特種委員會			
程序委員會	紀律委員會	修憲委員會	經費稽核委員會

立法院置顧問一至二人，掌理議事、法規之諮詢、撰擬及審核事項；另置參事五至七人，掌理議事規則之撰擬及審核事項（立法院組織法第 23 條）

（七）公費助理

立法委員每人得置公費助理六人至十人，由委員任免；立法院應每年編列每一立法委員一定數額之助理費及其辦公事務預算。公費助理均採聘用制，與委員同進退；其依勞動基準法所規定之相關費用，均由立法院編列預算支應之（立法院組織法第 32 條）。

二、立法機關職權

前述，立法機關代表人民監督政府，因此立法機關的職權基本上涉及了政府的組成、法律與政策的制定、對行政部門的監督以及政府執政責任的追究等四大層面，現就我國立法院來討論立法機關的職權有哪些？

（一）議決權

議決行政院向立法院所提之法律案、預（決）算案、戒嚴案、大赦案、宣戰案、媾和案、條約案及國家其他重要事項等職權（憲法第 63 條）行政院對於立法院決議之法律案、預算案、條約案，如認為有窒礙難行時，得經總統核可，於該決議案送達行政院十日內，移請立法院覆議。立法院應於該覆議案送達十五日內提出院會以記名投票表決；如贊成維持原決議者，

超過全體立法委員二分之一，即維持原決議，行政院長應即接受該決議；
如未達全體立法委員二分之一，即不維持原決議；逾期未作成決議者，原
決議失效。休會期間，則應於七日內舉行臨時會，並於開議十五日內作成
決議。

　　在這些職權當中，有一項值得注意的是，就權力分立的學理來看，立法
權制衡行政權最重的權力在於議決預（決）算案，就我國而言，行政院於會
計年度開始四個月前，應將下年度總預算案提出立法院審議；立法院應於會
計年度開始一個月前議決；並於會計年度開始十五日前由總統公布。立法院
對於行政院所提預算案，不得為增加支出之提議，亦不得就預算科目間予以
增減移動。至於總決算之審核報告，則由審計長提出（憲法第 70 條）。

（二）通過法律權

　　凡法、律、條例、通則均須經立法院通過、總統公布，方得施行。

　　各機關發布之行政命令，則應送立法院查照，立法院得依法交付委員
會審查，若發現其中有違反、變更或牴觸法律情形，或應以法律規定事項
而以命令定之者，均得經院會議決通知原訂頒機關於兩個月內更正或廢止；
逾期未更正或廢止者，該命令失效。

（三）質詢權

　　立法委員在開會時，有向行政院院長及行政院各部會首長質詢之權，
行使口頭質詢之會議次數，由程序委員會決定。口頭質詢分為政黨質詢及
立法委員登記質詢，並得採用二至三人之聯合質詢，均以即問即答方式為
之；質詢應事先登記，並得將其質詢要旨以書面轉知行政院。書面質詢由
行政院於二十日內以書面答覆。質詢之內容除於國防、外交有明顯立即之
危害或依法應為秘密者外，行政院不得拒絕答覆。

（四）修憲權

　　憲法之修改，須經立法院立法委員四分之一提議，四分之三出席，及
出席委員四分之三決議，提出憲法修正案，並於公告半年後，經中華民國

自由地區選舉人投票複決，有效同意票過選舉人總額之半數，即通過之。
（憲法第 174 條）

（五）變更國土權

　　中華民國領土之變更，須經全體立法委員四分之一提議，全體立法委員四分之三出席，及出席委員四分之三決議，提出領土變更案，並於公告半年後，經中華民國自由地區選舉人投票複決，有效同意票過選舉人總額之半數，始得變更（憲法增修條文第 4 條第 5 項）。

（六）聽取國情報告

　　立法院於每年集會時，得聽取總統國情報告（憲法增修條文第 4 條第 3 項）。

（七）追認緊急命令權

　　總統發布之緊急命令，應於發布後十日內提交立法院追認。若該緊急命令係於立法院解散後發布，立法院應於三日內自行集會，並於開議七日內追認之（憲法第 58 條、第 63 條）。但於新任立法委員選舉投票日後發布者，應由新任立法委員於就職後追認之。如立法院不同意時，該緊急命令立即失效（憲法第 39 條、43 條）。

（八）補選副總統

　　副總統缺位時，總統應於三個月內提名候選人，由立法院補選，繼任至原任期屆滿為止（憲法增修條文第 2 條第 7 項）。

（九）罷免總統、副總統權：總統、副總統之罷免案

　　須經立法院提出，並經中華民國自由地區選舉人總額過半數之投票，有效票過半數同意罷免時，即為通過。立法院提出罷免總統或副總統案，須經全體立法委員四分之一提議，附具罷免理由，交由程序委員會編列議程提報院會，並不經討論，交付全院委員會於十五日內完成審查。全院委

員會審查前，立法院應通知被提議罷免人於審查前七日內提出答辯書。立
法院於收到答辯書後，應即分送全體立法委員。被提議罷免人不提出答辯
書時，全院委員會仍得逕行審查。全院委員會審查後，即提出院會以記名
投票表決，經全體立法委員三分之二同意，罷免案成立。（憲法增修條文
第 2 條第 9 項）。

（十）彈劾總統、副總統

　　立法院對於總統、副總統之彈劾案，須經全體立法委員二分之一以上
提議，以書面詳列彈劾事由，交由程序委員會編列議程提報院會，並不經
討論，交付全院委員會審查，審查時得由立法院邀請被彈劾人列席說明，
審查後提出院會以無記名投票表決，如經全體立法委員三分之二以上贊成，
即作成決議，聲請司法院大法官審理，經憲法法庭判決成立時，被彈劾人
應即解職（憲法增修條文第 4 條第 5 項）。

（十一）不信任案

　　立法院得經全體立法委員三分之一以上連署，對行政院院長提出不信
任案。不信任案於院會報告事項進行前提出，隨即由主席報告院會，不經
討論即交付全院委員會審查。不信任案提報院會七十二小時後，立即召開
審查，審查後提報院會表決，審查及表決應於四十八小時內完成，否則視
爲不通過。不信任案，以記名投票爲之，如經全體立法委員二分之一以上
贊成，方爲通過。處理結果，應咨送總統。不信任案如未獲通過，一年內
不得對同一行政院院長再提不信任案。總統於立法院通過對行政院院長之
不信任案後十日內，經諮詢立法院院長後，得宣告解散立法院。但總統於
戒嚴或緊急命令生效期間，不得解散立法院（憲法增修條文第 3 條第 2
項）。

（十二）同意權

　　總統提名司法院院長、副院長、大法官、考試院院長、副院長、考試
委員、監察院院長、副院長、監察委員及審計長，應經立法院同意任命之。

行使同意權時，不經討論，交付全院委員會審查，審查後提出院會以無記名投票表決，經全體立法委員二分之一以上之同意通過。同意權行使之結果，由立法院咨復總統。如被提名人未獲同意，總統應另提他人咨請立法院同意。（憲法第 104 條、增修條文第 5、6、7 條）

（十三）解決中央與地方權限爭議權

除了在憲法上所列舉中央與地方所管轄的事務外，如果有未列舉事項則由立法院協調解決（憲法第 131 條）

（十四）調閱權

立法院經決議於會期中得設調閱委員會或調閱專案小組，就特定議案涉及事項要求有關機關提供參考資料，或調閱文件原本，以作為處理該特定議案之依據。

肆、立法機關的選舉

一、選舉方式

國會是由議員（立法委員）所組成，現今立法委員的產生主要有三種方式：選舉、任命和因特殊身分而獲得議員資格。民主國家的議員大都是選舉產生，其中，兩院制國家的下院議員一般都由選民直接選舉產生，有些國家的上議院是由特殊身分獲得，例如：英國上院議員一部分由英王任命，其餘部分由英國王室成年男子擔任；但是晚近的許多國家的上院議員也都是由選舉產生，如美、法等國上院議員都是選舉產生的。

國會的選舉制度可以概分為多數代表制、比例代表制與混合制（又稱為半比例代表制）等三大類型，茲分述如下：

（一）多數代表制

多數代表制（Insrsid Plurality-Majority），是以候選人中得到較多選票者為當選代表，通常出現於 單一選區中。

（二）混合制（半比例代表制）

混合制（Semi-PR）的設計，主要的目的是為保障弱勢政黨當選機會，減少小黨因票源分散而致死票過多，當選可能性甚低，違反民主政治「尊重少數」的精神，而有此制度的產生。迴異於多數代表制實施於單一（小）選區，半比例代表制必須實施於複數（大）選區，亦即當選名額至少二人之選區。

（三）比例代表制

比例代表制（PR: Proportional Representation）所強調的是每一政黨所得席次占總席次之比，應與其所獲選票占總選票之比相吻合。一般來說，選區應選名額愈大，比例性愈佳，故此制常實施於大選區中。此制亦有「選票的可讓渡性」的基本精神。

二、我國立法委員的選舉制度

自民國 93 年 8 月 23 日完成之選舉罷免法修訂後，我國立法委員選舉制度所採用的是並立式單一選區兩票制，也就是將立法委員的選舉分為兩種。

（一）依選區為劃分，區域立委席次依直轄市、縣市人口比例分配，劃分同額選舉區選出，簡單的講，就是選民選人不選黨，每一選區只有一個席次；

（二）以全國為一個選區（不分地區），選民選黨不選人，依政黨獲得選票比例來分配席次。不分區及僑選立委依政黨名單投票選舉，由獲 5% 以上政黨選舉票之政黨依得票比率選出。

伍、立法機關倫理與影響問政的因素

　　「立法機關倫理」也就是指社會用以規範立法委員個人行為與集體行為的原則與標準，它不僅是人民對國會的期望，同時也是立法委員所應遵守的禮儀與規範。至於立法機關倫理當中，到底應該有哪些應遵守的規則呢？我們純就立法委員所扮演的角色與所負的責任而言，可以概分為兩種，一是實質倫理，其次是程序倫理。

一、實質倫理

　　所謂的實質倫理所指的是，立法委員必須具備廉潔自持、誠信負責、自律自愛等品行道德，並且遵守人民所賦予的責任與權力，實質倫理除了強調立法委員己身在道德操守有所要求，在法律上也有規定，例如：我國憲法第 75 條規定，立法委員不得兼任官吏、國營事業董事、監察人、總經理等。若立法委員擔任官吏，應即辭去立法委員職務（另參見本章立法組織一節）。該項法條不僅是在法律上對立法委員的限制，同時也是要求立法委員能夠養成超然立場，不為利益掛鉤。

二、程序倫理

　　所謂的程序倫理指的是，立法委員在國會議事殿堂當中，必須遵守一套民主公平的規則、理性問政與其他議員政黨良性互動的素養，維持高水準與高品質的議事運作。程序倫理之重要性在於，程序倫理是一種程序正義，它需要每一位立法委員對議事運作種種規則的認同才能實現。任何送到國會中的法案都必須經過程序正義的檢驗才能符合合法性與正當性，人民共同利益的界定也必須經過程序正義才能釐清。因此，立法委員在議事問政與審查過程中，必須養成程序倫理的素養，建構程序正義，如此才能在眾多利益糾葛下，以理性的問政、反覆質詢、專業的審查達到彼此之間的最大公約數。

三、影響立法委員問政品質的因素

（一）政治因素

　　現今我國政治生態在很深的層面上受到政黨的影響，很不幸地，國內兩大政黨在國家定位統獨意識與公共利益卻是極端的對立，在這種情形下，立法委員在問政的過程當中，往往為了其所屬政黨偏好，開始無止盡的資源爭奪，黨派更是使出全力在議事殿堂上相互攻防，虛耗了許多時間，在泛政治化的思考模式下，攸關民生法案的立法與審查不是被延宕，就是被冰凍在一旁。

（二）輿論與媒體因素

　　立法委員雖然有擔負選民所託之責任，但是在己身連任的壓力下，為了要爭取選票，往往刻意討好或是迎合新聞媒體熱潮，忽略了原本應該針對法案內容做理性高品質的質詢與審查。

（三）利益團體的影響

　　由於立法委員擁有預算審查大權，並且以此權力私下向行政部門施壓以交換利益，進而衍生出許多龐大的附加利益。特別是一些財團、派系、利益團體等私下資助立法委員，贈與選舉資金，以便透過立法委員權力之手獲得金錢，在這種背景之下，其問政品質可想而知。

（四）公益觀念不足

　　在立法機關運作的過程中，立法委員往往為了私人利益而將公益擺在最後，甚至模糊了問政的目標，如此不僅行政機關必須付出沉重的代價，更造成了社會大眾對於立法機關問政品質的質疑，也使立法機關大打折扣。

（五）漠視議事規則

　　就我國立法委員在立法院問政表現而言，最常見到的就是委員漠視議事規則，例如：出席率過低、程序性杯葛、表決反制、更改議程、搶發言台、口出穢言、不尊重主席與其他議員產生肢體性衝突等等，進而導致委員問政風格節節低俗，國會議事效率更見牛步化。

　　以上這些均是導致立法機關倫理敗壞及問政品質低落的主要成因，一個國會表現的良窳直接關係到人民切身之各項權益，因此，國會議事運作效率是否順暢，立法機關倫理是否能夠維持是最重要的關鍵。每位立法委員均是受人民委託，應在法律知識與道德修養上有所自律與要求，除了在體制上因應環境改變而有所修訂，健全選舉制度以及政黨功能外，同時也應針對立法機關倫理規範訂定更詳細的法律規範，當然最重要的是，應該發揮全民監督的力量，發揮選票的功能惕勵立法委員行為，以健全立法機關應有之功能。

參考資料

中 文部分

薩孟武，2007，中國憲法新論，台北：三民書局。

管歐，2006，憲法新論，台北五南圖書出版公司。

張治安，2006，中國憲法及政府，台北：五南圖書出版公司。

王業立，2006，比較選舉制度，台北：五南圖書出版公司。

李培元，2006，西洋政治思想史，台北：韋伯文化公司出版社。

謝瑞智，2005，中華民國憲法精義與立國精神，台北：文笙書局。

陳新民，2002，1990 年～2000 年台灣修憲紀實，台北：學林文化事業有限公司。

任德厚，1999，政治學，台北：三民書局。

葉堂宇，1997，國會倫理政策倫理，台北：商鼎文化出版社。

鄒文海，1989，西洋政治思想史稿，台北：三民書局。

 問題討論

1. 立法權在現代民主憲政當中所扮演的角色為何？

2. 立法的意義有廣狹兩義，試論之。

3. 一院制與兩院制的立法機關有哪些優缺點？

4. 立法院當中的委員會是什麼？是否能舉出三個有關常設委員會與特種委員會的名稱？

5. 立法院在憲法上所擁有的職權有哪些？

6. 我國立法委員是採取哪種方式選出？

7. 什麼是國會倫理？請簡述之。

8. 何謂實質倫理？程序倫理？

9. 影響國會倫理的主要因素有哪些？

第十七章

司法權

關鍵字（Keywords）

司法權（Judicial Power）

司法審查（Judicial Review）

司法獨立（Judicial Independence）

司法一元主義（The Unitary System of Law and Courts）

依法行政（Administration of Law）

　　司法權是「權力分立」理念的重要組成部分，一般民主國家權力分立的主要模式為「三權分立」，我國則為「五權分立」。所謂「三權分立」，是指行政、立法與司法是構成政府的三個主要部門，而「五權分立」則是指政府由行政、立法、司法、考試、監察五個部門所組成，各權力之間彼此分立而制衡。本章所要討論的即是司法權的涵義、司法獨立以及司法機關等問題。

壹、司法權的涵義

一、司法權的定義

　　所謂「司法權」（Judicial Power），就是依據法律規定審理及判決爭訟案件的權力。依據我國憲法第 77 條之規定：「司法院為國家最高司法機關，掌理民事、刑事、行政訴訟之審判及公務員之懲戒。」第 78 條又云：「司法院解釋憲法，並有統一解釋法律及命令之權。」美國憲法第 3 條明定：「美國之司法權，屬於一最高法院（One Supreme Court）及國會隨時制定與設立之下級法院（Inferior Courts）。」由此顯見，司法權之意義有三種：

（一）其一是狹義的解釋，即司法權僅指各級法院法官所為民事、刑事案件之審判權。

（二）其二是廣義的解釋，即是指司法機關掌理民事、刑事、行政訴訟、

公務員懲戒，並有解釋憲法及統一解釋法律及命令之權，其中甚至包括政黨違憲解散案件之審理。如：我國人民團體法第 58 條即規定：「政黨之解散，由主管機關檢同相關事證移送司法院大法官審理。」

（三）其三則是最廣義的解釋，即除指上述廣義之司法權外，有關司法行政事務如公證人之公證、法人及夫妻財產登記、禁治產宣告之非訟事件，亦屬法院司法權限中得承辦之業務。

二、司法權的性質

有關司法權之性質，可以歸納為下列幾項：

（一）被動性

司法權相較於積極主動性的行政權與立法權，是處於相對被動的地位。法院必須嚴守「不告不理」的原則，不僅當事人未經請求者，不得給予救濟，所給予之救濟，亦應以受請求之範圍為限，此即「禁止訴外裁判」原則。

（二）積極性

司法權亦有其積極性，有關民事訴訟與行政訴訟的過程中，法官不得以法規欠缺而拒絕審判，仍須依據「平等原則」，以類推適用的方式，補充法律之不足，以保障人民權益。此外，在憲法解釋與統一解釋法令之職權方面，除確認憲法條文之真義及法令是否違憲外，對行政權與立法權亦產生積極規範之作用，以補正立法與行政懈怠所形成之不合理現象。惟司法者亦須有所節制，以避免造成「代位立法」或「代位行政」，進而導致更大的權力爭議。

（三）獨立性

司法權應具獨立性，否則無法彰顯司法審判之公正客觀。司法獨立性具廣義與狹義二種，狹義係指審判獨立，亦即法官行使職權的獨立性；廣

義係指司法部門的獨立性，亦即司法權獨立於行政權、立法權之外。法官
審判獨立是司法獨立的核心，司法部門獨立是確保法官獨立審判的制度設
計，因惟有司法部門擁有獨立的人事及預算權，方可有效防止政治力部門
對審判的不當干預。

（四）權威性

司法就事實認定與適法所為之決定，具有終局拘束力。換言之，該當
司法決定不僅對個案當事人有絕對個案拘束力，對其他憲法機關亦有相對
一般拘束力。是以司法權於憲政分權中，實為捍衛人權的最後一道防線，
擁有最終、最後、最高的權威性。

三、司法權的功能

司法機關的功能，也許會因為不同國家的歷史傳統、社會結構或政治
體制而有所差異，但基本的功能，還是在藉司法審判，以維護社會正義及
國家的法律秩序。但若進一步來研析，其具體之功能，亦可分成下列幾種：

（一）定紛止爭

即對人民的爭訟，做出客觀公正的裁判，以平息爭議，保障人民權益。

（二）懲治不法

即對危害社會的犯罪行為，給予懲戒，維護治安，安定社會秩序。

（三）監督政府執法效能

如有怠忽職守或失職情事，即可依法追懲，以提升政府施政能力，是
屬司法的政治功能。又 2005 年修憲乃增加一功能，即立法院提出總統、副
總統彈劾案，聲請司法院大法官審理，經憲法法庭判決成立時，被彈劾人
應即解職。

（四）防止行政濫權，節制不當立法

即透過憲法與法律之解釋，確定違憲之法令以及統一法令之見解，或經由法官之判決，形成判例，皆能對行政部門及立法部門形成拘束力。

貳、司法獨立

一、司法獨立的意義

司法獨立（Judicial Independence）一詞通常有兩種意義，其一是「對外的獨立」，即法院法官行使職權，當不受其他行政機關、立法機關及一般輿論之干涉。其二則是「對內的獨立」，即是法官行使職權時，司法機關內即使有司法行政之監督，也不可影響審判權的行使，只能在宣判後依上訴程序變更其判決，在審判時間內是絕不受干擾的。前者是爲結構上的意義，即司法獨立是一種「國家權力的結構原則」；後者是爲程序上的意義，即司法獨立亦是一種「司法程序原則」。兩種意義前者是後者的保障，而後者是前者的意義和價值之所在。

司法獨立是現代憲政民主國家共同遵守的基本準則，各國憲法亦有所規範，如德國基本法第 97 條規定：「法官應獨立行使職權，並只服從法律。」我國憲法更明確的規範：「法官須超出黨派以外，依據法律獨立審判，不受任何干涉。」

總而言之，所謂「司法獨立」，是指司法機關獨立於其他機關、團體和個人；司法機關行使其職權時，只服從法律，不受任何其他機關、團體和個人的干涉。具體而言，獨立而不受干涉可分爲八個方面：（一）獨立於國家和社會間的各種勢力；（二）獨立於上級官署；（三）獨立於政府；（四）獨立於議會；（五）獨立於政黨；（六）獨立於新聞輿論；（七）獨立於國民時尚與時好；（八）獨立於自我偏好、偏見與激情。

二、司法獨立的必要性

　　司法獨立是現代法治國家的主要標誌，亦是民主憲政的重要內容。司法獨立的價值主要體現在用司法權來制衡強大且被濫用的行政權，而這種制衡機制已被證明是必需的和有效的。其基本主張已經進入國際法領域，成為國際社會的普遍共識，如 1982 年在印度新德里國際律師協會第十九次年會，通過「司法獨立最低標準」；1983 年在加拿大魁北克蒙特利爾舉行的司法獨立第一次世界會議，通過「司法獨立世界宣言」，1985 年在義大利米蘭舉行的第七屆聯合預防犯罪和犯罪待遇大會通過「關於司法機關獨立的基本原則」（Basic Principles on the Independence of the Judiciary），該文件並於 1989 年獲聯合國經濟及社會理事會批准等等。

　　在「關於司法機關獨立的基本原則」文件中明確要求：「各國應保證司法機關的獨立，並將此項原則正式載入其本國的憲法或法律之中。尊重並遵守司法機關的獨立，是各國政府機關及其他機構的職責。」；「司法機關應不偏不倚、以事實為根據並依法律規定來裁決其所受理的案件，而不應有任何約束，也不應為任何直接或間接不當的影響、慫恿、壓力、威脅或干涉所左右，不論其來自何方或出於何種理由。」

　　基本上，司法獨立的要求是基於以下的考量：

　　首先，司法獨立是實現法治國的基礎。從政治方面觀之，通過司法權的獨立可以維繫政治結構和政治運行的理性，並維護社會和政治秩序的穩定性。政治制衡機制的建構以及法治的施行，都離不開司法的運作；司法系統有效運作的前提，是司法的獨立。沒有獨立的司法，法律就會被任何強大的社會力量所扭曲，法治與政治制衡就無法實現。

　　其次，司法獨立是實現司法公正的前提。其一，司法獨立是法官客觀公正的保障，因為只有堅持司法獨立，才能有效地維護法官客觀中立不偏不倚的立場。其二，司法獨立是排除非法干預的屏障，司法活動是一種有眾多社會因素介入的機制，在訴訟過程中，司法機關的決定可能受到某些方面出於不同目的的干預，確認並保證司法權獨立行使的原則，才能抵制不正當干預。

最後，司法獨立是基於維護司法權的需要。相對於立法權和行政權，司法權是相對弱小的和易受侵犯的。從功能上看，它是一種「最後防線」的作用，即爲人民權利的行使以及社會公平正義的實現提供最後的保障，其權力行使一般採取「不告不理」及「禁止訴外裁判」原則，其範圍限於形成爭議構成訴訟的社會問題。此一功能性特點，使司法權成爲一種容易受到其他權力尤其是行政權的侵犯，只有保障司法獨立，才能發揮司法在制衡機制中的效能。

三、司法獨立的內容

美國最高法院大法官布雷耶（Stephen G. Breyer）於 1995 年 10 月在華盛頓舉行的美洲國家最高法院會議發表講話指出，美國的司法獨立已經發展成一套體制，確保法官依法判案，而不是自行其事，並且不受包括政府其他分支在內的其他人所左右。其司法獨立的五個組成部分是：美國法官享有憲法保護；司法機構獨立執法；司法機構掌握對法官不當行爲的懲戒權；與法官個人利益發生衝突時的解決方式；以及對司法裁決效力的保障。

我國自實施憲政以來，爲實現司法獨立，多年來亦持續進行司法改革，所形成的制度包括：1947 年憲法規定審判獨立及法官職務保障；1952 年確定司法院有提案權；1980 年確立檢審分立制度；1989 年制頒「司法人員人事條例」，落實憲法保障法官人事及審判獨立意旨；1995 年確立法官擁有法律違憲審查權；1997 年司法預算獨立入憲等等。

由此可見，司法獨立實包括「裁判上獨立」與「制度上獨立」。「裁判上獨立」，指法官判決必須根據法律及事實作判斷，不受任何外在干預或影響。「制度上獨立」，在於保障審判體系，於司法事務的實踐，不受行政或立法部門不當控管，以內部有效運作來實踐制度上獨立。司法獨立的價值能落實運作，不只是提出觀念，更應有相關的制度配套。

（一）裁判上獨立

裁判上獨立即司法審判的獨立，司法之公正性，有賴司法審判之獨立，其中至少有幾項條件是必要的：

1.司法審判不受政治力之干涉

如匈牙利憲法明確規範：「法官獨立，只服從法律。法官不得為政黨之黨員，亦不可參與政治活動。」我國憲法第 80 條亦規定：「法官須超出黨派以外，依據法律獨立審判，不受任何干涉。」

2.司法審判不受經濟力之干涉

經濟力介入司法審判主要是以賄賂造成法官為違背職務之行為。一般國家對法官之違背職務比對公務員之處罰更重。德國刑法典修正後規定，法官受賄最低刑期為五年，而公務員則為三年。我國貪污治罪條例第 7 條，對司法人員貪污有加重其刑之規定。

3.司法審判不受社會力之干涉

社會力主要是輿論所形成的壓力，以及群眾動員甚至有暴民之威脅。法官之審判只服膺法律或憲法之規範，不屈服於外在有形無形之壓力，甚至是誘惑，秉持良知獨立行使職權。否則如 2000 年大法官對國代延任案做成廣義的違憲解釋，引發國民大會不滿外，有國代竟在國外公然謾罵為「豬」、「垃圾」等，結果仍為檢察官以妨害名譽的侮辱公署罪及「境外犯罪」提起公訴。

4.裁判效果的獨立

即法官的判決，除可因法定程序如上訴、再審、抗告、大赦、特赦、減刑、復權或假釋等方式而有所變更外，不受其他權力的影響而有所改變。

（二）制度上獨立

司法獨立的理想若能實現有賴制度上獨立之保障。制度上獨立可歸納包括司法組織的獨立、司法人事的獨立以及司法預算的獨立。

1.司法組織的獨立

就三權分立的角度而言，當立法權和行政權集中在同一機關，便容易產生行政機關自己立法、自己執法的專制狀態；同樣的，若產生司法權與立法權的合一，則法官將也成為立法者，專斷的權力必將使公民的生命與自由毫無保障；若司法權與行政權合一，法官更具備壓迫者的權力與力量，專制統治的局面亦難避免。因此有以下幾點原則是值得關注的：

（1）法院法官應專注其「專業的理性」，以體現真正的「社會正義」。

（2）組織關係上，應讓司法有獨立行使職權之空間，行政機關及立法機關不應有所干預。

（3）基於制衡的必要，國會對於法官有行使彈劾或調查之權限，但也應極其慎重而嚴，否則若因黨派之仇視而濫用此等權力，必然侵害到司法的獨立性。

故各民主國家之憲法，皆確立許多條文，以維護司法機關的獨立性，如義大利憲法第 104 條規定：「司法權獨立，不受其他權力支配。」葡萄牙憲法第 206 條亦規定：「法院為中立機關，僅受法律約束。」

2.司法人事的獨立

若欲貫徹法官之獨立審判，必須使其不畏「權勢」及「進退」之威脅，故各國對於法官人事之保障，憲法中皆有明文之規定。 如我國憲法第 81 條規定：「法官為終身職，非受刑事或懲戒處分或禁治產之宣告，不得免職，非依法律不得停職、轉任或減俸。」

3.司法預算的獨立

此即司法預算應獨立編列，行政機關不得隨意刪減，以避免行政機關藉預算編列威脅，影響司法權之獨立行使。日本「裁判所法」第 83 條規定，內閣刪減裁判所預算時，應經最高裁判所長官同意，否則應敘明刪減理由，附送國會決定。我國「憲法」增修條文第 5 條第 6 項，亦明文規定：「司法院所提出之年度及司法概算，行政院不得刪減，但得加註意見，編入中央政府總預算案，送立法院審議。」另「預算法」第 93 條規定，司

法院得獨立編列司法概算。行政院就司法院所提之年度司法概算，得加註意見，編入中央政府總預算案，併送立法院審議。司法院院長認為必要時，得請求列席立法院全院各委員會聯席會議。

參、司法機關之區別

　　司法機關是司法權的運作核心，司法機關有廣義、狹義之分，廣義的司法機關包括審判機關、檢察機關、警察機關、司法行政機關等；狹義的司法機關主要是指審判機關。本文是以後者為討論對象。一般國家設置司法機關與其司法制度有關，主要有大陸法系與英美法系之分，具體區別為：

　　一、大陸法系各國司法組織系統相當整齊劃一，設立普通法院受理各種不同的民事、商事及刑事訴訟，設立行政法院審理行政訴訟案件。英美法系國家法院則種類複雜，系統紊亂，設有許多種法院分管民事、商事和刑事訴訟。

　　二、大陸法系國家檢察官編制整齊，為法院的一部分，其地位與法官相等，為司法官的一種。英美法系國家檢察官與法院不屬同一系統，其地位與法官不同。

　　三、在司法行政方面，大陸法系國家大都設立司法行政部門，其司法組織較有系統。英美法系國家則並無完整的司法行政機構。

肆、我國的司法機關

　　我國的法律繼受自大陸法系，因此司法機關的設置深受德國、日本等國家的影響。根據我國「憲法」及其增修條文、「司法院組織法」、「法院組織法」等法律相關規定，我國的司法機關主要包括：司法院、大法官會議、各級法院、行政法院、公務員懲戒委員會等，各機關之組織及職掌分述如下：

一、司法院

　　我國憲法第 77 條規定，司法院為國家最高司法機關，就司法院的組織系統而言，司法院設正副院長各一人，秘書長一人，大法官會議，其直下機關為各級法院、行政法院及公務人員懲戒委員會。主要職掌為：
　　　　（一）憲法、法律、命令統一解釋；
　　　　（二）政黨違憲解散案審判；
　　　　（三）民刑訴訟案審判；
　　　　（四）行政訴訟案審判；
　　　　（五）公務員懲戒審議。

二、大法官會議

　　根據我國憲法增修條文第 5 條的規定，司法院設大法官十五人，並以其中一人為院長，一人為副院長，由總統提名，經立法院同意任命之，自中華民國 92 年起實施，不適用憲法第 79 條之規定。大法官任期八年，不分屆次且個別計算，不得連任。但並為院長、副院長之大法官，不受任期之保障。惟中華民國 92 年總統提名之大法官，其中八位大法官，含院長、副院長，任期四年，其餘大法官任期為八年，不適用前項任期之規定。
　　大法官會議的職權，除了憲法第 78 條規定，有解釋憲法，並有統一解釋法律及命令之權外；另在增修條文第 5 條第 4 項規定，組成憲法法庭審理總統、副總統之彈劾及政黨違憲之解散事項。

三、各級法院

（一）最高法院

　　我國民、刑事訴訟制度，以三級三審為原則，二審為例外。司法院設最高法院一所於中央政府所在地，其下分設民事庭、刑事庭，其庭數視事務之繁簡定之。由於司法行政與司法審判的不同隸屬關係，最高法院與司法院之組織似有疊床架屋之感，目前司法院已完成司法院組織法之相關法

規修正草案，擬將最高法院、最高行政法院及公務員懲戒委員會併入司法院。

　　根據我國「法院組織法」第 48 條的規定，最高法院管轄之事件爲：
1.不服高等法院及其分院第一審判決而上訴之刑事訴訟案件。
2.不服高等法院及其分院第二審判決而上訴之民、刑事訴訟案件。
3.不服高等法院及其分院裁定而抗告之案件。
4.非常上訴案件。
5.其他法律規定之訴訟案件。

（二）高等法院

　　省、直轄市或特別區域各設高等法院，但得視其地理環境及案件多寡，增設高等法院分院；或合設高等法院；或將其轄區之一部劃規其他高等法院或其分院，不受行政區劃之限制。目前台灣地區有高等法院一所，台中、台南、高雄、花蓮各有高等法院分院。福建地區有高等法院金門分院，分別管轄金馬地區上訴、抗告案件。高等法院分設民事庭、刑事庭，其庭數視事務之繁簡定之，必要時得設專業法庭。
　　高等法院及其分院的管轄案件爲：
1.關於內亂、外患及妨害國交之刑事第一審訴訟案件。
2.不服地方法院及其分院第一審判決而上訴之民事、刑事訴訟案件。
3.不服地方法院及其分院裁定而抗告之案件。
4.其他法律規定之訴訟案件。

（三）地方法院

　　直轄市或縣（市）各設地方法院。但得視其地理環境及案件多寡，增設地方法院分院；或合設地方法院；或將其轄區之一部劃規其他地方法院或其分院，不受行政區劃之限制。目前國內計有台北、士林、板橋、桃園、新竹、苗栗、台中、南投、彰化、雲林、嘉義、台南、高雄、屏東、台東、花蓮、宜蘭、基隆、澎湖、金門地方法院等二十所。福建金門地方法院在馬祖設有連江庭，另專業地方法院有高雄少年法院一所。

　　地方法院下分設民事庭、刑事庭，其庭數視事務之繁簡定之，必要時得設專業法庭。　地方法院管轄的案件爲：

1.民事、刑事第一審訴訟案件。

2.其他法律規定之訴訟案件。

3.法律規定之非訟事件，如公證、註冊、登記等。

四、行政法院

　　行政法院掌理行政訴訟審判事務，分高等行政法院及最高行政法院二級。

　　行政訴訟之審理，係以人民爲原告，行政機關爲被告。行政訴訟審判，爲法律審兼事實審，必要時得舉行言詞辯論。然因先有訴願、再訴願之程序，故採一審終結制，但仍得依法提起再審之訴。

　　高等行政法院管轄之事件爲：

　　（一）不服訴願決定提起之訴訟事件。

　　（二）其他依法律規定由高等行政法院管轄之事件。

　　最高行政法院設於中央政府所在地，其管轄的事件爲：

　　（一）不服高等行政法院判決而上訴或抗告之事件。

　　（二）其他依法律規定由最高行政法院管轄之事件。

五、公務人員懲戒委員會

　　凡公務員有違法、廢弛職務或其他失職行爲，經監察院彈劾，或經各院之部會首長或地方最高行政長官送請審議者，即交由公務人員懲戒委員會審議。

　　公務人員懲戒委員會置委員長一人，委員九至十五人。公務人員懲戒委員會委員依法審理案件，不受任何干涉。懲戒處分有六種，即撤職、休職、降級、減俸、記過、申誡等。但政務官僅限於撤職與申誡兩種。

參考資料

中文部分

王育三，1991，美國政府，台北：台灣商務印書館。

王皓昱，1987，「法國國會議員之豁免權及紀律懲戒」，中山社會科學譯粹，第二卷第四期，高雄：中山大學中山學術研究所。

田村浩一著，林秋水譯，1978，「委任立法界限的研究」，憲政思潮，第四十二期，台北：憲政思潮雜誌社。

司法院編，1999，全國司法改革會議實錄，台北：司法院秘書處。

何鴻榮，1996，再造效能政府，台北：時英出版社。

呂丁旺，2006，法院組織法論，台北：一品文化出版社。

吳志光，2003，比較違憲審查制度，台北：神州圖書出版。

吳庚譯，Made, H. W. R.，1978，「英國的委任立法」，憲政思潮，第四十二期，台北：憲政思潮雜誌社。

沈建中譯，R. Hague & M. Harron 著，1989，「議會」（Assemblies），憲政思潮季刊，第八十八期，台北：憲政思潮雜誌社。

李步雲，2004，憲法比較研究，台北：韋伯文化國際出版有限公司。

李孟宗，2006，憲法要義，台北：元照出版公司。

李鴻禧，1997，憲法與議會，台北：台大法學叢書編輯委員會。

李鴻禧，1978，「現代國家與委任立法」，憲政思潮，第四十二期，台北：憲政思潮雜誌社。

周陽山，1997，憲政與民主，台北：台灣書局印行。

林繼文，1997，「制度選擇如何可能：論日本之選舉制度改革」，台灣政治學刊，第二期，台北：台灣政治學會。

松橋和夫著，蔡啓清譯，1985，「美國聯邦議會制度」，憲政思潮，第七十二期，台北：憲政思潮雜誌社。

保成編輯委員會，1996，司法院大法官會議解釋彙編，台北：保成文化公司。

姚立明，1987，「西德議會議事規則簡介」，中山社會科學譯粹，第二卷
　　第四期，高雄：中山大學中山學術研究所。

胡偉，1995，司法政治，新竹：理藝出版社。

高泉益譯，石川眞澄著，1996，漫談日本政治運作，台北：台灣商務印書
　　館。

陳坤森譯，Arend Lijphart 著，1993，當代民主類型與政治（Democracies:
　　Patterns of Majoritarian and Consensus Government in Twenty-one
　　Countries），台北：桂冠圖書公司。

陳新民，2005，憲法學釋論，台北：三民書局。

陳鵬仁，1997，美國總統選舉與政治，台北：水牛出版社。

淺野一郎著，陳鵬仁譯，1993，日本的國會，台北：幼獅公司。

彭懷恩，1995，中華民國政府與政治，台北：風雲論壇出版社。

許光中譯，Isenbergh, J. 著，1997，「彈劾權之範圍」（The Scope of the
　　Power to Impeach），憲政思潮，第三十八期，台北：憲政思潮雜誌社。

清宮四郎、佐藤功著，詹文雄譯，1980，「司法權的獨立」，憲政思潮，
　　第五十一期，台北：國大憲政思潮雜誌社。

張宏生 & 谷春德，1993，西洋法律思想史，台北：漢興書局。

張治安，1993，中華民國憲法，台北：華視教學部。

張特生，「大法官優遇確保超然獨立」，聯合報，民意論壇，2000 年 10
　　月 13 日。

曾繁康，1983，比較憲法，台北：三民書局。

彭堅汶，2006，憲法，台北：華視教學處。

楊日旭，1989，「美國司法獨立與民權」，戴其所編著，美國憲政與民主
　　自由，台北：黎明公司。

楊日旭，1989，「介論美國參眾兩院議會倫理暨議員行爲規範」，戴其所
　　著，美國憲政與民主自由，台北：黎明公司。

謝復生，1997，公民投票（創制複決）制度比較研究，台北：行政院研究
　　發展考核委員會。

謝瑞智，2000，活用憲法大辭典，台北：文笙書局。

鄒念祖，1994，「司法」，載於何思因編，美國，台北：政大國際關係研究中心。

鄭樑生譯，岩井奉信著，1995，日本國會的立法過程，台北：國立編譯館。

劉慶瑞，1982，比較憲法，台北：大中國圖書公司。

羅志淵，1969，「立法功能現代化」，憲政思潮季刊，第七期，台北：憲政思潮雜誌社。

羅志淵，1961，美國國會立法程序研究，台北：正中書局。

薩孟武著，黃俊杰修訂，2007，中國憲法新論，台北：三民書局。

英 文部分

Almond, G. A. & G. B. Powell, 1988, Comparative Politics Today: A World View, Glenview: Scott, Foresman and Company.

Burns, James M., et. al., 1993, Government By the People, New Jersey:Prentice-Hall, Englewood Cliffs.

Dragnich, Alex N., J. S. Rasmussen & J. C. Moses, 1991, Major European Governments, Brooks/ Core Publishing Company.

Fukui, H. & S. N. Fukai, 1996, "Japan" in M. Kesselman, J. Krieger & W. A. Joseph, Comparative Politics at the Crossroads, Lexington: D. C. Heath and Company.

Hermens, F. A. 1946, "Parliamentary Government" in R. V. Peel & J. S. Rouce（eds.）,Introduction to Politics, New York: Cronell.

Hague, Rod & Martin Harrop, 1982, Comparative Government: An Introduction, The Macmillan Press Ltd.,

Mclean, Iain, 1996, Concise Dictionary of Politics, New York: Oxford University Press.

Peak, Kenneth J., 1995, Justice Administration: Police, Courts, and Corrections Management, Englewood Cliffs, New Jersey: Prentice-Hall.

Richards, David A. J., 1993, Conscience and the Constitution: History, Theory, and Law of the Reconstruction Amendmends, Princeton University Press.

Swisher, C. B., 1954, American Constitutional Development，O'Connor, K. & L. J. Sabato, 1995, Allen, Christopher S., 1996, "Germany" in M. Kesselman, et. al. (eds.), Comparative Politics at the Crossroads, Lexington: D. C. Heath and Company.

Winter, Herbert R. & Thomas J. Bellows, 1992, Conflict and Compromise: An Introduction to Political Science, Harber Collins Publishers.

 問題討論

1. 司法權的意義、性質與功能。
2. 司法獨立的意義為何？
3. 司法獨立的條件為何？
4. 司法審判獨立的條件有哪些？
5. 簡述我國各級法院的職掌與關係。

第十八章

地方制度

關鍵字（Keywords）

地方自治（Local Self-Government）　　單一國（Unitary State）

聯邦國（Federal State）　　　　　　　地方分權（Decentralization）

議會經理制（Council-Manager Sys-　　聯邦主義」（Federalism）
tem）
　　　　　　　　　　　　　　　　　強勢市長制（Strong-Mayor）
市長議會制（Mayor-Council System）

　　地方自治（Local Self-Government）是近代民主憲政的重要組成部分，
是體現「人民主權」與「權力分立」憲政基本原則的制度設計。國際地方
自治聯盟（International Union of Local Authorities, IULA）於 1985 年通過
的「世界地方自治宣言」，強調對地方自治的關注，這意味著地方自治和
地方分權的積極意義已逐步明確，並開始在世界各國廣泛討論。本章將主
要探討地方自治的意義、中央與地方關係以及地方制度的類型等。

壹、中央與地方的權限劃分

　　中央與地方權限的劃分，大體上是在「單一國」（Unitary State）與
「聯邦國」（Federal State）的體制下會展現不同的風貌，現且逐一加以探
討。

一、單一國的權限劃分

　　所謂的「單一國」乃是指「國家」享有完全的主權，不論對內對外，
均以「中央政府」的名義單獨行使統一的政策。故在此單一體制之下，乃
採行中央集權（Centralization），即地方權威均源於中央之授權，地方只是
承受中央委辦的事務，並接受中央行政、立法與司法之監督，甚少所謂的

「自主性」（Autonomy）（M. G. Roskin, et. al., 1991：259）。故在中央集權下，地方政府面對中央政府，至少表現以下幾種關係：

其一是組織上的隸屬關係，為中央的下層單位；

其二是職權上的委任關係，承接中央委辦行政；

其三是自治上的監督關係，只在允許範圍內自我管理；

其四則是財政上的補助（Grant-in-aid）關係，建立對中央依存的基礎。

至於中央集權之優缺點而言，中央集權仍有其極限。其優點有：

一、有利國家整合，避免地方割據。

二、事權統一，責任分明。

三、可減少行政糾紛，提升政策效能。

四、有利區域平衡發展。

中央集權的缺點則有：

一、單一政策甚難適應地方不同需求。

二、地方實情，中央不易瞭解，且易生隔閡與衝突。

三、事權過度集中，不免流於專橫。

四、漠視地方自治，背離民主原則。

不過值得注意的，即實行單一制的國家如荷蘭等，並不全然是屬中央集權，蓋有些國家仍朝「分權」的趨勢發展，如法國 1981 年後社會黨總統密特朗（F. Mitterrand），開始推動制度化的分權，將一定的經濟計畫權由巴黎中央移轉至地方，民選的地方議會掌控了許多經濟計劃的權限，自此法國改變了五世紀純集權的歷史，故有學者稱之為「地方分權的單一制」（Decentralized Unitarism）（Alan Norton, 1994: 161-185），或曰是「單一分權制」（Unitary-decentralized System）。

二、聯邦國的權限劃分

「地方分權」（Decentralization）主要是源自於「聯邦主義」的國家。而所謂「聯邦主義」（Federalism），即是指一種政治組織下的政府活動，

被區分為地區的與中央的政府，彼此在某些領域擁有最後的決定權（Carl J. Friedrich, 1974: 21）。換言之，中央政府與地方政府在領土分權的基礎上，彼此的權限，不僅在聯邦憲法中有明文的規定，普通的法律，亦須雙方同意後方能生效，否則除非修憲，凡是憲法明文所未規定的，則視同地方固有的權力行使，故聯邦主義，又可謂是中央政府與地域政府約定俗成的分權（Arend Lijphart 著，陳坤森譯，1993：182；張正修，2000：6），除此之外，聯邦主義尚有五項特徵：

其一是成文憲法，即以成文的契約權威性的規範各州與聯邦的權限。

其二是兩院制，即傳統上一院代表全體國民，另一院代表各州。

其三是各州有權參加聯邦憲法修憲過程，亦有權修正各州自己的憲法。

其四是各州在國會中有平等或加重比例的代表權。

其五則是擁有地方分權的政府。

聯邦地方分權的優點：

一、地方政府較能針對個別環境的需求施政，且政策較易推行；

二、地方政府洞悉民情且尊重民意，對中央不致有怨言與衝突；

三、國家事務分別由中央與地方負責管理，可減輕中央財政之負擔；

四、尊重地方自治，故不致流於專橫。

聯邦地方分權的缺點則為：

一、地方政府各自為政，影響國家整合的強度；

二、地方各自發展，區域差異不易均衡發展；

三、地方政府擁有憲法授予之實權，難免各行其是，對於國家政策難收配合協調之效；

四、各州自主性高，執行國家政策，權責不清，易致相互推諉。

三、單一與聯邦制的混合

事實上，誠如學者的研究顯示，沒有任何一個國家是完全的單一制或完全的聯邦制，即使是非常單一和聯邦的國家，它們的地方政府也分別保

有一定程度的自主性及對中央的遵從。換言之，就時代的發展趨勢而言，單一制逐漸朝向聯邦制精神或聯邦制逐漸朝向單一制精神發展的現象，已有呈現「單一聯邦混合」（Unitary-Federal Mixture）的屬性，或曰是「均權制」的誕生。例如：採行單一制的日本，憲法第 95 條更規定：「僅適用於一地方公共團體之特別法，依法律規定，非經該地方公共團體住民之投票，並獲得半數之同意，國會不得制定之。」同時依據統計資料顯示，日本 1970 年代，中央政府稅收占有率為 65%，顯然比同是中央集權的荷蘭 98%，低了許多（Arend Lijphart 著，陳坤森譯，1993：189）。

　　然「均權制」，基本上是為我國國父孫中山先生首先提出，其在講演「中華民國建設之基礎」（民國 11 年，1922 年）即明白指出：

　　「權之分配，不當以中央或地方為對象，而當以權之性質為對象。權之宜屬於中央者，屬之中央可也；權之宜屬於地方者，屬之地方可也。例如：軍事、外交，宜統一不宜紛歧，此權之宜屬於中央者也。教育、衛生，隨地方情況而異，此權之宜屬於地方者也。」

　　惟就均權制度的主張，至少可歸納有以下幾項特性（趙永茂，1997：95-96）：

一、地方與中央為兼「代理」與「合夥」關係，以異於中央集權之代理與地方分權之合夥關係。

二、地方政府為國家官署及自治團體，以異於中央集權制之純國家官署及地方分權制之地方自治團體之地位。

三、中央與地方為隸屬兼合作關係，以別於中央集權下純隸屬關係，及地方分權下之單純合作關係。

四、中央與地方兼為行政分治與政治分權關係。

五、地方為國家行政區兼自治區。

六、中央兼具監督與輔佐之地位。

七、地方承辦委辦及自治事項。

八、地方有一定程度裁量權。

九、兼顧國家統一及因地制宜之需要。

十、以事務性質為劃分中央與地方權限之指標。

貳、中央對地方的監督

　　無論是「中央集權」、「地方分權」或「均權」制度之下,中央對於
地方的自治監督,乃是其共通的原則。惟「自治權」(Power of Self-go-
vernment)雖為法律所賦予及國家所承認,但由於地方政府亦非「國中之
國」,當不能超越國家「統治權」的範圍,自治團體的監督系統,自然有
其建立的意義。然地方自治團體之監督,非如「單一國」,只屬於中央,
或如聯邦制國家只屬於各州。蓋如地方自治層級為複數者,自治監督的概
念,仍包括上級自治團體對下級自治團體自治監督,如我國修憲前省自治
監督機關為行政院,而縣自治監督機關為省政府。惟民國 86 年中華民國憲
法增修條文第 9 條已有所改變為:「省承行政院之命,監督縣自治事
項」,換言之,省已非自治團體之「公法人」,乃為中央的「派出機關」,
故只能承中央之命監督縣自治事項。惟地方自治的監督,包括行政監督、
立法監督與司法監督等面向。

一、行政監督

　　就行政監督(Administrative Supervision)而言,如法國的地方政府,
一方面是國家的行政機關,另方面又是地方的自治團體。省長由中央任免,
代表中央監督所屬地方政府。然「區」亦是基層地方自治團體,區設區長
及區議會,區長是由區議會就區議員中選舉產生,一方面為中央政府的代
表,執行中央任務,另方面為地方首長,執行自治事務。然由於法國地方
事務須受中央政府強力之統制,中央對地方議會亦有下令解散之權。

　　至於我國「地方制度法」(民國 88 年 1 月 25 日總統令公布)第 75
條規定,即是一種行政監督:

　　「直轄市政府辦理自治事項違背憲法、法律或基於法律授權之法規者,
由中央各該主管機關報行政院予以撤銷、變更、廢止或停止其執行。」

　　「直轄市政府辦理委辦事項違背憲法、法律或中央法令或逾越權限者,
由中央各該主管機關報行政院予以撤銷、變更、廢止或停止其執行。」

　　行政法規中的各部會組織法，亦都規定對各地方最高行政首長執行該部主管事務，有指示監督之責。對各地方最高行政首長之命令或處分，認爲有違背法令或逾越權限者，得提經行政院會議議決後停止或撤銷之。

　　其他對於地方自治機關人員任用之考選、銓敘、任用等事項，則由考試院行使其監督權。對自治事項之糾正，自治機關人員之糾舉與彈劾，自治機關財物之審計等，則由監察院行使其監察監督之權。

二、立法監督

　　就立法監督（Legislative Supervision）而言，如我國的立法院對地方自治之監督，憲法有明文規定：「中央與省或與縣事權劃分之爭議，由立法院解決之。」（憲法第 111 條）「地方制度法」第 77 條亦有規定：

　　「中央與直轄市、縣（市）間，權限遇有爭議時，由立法院院會議決之；縣與鄉（鎮、市）間，自治事項遇有爭議時，由內政部會同中央各該主管機關解決之。」

　　「直轄市間、直轄市與縣（市）間，事權發生爭議時，由行政院解決之；縣（市）間，事權發生爭議時，由內政部解決之；鄉（鎮、市）間，事權發生爭議時，由縣政府解決之。」

三、司法監督

　　就司法監督（Judicial Supervision）而言，若我國各有關單位辦理自治事項有無違背憲法、法律、中央法規、縣規章發生疑義時，得聲請司法院解釋之；在司法院解釋前，不得予以撤銷、變更、廢止或停止其執行。（參見地方制度法第 75 條）同時，直轄市長、縣（市）長、鄉（鎮、市）長、村（里）長有下列情事之一者，分別由行政院、內政部、縣政府、鄉（鎮、市、區）公所停止其職務：

（一）涉嫌犯內亂、外患、貪污治罪條例或組織犯罪防制條例之罪，經第一審判處有期徒刑以上之刑者。但涉嫌貪污治罪條例上之圖利罪者，須經第二審判處有期徒刑以上之刑者。

（二）涉嫌犯前款以外，法定刑為死刑、無期徒刑或最輕本刑為五年以上有期徒刑之罪，經第一審判處有罪者。

（三）依刑事訴訟程序被羈押或通緝者。

（四）依檢肅流氓條例規定被留置者。

四、聯邦制的監督模式

至於聯邦制，由於聯邦制國家採行地方分權，各州皆有聯邦憲法保障之獨立權限，故各州對於所屬地方政府，有行使監督之權。然監督機關對於被監督的自治團體，其監督的方法，各國雖有所不同，但參酌同為聯邦制德國的地方自治法，其方法有幾（法治斌與董保城，1997：424-425）：

（一）其一是「被告知權」，即要求自治團體告知監督機關相關必要之資料。

（二）其二是「駁斥權」，即對地方自治團體之委員會、議會違法決議或自治行政首長違法失職，給予必要之駁斥。

（三）其三是下達「命令權」及「代履行」，即若地方自治團體依法應履行之職責而未履行，監督機關得命令限期完成，但限期仍未履行者，監督機關得代其履行或委由其他第三者代為履行。

（四）其四是指派代理人或專員，地方自治團體負責人因故無法繼續履行職務，監督機關可指派代理人執行該項職務。

（五）其五是解散地方議會，即如地方議會長期罷會或長期缺乏開會能力時，得由監督機關依法作成解散之處分。

參、地方自治的意義

所謂地方自治，是指以一定區域為基礎之團體，其居民獨立於國家意志之外，而以其本身之意思及責任，處理該團體事務之機制或其運用。「地方」是指國內的一定區域，「自治」則是指自主性的處理自身事務而言。換言之，地方自治者，其實是自治在地方政治領域的表現（蔡茂寅，2006：

14）。

　　地方自治雖以自治為其核心價值，但在國家政治體系之中仍有其特定的角色和地位，吾人可從以下不同的面向來探討：

　　第一就國家法律的規範而言，地方自治不能自外於國家的法律系統，尤其是憲法的規範。換言之，憲政主義雖然不否定國家權威應予分立，但基本的「監督」與「制衡」體系，仍然也是民主正常運作之基礎（Andrew Vincent, 1987: 77-78），地方政府自然沒有理由在國家法律體系外運作，故論及「地方自治」者，各國對於地方行政單位之權限，均有一定的規範。例如：捷克憲法第 100 條規定：「惟有基於憲政法律才可建立或撤銷任何區域自治區。」（1993 年）

　　第二就地方政治與行政的角色而言，在「地方民主」的理念下，地方政府雖是由公民參與選舉產生，但是在國家行政體系中，民選的地方政府仍為其中重要的一環。換言之，地方政府是同時具有政治與行政之機能。例如：巴拉圭憲法第 156 條規定：「共和國領土之政治組織與行政單位劃分為省、市及鎮，該等行政區域享有憲法及相關法律賦予之行政自治權、立法權及財政獨立權、稅捐徵收權。」（1992 年）

　　第三就中央政府的監督而言：地方自治雖是地方上的人與地方上的財，自己管理地方的公共事務，但畢竟是在國家授權下或依據法律才能運作，因此國家之監督自難避免。故有些國家更具體明文規定於憲法之中，如希臘憲法第 101 條第 5 項更具體規定：「國家應監督地方行政機關，但不影響其行動之自主及自由。」（1986 年）

　　第四就自治團體的自主性而言：地方政府或其他自治機關，雖有前述諸項的限制，但在法律的保障下，仍有其一定程度的「地方自主性」（Local Autonomy）。蓋在地方分權的精神下，畢竟地方自治是屬地方民主，地方仍保留許多法定的自治權，尤其是在聯邦主義之下，各州憲法授予「固有的統治權」，聯邦政府是不得立法剝奪的。顯然地方自治團體之自主性是有其法律之保護，不可冒然侵犯。如德國各邦自治團體得自行發現、自行承辦，即使是義務必須依法辦理，但法律規範密度不高，鄉鎮從而享有相當自主的空間。（黃錦堂，2000：94）

肆、我國的地方政府制度

就憲法本文的規定，我國地方自治的層級分為省、縣兩級，省設省政府，置省長一人，由選民直接選舉之；省設省議會，省議員由省民直選產生。縣實行縣自治，依據省縣自治通則，制定縣自治法，但不得與憲法及省自治法牴觸，市準用縣之規定。省自治的監督機關為行政院，縣自治的監督機關為省政府。惟經多次修憲之後，地方自治的型態雖已有所變遷，但仍存在一些爭議的問題。譬如警察局長的人事權，依據地方制度法的規定，縣市政府警政首長的任免權責歸於中央，內政部可依據「警察人員管理條例」第 21 條的規定，逕自就可發布縣市警察局長的任免，但地方首長總是會採取各種形式的抗爭，因此警政署如何在警察首長遴選過程中，能注意到在透明化與制度化的同時，能讓地方的需求與民意也受到一定程度的尊重，對減低目前的困擾當必有所助益（葉毓蘭，2000）。

一、 法源與基本架構

民國 88 年 1 月 25 日公布之「地方制度法」，係依據中華民國憲法第118 條及中華民國憲法增修條文第 9 條第 1 項所制定。省設省政府，置委員九人，其中一人為主席，均由行政院長提請總統任命之。省政府受行政院指揮監督，監督縣（市）自治事項。省諮議會，置省諮議會議員若干人，由行政院長提請總統任命，對省政府業務提供諮詢及興革之建議。

直轄市、縣（市）、鄉（鎮、市）為地方自治團體，依法辦理自治事項，並執行上級政府委辦事項。直轄市民、縣（市）民、鄉（鎮、市）民之權利有：

（一）對於地方公職人員有依法選舉、罷免之權。

（二）對於地方自治事項，有依法創制、複決之權。

（三）對於地方公共設施有使用之權。

（四）對於地方教育文化、社會福利、醫療衛生事項，有依法律及自治法規享受之權。

（五）對於地方政府資訊，有依法請求公開之權。

（六）其他依法律及自治法規賦予之權利。

　　直轄市民、縣（市）民、鄉（鎮、市）民之義務有：

（一）遵守自治法規之義務。

（二）繳納自治稅捐之義務。

（三）其他依法律及自治法規所課之義務。

二、地方行政機關

　　直轄市政府置市長一人，對外代表該市，綜理市政，由市民依法選舉之，任期四年，連選得連任一次。置副市長二人，秘書長一人，襄助市長處理市政，其中副市長，由市長任命，並報請行政院備查。於市長卸任、辭職、去職或死亡時，隨同離職。秘書長則由市長依公務人員任用法任免；其所屬一級機關首長，除主計、人事、警察及政風首長，依專屬人事管理法律任免外，其餘職務均由市長任免。再則，直轄市、市之區公所，置區長一人，亦由市長依法任用，承市長之命綜理區政，並指揮監督所屬人員。

　　縣（市）政府置縣（市）長一人，對外代表該縣（市），綜理縣（市）政，並監督指導所轄鄉（鎮、市）自治。縣市長均由縣（市）民依法選舉之，任期四年，連選得連任一次。置副市長一人，主任秘書長一人，襄助市長處理市政，其中副縣（市）長，由縣（市）長任命，並報請內政部備查。主任秘書則由縣（市）長依公務人員任用法任免；其所屬一級單位主管或首長，除主計、人事、警察、稅捐及政風之主管或首長，依專屬人事管理法律任免外，一級單位主管中三人，得由各該縣（市）長以機要人員方式進用。以上縣（市）長任用之人員，於縣（市）長卸任、辭職、去職或死亡時，隨同離職。

　　鄉（鎮、市）公所置鄉（鎮、市）長一人，對外代表該鄉（鎮、市），綜理鄉（鎮、市）政。鄉（鎮、市）長均由鄉（鎮、市）民依法選舉之，任期四年，連選得連任一次。其中人口在三十萬人以上之縣轄市，得置副市長一人，襄助市長處理市政，以機要人員方式進用。於市長卸任、辭職、

去職或死亡時，隨同離職。山地鄉鄉長以山地原住民為限。鄉（鎮、市）公所除主計、人事、政風之主管，依專屬人事管理法律任免外，其餘一級單位主管均由鄉（鎮、市）長依法任免。

村（里）置村（里）長一人，受鄉（鎮、市、區）長之指揮監督，辦理村（里）公務及交辦事項。村（里）長由村里民依法選舉之，任期四年，連選得連任。惟若村（里）長選舉，經二次受理候選人登記，仍無人申請登記時，得由鄉（鎮、市、區）公所就該村（里）具村（里）長候選人資格之村（里）民遴聘之，其任期以本屆任期為限。

不過，直轄市政府、縣（市）政府、鄉（鎮、市）公所與其所屬機關及學校之組織準則、規程及組織自治條例，其有關考銓業務事項，不得牴觸中央考銓法規，各權責機關於核定或同意後，應函送考試院備查。

三、地方立法機關

直轄市議會議員、縣（市）議會議員、鄉（鎮、市）民代表會代表，分別由直轄市民、縣（市）民、鄉（鎮、市）民依法選舉之，任期四年，連選得連任。直轄市有原住民人口在四千人以上者，總額內應有原住民選出之直轄市議會議員。縣（市）、鄉（鎮、市）有平地原住民人口在一千五百人以上者，總額內應有原住民選出之縣（市）議會議員、鄉（鎮、市）民代表會代表。有山地鄉者，應有山地原住民選出之議員名額。同時，各選區選出之直轄市議會議員、縣（市）議會議員、鄉（鎮、市）民代表會代表名額達四人者，應有婦女當選名額一人，超過四人者，每增加四人增一人。

直轄市議會、縣（市）議會、鄉（鎮、市）民代表會議會，除每屆成立大會外，定期會每六個月開會一次，會期包括例假日或停會在內，直轄市議會不得超過七十日，縣（市）議會議員總額四十人以下者，不得超過三十日，四十一人以上者亦不得超過四十日。鄉（鎮、市）民代表會代表總額二十人以下者，會期不得超過十二日，二十一人以上者亦不得超過十六日。會議期間，直轄市議會議員、縣（市）議會議員、鄉（鎮、市）民

代表有向相關政府及公所首長主管質詢之權，其質詢分為施政總質詢與業務質詢，業務質詢時，由相關業務主管備詢。

　　直轄市議會議長、縣（市）議會議長、副議長、鄉（鎮、市）民代表會主席、副主席之選舉，應於宣誓就職典禮後即時舉行，並應有議員代表總額過半數之出席，出席過半數之同意為當選。若無人當選時，應立即舉行第二次投票，以得票較多者為當選，得票相同者，以抽籤決定。罷免案則以下列規定辦理：

（一）罷免案應敘述理由，並有議員、代表總額三分之一以上簽署，備具正副本，分別向行政院、內政部、縣政府提出。

（二）行政院、內政部、縣政府應於收到該罷免案後七日內，將副本送達各該議會、代表會，於五日內轉交被罷免人。被罷免人如有答辯，應於收到副本後七日內將答辯書送交行政院、內政部、縣政府，由其將罷免案及答辯書一併印送各議員、代表，逾期得將罷免案單獨印送。

（三）行政院、內政部、縣政府應於收到該罷免案後二十五日內，召集罷免投票會議，由出席議員、代表就同意或不同意罷免，以無記名投票表決。

（四）罷免案應有議員、代表總額過半數之出席及出席總數三分之二以上之同意罷免為通過。

（五）罷免案如經否決，於該被罷免人之任期內，不得對其再為罷免案之提出。

　　直轄市議會、縣（市）議會、鄉（鎮、市）民代表會之職權，大多與地方自治事務有關，直轄市政府、縣（市）政府、鄉（鎮、市）公所對其議決之議案，應分別予以執行，如延不執行或執行不當，直轄市議會、縣（市）議會、鄉（鎮、市）民代表會得分別請其說明理由，必要時得報請行政院、內政部、縣政府邀集有關機關協商解決。

三、局部的變革

　　不過，2005 年 12 月 14 日內政部修正通過的地方制度法，已將上述部分內容有所更動。其中較受關切者是直轄市長、縣（市）長、村（里）長涉嫌犯內亂、外患、貪污治罪條例等罪，只要一審判決有罪者，即可令其停止職務。具體言之，直轄市議員、直轄市長、縣（市）議員、縣（市）長、鄉（鎮、市）民代表、鄉（鎮、市）長及村（里）長有下列情事之一者，直轄市議員、直轄市長由行政院分別解除其職權或職務；縣（市）議員、縣（市）長由內政部分別解除其職權或職務；鄉（鎮、市）民代表、鄉（鎮、市）長由縣政府分別解除其職權或職務，並通知各該直轄市議會、縣（市）議會、鄉（鎮、市）民代表會；村（里）長由鄉（鎮、市、區）公所解除其職務。應補選者，並依法補選：

（一）經法院判決當選無效確定，或經法院判決選舉無效確定，致影響其當選資格者。

（二）犯內亂、外患或貪污罪，經判刑確定者。

（三）犯組織犯罪防制條例之罪，經判處有期徒刑以上之刑確定者。

（四）犯前二款以外之罪，受有期徒刑以上刑之判決確定，而未受緩刑之宣告或未執行易科罰金者。

（五）受保安處分或感訓處分之裁判確定者。但因緩刑而交付保護管束者，不在此限。

（六）戶籍遷出各該行政區域四個月以上者。

（七）褫奪公權尚未復權者。

（八）受禁治產之宣告尚未撤銷者。

（九）有本法所定應予解除職權或職務之情事者。

（十）依其他法律應予解除職權或職務者。

參考資料

中文部分

古登美譯，中眞砂泰輔著，1970，「地方自治團體的創制與罷免——人民的直接請求制度」，憲政思潮，第十期，台北：憲政思潮雜誌社。

朱一鳴，1979，「日本地方自治與本屆地方選舉」，憲政思潮，第四十六期，台北：憲政思潮雜誌社。

李宗黃，1963，美國地方自治考察記，台北：中國地方自治學會。

李鴻禧譯，蘆部信喜著，1995，憲法，台北：月旦出版社。

阮毅成，1978，地方自治與新縣制，台北：聯經出版社。

林文清，2004，地方自治與自治立法權，台北：揚智文化事業股份有限公司。

林家楠，1968，地方自治的理論與實際，台北：台北議壇週刊社。

陳坤森譯，Arend Lijphart 著，1993，當代民主類型與政治（Democracies: Patterns of Majoritarian and Consensus Government in Twenty-One Countries），台北：桂冠圖書公司。

趙永茂，1997，中央與地方權限劃分的理論與實際，台北：翰蘆圖書公司。

高泉益譯，石川眞澄著，1996，漫談日本政治運作，台北：台灣商務印書館。

徐正戎，2002，「法、我兩國地方制度的比較－從大法官第 467 號解釋談起」，陳新民等編，憲法解釋之理論與實務（第三輯），中央研究院中山人文社會科學研究所。

張正修，2000，地方制度法理論與實用－地方自治概念，國外法制及都市篇，台北：學林。

張明貴，2005，地方自治概要，台北：五南圖書出版公司。

陳云生譯，亨利‧馬爾賽文 & 格爾‧范德唐著，1990，成文憲法的比較研究，台北：桂冠圖書公司。

傅崑成等編譯，美國憲法逐條釋義（A Detailed Analisis of the US

Constitution），台北：123 資訊公司。

黃錦堂，2000，地方制度法基本問題之研究，台北：翰蘆圖書公司。

黃錦堂等編著，2005，地方立法權，台北：五南圖書出版公司。

葉毓蘭，2000，「警察局長人事權規屬中央或地方？」，中國時報，時論廣場。

趙永茂，1998，「中央與地方權限劃分問題之再檢討」，國立暨南大學主辦，地方自治權責劃分學術研討會，南投：國立暨南大學。

蔡秀卿，1998，「從日本國民投票・住民投票之理論與實踐檢討我國住民投票法制化之課題」，載於城仲模教授祝壽論文集編輯委員會編，憲法體制與法治行政（第一冊），台北：三民書局。

蔡茂寅，2006，地方自治之理論與地方制度法，台北：新學林出版股份有限公司。

蕭蔚云，1999，北京大學法學百科全書：憲法學行政法學，北京大學出版社。

英文部分

Burns, J. M., J. W. Peltason, T. E. Cronin & D. B. Magleby, State and Local Politics: Government by the People, New Jersey: Prentice-Hall, Inc.

Company. Friedrich, Carl J., 1974, Limited Government: A Comparison, New Jersey: Prentice- Hall, Inc.

Norton, Alan, 1994, International Handbook of Local and Regional Government: A Comparative Analysis of Advanced Democracies, Edward Elgar Publishing.

Roskin, M. G., Robert L. Cord, J. A. Medeiros & W.S. Jones, 1991, Political Science: An Introduction, New Jersey: Prentice-Hall, Inc.

Vincent, A., 1987, Theories of the State, Oxford: Basil Blackwell, Ltd.

問題討論

1. 地方自治的特質為何？
2. 地方自治權力來源的學說主要有哪些？
3. 在單一國中央集權下，中央與地方關係有幾種？
4. 何謂聯邦主義，其主要特徵為何？
5. 聯邦制地方分權的優點與缺點各有哪些？
6. 何謂均權制，均權制的特點有哪些？
7. 各國中央政府對地方政府的監督有幾種方式？
8. 我國地方制度法中規定，直轄市民、縣（市）民、鄉（鎮、市）民之權利與義務有哪些？
9. 我國地方立法機關的組成、任期與職權為何？

國家圖書館出版品預行編目資料

憲政民主與公民社會／彭堅汶等編著. 一二版.一
臺北市：五南圖書出版股份有限公司，2010.09
　　面；　公分
ISBN 978-957-11-6078-8（平裝）
1.中華民國憲法　2.民主政治 3.公民社會
581.2　　　　　　　　　　　　　　99015823

1R40

憲政民主與公民社會

編 著 者 － 彭堅汶(446.5)　吳漢　林幼雀
　　　　　　　葉定國　陳玉美　李蒲

發 行 人 － 楊榮川

總 經 理 － 楊士清

總 編 輯 － 楊秀麗

副總編輯 － 劉靜芬

責任編輯 － 李奇蓁

封面設計 － 斐類設計工作室

出 版 者 － 五南圖書出版股份有限公司

地　　址：106 台北市大安區和平東路二段 339 號 4 樓

電　　話：(02)2705-5066　傳　　真：(02)2706-6100

網　　址：https://www.wunan.com.tw

電子郵件：wunan@wunan.com.tw

劃撥帳號：01068953

戶　　名：五南圖書出版股份有限公司

法律顧問　林勝安律師事務所　林勝安律師

出版日期　2008 年 3 月初版一刷
　　　　　2010 年 9 月二版一刷
　　　　　2021 年 3 月二版九刷

定　　價　新臺幣 300 元

經典永恆‧名著常在

五十週年的獻禮 —— 經典名著文庫

五南，五十年了，半個世紀，人生旅程的一大半，走過來了。

思索著，邁向百年的未來歷程，能為知識界、文化學術界作些什麼？

在速食文化的生態下，有什麼值得讓人雋永品味的？

歷代經典‧當今名著，經過時間的洗禮，千錘百鍊，流傳至今，光芒耀人；

不僅使我們能領悟前人的智慧，同時也增深加廣我們思考的深度與視野。

我們決心投入巨資，有計畫的系統梳選，成立「經典名著文庫」，

希望收入古今中外思想性的、充滿睿智與獨見的經典、名著。

這是一項理想性的、永續性的巨大出版工程。

不在意讀者的眾寡，只考慮它的學術價值，力求完整展現先哲思想的軌跡；

為知識界開啟一片智慧之窗，營造一座百花綻放的世界文明公園，

任君遨遊、取菁吸蜜、嘉惠學子！